广电全媒体运营管理系列丛书

广播电视及视听新媒体
安全播出管理研究与实践

刘旭东　邓永斌◎编著

中国言实出版社

图书在版编目（ＣＩＰ）数据

广播电视及视听新媒体安全播出管理研究与实践 /
刘旭东 / 邓永斌编著 . -- 北京 ： 中国言实出版社， 2017.9

ISBN 978-7-5171-2384-2

Ⅰ．①广… Ⅱ．①刘… ②邓… Ⅲ．①传播媒介－安全管理－
研究－中国 Ⅳ．① G219.2

中国版本图书馆 CIP 数据核字 (2017) 第 238927 号

出 版 人：王昕朋

总 监 制：朱艳华

责任编辑：严　实

文字编辑：张　强

出版统筹：冯素丽

责任印制：佟贵兆

封面设计：李海晓

出版发行　　**中国言实出版社**

　　地　　址：北京市朝阳区北苑路 180 号加利大厦 5 号楼 105 室

　　邮　　编：100101

　　编辑部：北京市海淀区北太平庄路甲 1 号

　　邮　　编：100088

　　电　　话：64924853（总编室） 64924716（发行部）

　　网　　址：www.zgyscbs.cn

　　E-mail：zgyscbs@263.net

经　　销　　新华书店

印　　刷　　北京市兆成印刷有限责任公司

版　　次　　2017 年 10 月第 1 版　　2017 年 10 月第 1 次印刷

规　　格　　787 毫米 ×1092 毫米　1/16　　21 印张

字　　数　　372 千字

定　　价　　87.00 元　　ISBN 978-7-5171-2384-2

序

广播电视及视听新媒体是党和政府的喉舌，是极其重要的宣传思想文化阵地，肩负着传播党的政治主张、宣传国家大政方针、弘扬主流价值、引领社会文化的特殊使命。广播电视及视听新媒体的安全播出是我们广电系统的一项重要政治任务，国家新闻出版广电总局于2009年12月16日颁布了《广播电视安全播出管理规定》（总局62号令），陆续发布了配套实施细则，以强化广播电视及视听新媒体安全播出工作。

几年来，各安全播出责任单位依据总局62号令及其相关实施细则，完善了安全播出保障机制，加强了本单位制度化建设，安全播出保障能力不断提升。全国各级广播电视安全播出监测监管部门基本建立了无线、有线、卫星广播电视监测网、指挥调度网以及节目收听收看、网络视听节目等业务监测监管平台，同时建立了与公安、"无委"等系统外部单位在应急管理方面的沟通协调机制，在行业监管能力、业务监测水平方面不断提升。

随着广播电视事业的发展，节目数量、节目质量、节目播出方式、传输方式、覆盖手段等均在不断变化，传统媒体与新兴媒体融合发展、广电系统体制机制改革、制播分离、三网融合、广电转型升级等，处于内外部环境不断变化中的广电系统，在广播电视安全播出管理方面所面对的风险更多、管理难度更大，广播电视及视听新媒体的安全播出形势依然严峻，面临着前所未有的挑战。

著名管理学家彼得·德鲁克说过："管理是一种实践，其本质不在于知，而在于行。"管理是一门科学，安全播出管理是有规律可循的，广播电视安全播出管理更应注重科学实践。为适应新形势、新要求，编者在总结多年来为广电系统开展安全播出管理体系建设的实践经验基础上，编写了《广播电视及视听新媒体安全播出管理研究与实践》一书。

全书聚焦风险管理这个核心，从广播电视诞生和发展不同阶段谈安全播出风险管理，从风险管理的全过程分析如何识别风险、分析风险、预控和应对风险。全书科学把握管理的本质，结合广播影视行政部门、广播电视监测机构、安全播出责任单位在安全播出管理工作中承担的任务，将广播电视安全播出监管体系、监测体系、保障体系的总体框架图逐层展开，每个体系均按照 PDCA 循环模式，从基础管理、业务管理、资源管理、体系检查与改进四个部分进行展开论述，每个部分对涉及的业务流程，从理论到实践进行深入论述。全书逻辑性很强，内容通俗易懂，将风险管理的思想融入其中，是广播电视安全播出管理经验的总结。

为有效落实总局 62 号令及其实施细则，全面提升广播电视安全播出监管能力、监测能力、保障能力，该书中所提出的构建安全播出管理体系的思路和做法值得广播影视行政部门、广播电视监测机构、安全播出责任单位借鉴。可以说，该书是广电系统内第一部系统地研究广播电视安全播出管理的专著，值得广电系统从事安全播出工作的同行一读。

国家新闻出版广电总局

总工程师：王効杰

2017 年 6 月

前　言

　　《广播电视及视听新媒体安全播出管理研究与实践》是作者所在单位多年参与广播影视行政部门、广播电视监测机构、安全播出责任单位建立健全广播电视安全播出监管体系、广播电视安全播出监测体系、广播电视安全播出保障体系过程中取得的经验总结。全书旨在通过指导构建全面的、系统的安全播出管理体系，确保广播影视行政部门、广播电视监测机构、安全播出责任单位有效落实《广播电视安全播出管理规定》（总局令第62号）及其相关实施细则，实现广播电视及视听新媒体播出安全。

　　全书共分六章：第一章是广播电视及视听新媒体安全播出管理概述，介绍了我国广播电视及视听新媒体发展历程及不同时期的安全播出管理工作，结合新时期广播电视及视听新媒体在安全播出方面的新形势、新情况，提出全面、系统地构建广播电视安全播出管理体系思路。第二章是以风险预控为核心的广播电视及视听新媒体安全播出管理，介绍了风险管理理论与方法，以及广播电视及视听新媒体安全播出的风险特点，按照风险管理流程系统地介绍影响广播电视安全播出的风险辨识、分析方法，针对不同的风险成因提出风险预控措施。第三章是广播电视及视听新媒体安全播出保障体系建设，结合广播中心、电视中心、无线发射转播台、卫星广播电视地球站、光缆传输干线网、有线广播电视网、微波传输电路、交互式网络电视（IPTV）集成播控平台、网络广播电视台等专业特点，抓住安全播出责任单位在实施安全播出管理方面的共性要求，从理论到实践案例展开论述。第四章是广播电视及视听新媒体安全播出监测体系建设，结合各级广播电视监测机构的任务和职能定位，按照广播电视安全播出监测体系总框架展开论述。第五章是广播电视及视听新媒体安全播出监管体系建设，以"依法监管、公正监管、综合监管、创新监管"为原则，紧密围绕"权责明确、执法有力、行为规范、保障有效"的工作要求，按照广播电视安全播出监管体系总框架展开论述。第三章至第五章的内容是全书核心部分，较为全面、系统地对广播电视安全播出业务链涉及的安全播出责任主体、监测机构、监管部门在围绕风险管理方面，均从基础管理、业务管理、资源管理、自查与改进四个部分进行论述。第六章是多方协同下的安全播出管理，以"大安全观"的思想为指导，提出了调动社会各方力量，建设安全播出大环境，加强广电系统内部跨单位业务合作，建立广电部门与系统外部有关部门的合作机制，完善行业自律和群众参与，共同做好广播电视及视听新媒体安全播出工作。

本书在编写过程中，得到了广播影视行政部门、广播电视监测机构、安全播出责任单位的管理专家、技术工程师等的大力指导、支持和帮助，在此表示敬意和衷心的感谢！

本书应用了北京国睿智鼎信息科学研究院在广播电视安全播出监管体系、监测体系、保障体系构建方面的研究成果，对此表示感谢！北京市新闻出版广电局科技处邓永斌对全书内容提出很多富有价值的修改意见，在此一并表示感谢。

本书在编写过程中参考了广播电视监管部门、监测机构及安全播出责任单位在广播电视安全播出管理体系建设上的成功经验和优秀做法，在此对他们表示衷心的敬意和感谢！中国言实出版社为本书出版做出了辛勤工作，在此一并表示衷心感谢！

由于考虑到广播电视安全播出部分工作的保密要求，本书对涉及的有关案例均进行了适当编辑，广播电视安全播出监管部门、广播电视安全播出监测机构、广播电视安全播出责任单位在体系建设方面如有需求或疑问，可直接与作者单位联系。

因本书编写过程中时间仓促，限于编者水平、能力、经验有限，敬请广大同仁批评指正，提出宝贵的意见和建议，谢谢！

作者

2017 年 6 月

目 录

第一章
广播电视及视听新媒体安全播出管理概述

本章主要介绍我国广播电视及视听新媒体发展历程及不同时期在安全播出管理方面的要求、新形势下广播电视及视听新媒体安全播出工作面临的挑战、广播电视及视听新媒体安全播出管理体系的总体设计。

第一节 我国广播电视及视听新媒体安全播出管理的发展历程

我国人民广播电视事业经历了长期发展过程，大体为抗日战争中的初创时期、解放战争中的初步发展时期、新中国成立后的转变和壮大时期、改革开放后的新发展、21 世纪以来新媒体的蓬勃发展以及新媒体与传统媒体融合发展等时期。这几个时期面临的形势任务不同，发展条件也不一样，安全播出管理工作的重点也不同，因而带有不同时期的历史特点，形成了中国特色的人民广播电视事业的发展方式、管理模式。

一、抗日战争中人民广播事业的初创

1940 年，正值我国的抗日战争进入相持阶段，共产党领导的八路军、新四军和广大人民群众同日本侵略者正进行着艰苦卓绝的斗争。为了进一步鼓舞军队和人民的抗战士气，宣传党的政策主张，12 月 30 日，我党领导的第一座人民广播电台 —— 延安新华广

播电台开播，这标志着人民广播事业的诞生。由于该台是新华社的一个组成部分，广播稿也由新华社提供，所以称它为新华广播电台。人民广播事业从诞生之日起，就被赋予了安全播出的神圣职责。

二、解放战争中人民广播事业的初步发展

在解放战争时期，随着人民解放战争的胜利发展，党领导的新闻广播事业仍承担着宣传重任，为配合解放战争的进程开展了多种形式的广播宣传活动。1946 年 6 月，语言广播部作为全国性的语言广播机关，为规范宣传工作，制定了《语言广播部暂行工作细则》，标志着延安台的宣传业务趋于成熟。1947 年，延安新华广播电台改名为陕北新华广播电台。此后又于 1949 年 3 月 25 日随党中央迁到北京（当时叫北平），改名为北平新华广播电台，并从新华社分离出来。1949 年 9 月 27 日，再改名为北京新华广播电台，当年 12 月 5 日正式定名为中央人民广播电台。

新中国成立前夕，为加强对人民广播事业的领导，并为未来人民广播事业更大发展做准备，1949 年 6 月，根据中共中央决定成立了中央广播事业管理处，统一管理和领导全国广播事业。当时全国广播电台达到 49 座，广播电台已成为独立的新闻机构。

三、新中国成立后人民广播事业的转变壮大

新中国的成立为人民广播事业的发展开辟了广阔前景，促使人民广播事业以前所未有的速度发展起来。

新中国成立后，党中央对广播事业进行了一系列的恢复和改造，并做出全面部署。一是恢复和新建了一批广播电台，以中央人民广播电台为中心的全国广播网初具规模；二是逐步建设起了农村有线广播网；三是完成对民营广播电台的社会主义改造，广播电台全部由国家经营；四是建立健全广播事业的管理。

1950 年 4 月 23 日，中央人民政府新闻总署在《人民日报》第一版刊发了《新闻总署关于建立广播收音网的决定》，该决定共五条，对政府机构、社会组织、群众等广播使用情况进行了总体性的规定，这是新中国成立后第一个由中央政府公布的有关无线电广播的政令。1950 年 6 月 8 日，《人民日报》发表了题为《各级领导机关应当有效地利用无线电广播》的社论。社论指出，无线电广播事业是群众性宣传教育的最有力的工具之一。

1955 年 3 月 29 日，针对边远省份和少数民族地区的广播闭塞问题，国务院发出了《关

于边远省份和少数民族地区建立收音站的通知》。《通知》说，为加强对边远省份和少数民族地区人民群众的爱国主义教育和政策时事宣传，预防恶劣天气对农业、畜牧业的损害，以及部分满足农民对文化娱乐的要求，政府将在边远省份和少数民族地区（云南、贵州、西康、甘肃、青海、新疆、广西、海南和内蒙古）建立收音站。

新中国成立前后，在安全播出管理方面，出于国家军事政治的安全考虑，中共中央制定了相关的政策办法以保障广播的安全播出，包括对内容的审查、对私人电台的限制、对电台行政管理的规定等。

1948年8月9日，东北局发布了《关于统一广播电台的决定》，对电台在人员、器材等资源归属、分配、处理等方面做了明确要求，规定各地方电台只设中波专门转播陕北新华广播电台和东北新华广播电台的节目，中波电台只能播送经过市委审查后的本市新闻，各省新闻统一由东北新华广播电台播送。该决定对节目转播进行了风险控制，加强了播前审查要求，确保了节目内容安全。统一后的东北新华广播电台将各地编辑人员、广播人员、机务人员集中训练，进行各项业务教育，提高了从业人员的政治觉悟、责任意识、分辨是非能力和业务水平，以满足我国当时革命发展的客观需要。

1948年11月20日，中共中央制定的《对新解放城市中原有之广播电台及其人员的政策决定》中对私人电台的限制做了原则规定："新中国之广播事业应归国家经营，禁止私人经营。"1949年9月29日北京市军事管制委员会在《人民日报》上公布了《关于北京市私营广播电台管理暂行办法》，该《办法》明确规定，外国人一律不许设台播音，中国人办的私营台应立即申请登记，具报电台名称、台址、负责人及主要工作人员和播音员之有关情况及政治态度、经济来源、组织机构、电台设备、输出电力、使用波长和播音时间、节目设置等，经军管会审查合格后给以临时执照。

为加强对全国广播事业的管理，进行体制改革，中央相继出台了一系列政策性文件。1955年9月12日，国务院《关于地方人民广播电台管理办法的规定》：各地方台的一般行政业务受各级人民委员会领导；具体业务受中央广播局的领导。1955年9月13日，中宣部《关于各级党委宣传部应加强对广播宣传的领导和监督的通知》：各级党委应对各地方台的日常宣传业务、政治思想工作及干部教育加强领导和监督。1956年2年20日，国务院《关于农村广播网管理机构和领导关系的通知》：省、自治区、直辖市的广播管理机构属于省级人民委员会，业务上受中央广播事业局的领导；中央广播事业局负责全国农村广播网的规划，编制年度发展计划，提供机房、设备，介绍经验等。

新中国成立初期广播事业的发展，促进了党和政府的方针、政策的贯彻和执行，促进了科学技术知识的传播，活跃了群众的文化生活，促进了中华民族大家庭的沟通和团结，促进了少数民族区域经济、文化的交流。在此期间，广播影视行政部门一方面促进了广播事业的蓬勃发展，另一方面在发展过程中更加注重播出内容的安全。

四、我国电视事业的创办和广播电视事业的发展

我国进入全面建设社会主义时期后，广播事业兴起并不断得到发展，传播业又增加了一位新成员，即作为新传媒方式的电视业开始兴起。1958 年 5 月 1 日，我国建立的第一座电视台 —— 北京电视台试播，同年 9 月 2 日正式开播。继北京电视台后，许多省市纷纷建立电视台。

1959 年至 1960 年是有线广播发展的高潮时期。1974 年北京饭店安装第一套共用天线系统，标志着中国有线电视的诞生。

1964 年 3 月 10 日，中央广播事业局党组提出题为《为进一步提高广播、电视宣传的质量而奋斗》的宣传业务整改提纲（草案）。该草案着眼于提高广播电视宣传质量，尽可能地争取更多的听众和观众，提出了改进节目的方针和措施，从内容安全上加强了管理。

五、改革开放后我国广播电视事业的新发展

改革开放后，我国广播电视事业焕发了新的青春，从此走上快车道。

（一）广播电视事业的新发展

改革开放以来，我国有线电视的快速发展、卫星广播电视的出现和新媒体的兴起，代表了广播电视事业的新发展。

1. 有线电视加速发展

1974 年北京饭店安装的我国第一个共用天线系统，标志着中国有线电视的诞生。1983 年北京燕山石化 1 万户有线电视网络建设和 1985 年沙市有线电视网的建设，标志着中国有线电视跨出共用天线阶段向城域有线电视方向发展。到 1999 年 10 月，全国所有省级电视节目全部上星，形成了星网结合的立体广播电视传输体系。

进入 21 世纪以来，电视技术在历经了从黑白电视到彩色电视的革命性转变后，2001 年开始实施"数字化"改造。经过十几年的发展，我国有线数字电视已具规模，建立了有线电视技术新体系。

这一时期，为规范有线电视安全管理，国家陆续出台了相关法规，如：1990年11月，国务院颁布了《有线电视管理暂行办法》，规定了全国的有线电视台均由原广播电影电视部归口管理，这标志我国有线电视事业走上有章可循、有法可依的轨道。1991年4月，由广播电影电视部颁布了《有线电视管理暂行办法实施细则》，1994年2月出台了《有线电视管理规定》等。

2. 开创卫星广播电视新纪元

1984年4月，我国第一颗试验通信卫星发射，进行了多路传输广播电视节目的试验，基本解决了中央电台向全国各省、自治区传送广播节目的问题。通信卫星上天后，全国各地的卫星地面接收站发展迅速。进入20世纪90年代后，大量电视节目"上星"播出，从根本上解决了我国电视节目过去完全依赖传统的地面无线传输方式（微波、差转、录像转播等）的困境，广播电视节目呈现出空前繁荣的景象。

近30年来，我国卫星广播电视应用的领域愈来愈广，技术上也得到了长足的进步，广播影视行政部门加强了广播电视信息覆盖技术安全，提高了各地转播中央和省级广播电视节目信号源的质量，极大地提高了广播电视覆盖率。

对境外卫星电视广播节目的管理的主要法规是1993年10月5日由国务院颁布的《卫星电视广播地面接收设施管理规定》，以及原广播电影电视部于1994年2月3日据此制定的实施细则等。对境外卫星电视广播的控制，主要是通过对卫星电视地面接收设施实行许可证制度来进行管理。

3. 新媒体兴起并展现出巨大活力

新媒体是新的技术支撑体系下出现的媒体形态。1996年12月，中央电视台建立并试运行了国际互联网站，作为中国最早发布中文信息的网站之一，它标志着广电新媒体在我国的诞生。从此，我国广电新媒体经过萌芽、发育，进入快速发展时期。1997年3月18日，我国上海东方广播电台《梦晓时间》节目新开设的《东广信息网》与"瀛海威时空"合作，开创了我国网络广播的先河。1998年2月28日，北京经济电台《动心9时》开始网上直播。1999年中央电视台利用数字高清晰度电视转播新中国成立50年国庆庆典。2002年上海利用地面数字电视广播（DVB-T）方式开播了地面数字电视。2003年起，国家广播电影电视总局正式批准陆续在北京、上海和深圳等地区采用欧洲DVB-T标准试验播出地面数字电视广播业务。2009年12月28日中国网络电视台（CNTV）开播，经过数年的探索，央视逐步把CNTV打造成集新闻、信息、娱乐、服务为一体，具有视听、互动特色的综合性网络媒体。

（二）广播电视事业改革不断深化并有突破

广播电视事业的初次重大改革始于 20 世纪 80 年代初期，改革以政策突破为特征，以第十一次全国广播电视工作会议（1983 年 3 月至 4 月）和中央批准调整发展方针为标志，以实施"四级办广播、四级办电视、四级混合覆盖"和推动以新闻改革为龙头的全面改革为主要内容。自此，各省、市和自治区除了分别拥有一个电台、一个无线电视台和一个有线电视台外，还有一个教育台或经济台，并且属下各地区（市）和县（市）级政府也开始自办广播电视台。20 世纪 90 年代初，广播电视事业开始了以技术突破为特征的重大改革，以有线电视和卫星电视新技术的运用为标志，以有线电视台建立、有线电视网络建设、有线电视用户发展和卫星电视频道开播为主要内容。广电政策法规得到了进一步完善，广播电视安全播出管理得到了加强。

（三）广播电视播出安全管理工作进一步强化

随着广播电视事业的蓬勃发展，广播影视行政部门一直以来高度重视安全播出工作。为保证广播电视的播出安全，行业主管部门在不同时期出台了一系列的法律法规，强化广播电视内容安全、技术安全管理，将安全播出纳入到法制的轨道上来。

一是制定对接收外国卫星电视节目的管理办法。由于安装卫星地面接收设施的便利性，一些地方和单位便以种种借口，擅自安装接收外国电视节目的卫星地面接收设施，收看外国卫星传送的电视节目，这影响到我国的文化安全。1990 年国务院颁布并实施了《卫星地面接收设施接收外国卫星传送电视节目管理办法》，其中对接收外国卫星电视节目做出规定：除了教育、科研、新闻、金融、经贸、涉外宾馆（公寓），及其他因业务工作需要的单位可申请接收外国卫星电视节目，其他个人或单位一律不准接收。

二是强化坚持正确舆论导向、提高节目质量的管理。20 世纪 90 年代中期，针对百花齐放的广播电视局面，中共中央办公厅、国务院办公厅联合发出《关于转发广播电影电视部党组〈关于进一步加强和改进广播电影电视工作的报告〉的通知》。通知强调：在坚持正确舆论导向、提高节目质量、多出精品上下功夫。

三是制定颁布法律法规，加强广播电视事业的法治化管理。全面发展的起点是 20 世纪 80 年代，1986 年 1 月，广播电影电视部成立部法规领导小组，并在部政策研究室成立法规处，1988 年改制成立政策法规司。上海、广西、四川、湖南等一些省、直辖市、自治区的广播影视行政部门也成立了法制处，其余省份的广播影视行政部门则确定了专职的法制工作人员。1997 年 8 月 11 日，国务院发布了《广播电视管理条例》，并于当年

9月1日起正式实施。我国广播电视业管理的法规体系初步形成，包括以下部分：

（1）中华人民共和国宪法的有关部分，如第22条、第35条、第51条、第53条。

（2）中华人民共和国法律，如《民法》《刑法》《广告法》等法律中相关条款，对广播电视业起规范、调节作用。

（3）行政法规，如国务院颁布实施的《广播电视管理条例》《有线电视管理暂行办法》《卫星电视广播地面接收设施管理规定》《广播电视设施保护条例》等。

（4）部门规章，如《广播电台电视台设立审批管理办法》《广播电影电视行政处罚程序暂行规定》《有线电视管理规定》《卫星传输广播电视节目管理办法》等。此外，广播电视业管理的法规体系中还包括广播影视行政部门颁布的有关规范性文件，广播电视同业组织或协会制定的有关职业道德等自律性规范文件。

安全播出运行管理逐步走向体系化、过程化、规范化、精细化，安全播出工作从以安全防范为重点转入安全防范和安全运行管理并重的崭新阶段，安全播出保障能力也迈上一个新的台阶。

六、21世纪以来新媒体的蓬勃发展及安全管理

21世纪以来，以互联网为代表的新媒体冲破了时间、空间的壁垒，极大程度地克服了传统广播电视的保留性差、选择性差的弊端，充分满足了不同人群收视的需求。在移动互联网和网络融合大趋势的助推下，新媒体产业日趋活跃，社会化水平日益提升，新媒体应用层出不穷，频频引发热点，这使得新媒体用户数量呈现出几何式、爆炸式的持续增长。受众主体的广泛性，视听渠道的多样性，民众对视听要求的迫切性，给广播电视事业带来了新的发展机遇。

新媒体的兴起发展必然带来安全管理问题。传统广电媒体的特点是主要依靠自身生产节目内容，并经过无线、有线、卫星等相对封闭的广播电视传输覆盖网，向电视机、收音机等固定终端输送节目，这种运作模式具有生产业务单一、传输渠道封闭、传播终端固定等特点，这就决定了对传统广电媒体安全播出的管理，有着较强的可控性。新媒体的发展得益于互联网的进步，互联网的开放性、迅速性一方面极大地提高了传播范围和速度，另一方面也大大增加了安全管理难度。为此我国采取了以下措施：

一是把交互式网络电视（IPTV）纳入监管。2005年，国家广播电影电视总局批准上海文广集团可以与电信部门合作试点IPTV，紧接着批准中央电视台、杭州广电集团可以与电信部门合作试点IPTV。为保障IPTV的运行安全，国务院《推进三网融合总体方案》

和国务院办公厅《三网融合试点方案》明确将IPTV纳入广电业务监管，要求IPTV的建设和运行要以安全为保障，在强化网络信息安全和文化安全监管的同时，确保IPTV集成播控平台对节目源的控制，确保播出内容安全和传输安全，实现内容可控可管。

二是坚持政府主导，净化网络文化。党的十七届六中全会公报专门就发展健康向上的网络文化提出了明确要求，指出：必须坚持政府主导，加强文化基础设施建设，完善公共文化服务网络，让群众广泛享有免费或优惠的基本公共文化服务。

三是完善立法，纳入法制轨道。近年来，国家从抓法律法规和建章立制入手，对互联网节目服务进行规范，出台了《互联网视听节目服务管理规定》《网络安全法》《网络视听节目内容审核通则》等一系列法律法规。

四是舆论引导，监督到位。国家采取多种途径和手段，对蓬勃发展的广播电视业进行综合的、有效的监管、监测，具体地说就是规范信息发布程序，不制作、不发布、不传播危害国家安全、影响社会稳定、违反社会公德的有害信息，守法自律，树立信誉，维护形象，共建网络媒体诚信。

第二节 广播电视及视听新媒体发展趋势和未来挑战与机遇

进入21世纪以来，互联网的普及，智能手机的出现，网民数量、网络覆盖率均实现了爆炸式的增长，加快了新媒体的发展速度，放大了新媒体影响力，全民媒体时代正式到来。

一、"十二五"期间广播电视安全播出管理的新成就奠定未来发展坚实基础

"十二五"期间，我国广播电视安全播出工作得到了很大发展。五年中，全国广电系统充分利用云计算、大数据等新一代信息技术，推动了广播电视技术体系优化升级，并积极开展科技创新研究，加强广播电视安全播出的技术、管理、队伍建设。

一是安全播出质量不断提高，事故发生率及停播率进一步下降。"十二五"期间，全国广播电视安全播出重大事故次数减少，在总播出时长不断增加的背景下，全国广电系统事故累计停播时长下降近三成。同时，重大突发事件在"十二五"期间呈明显下降趋势。全国广播电视总体上实现安全优质播出，为广播电视业务和技术的发展提供了可靠保障。

二是安全播出保障能力和应急能力显著提升。"十二五"是我国经济和社会快速发展时期，重大活动多、突发事件多。2011年以来，建党90周年、党的十八大、APEC峰会等一系列国内、国际盛典对广播电视节目的高质量播出提出了更高要求。为确保重点时段、重点节目的优质播出，全国广电系统各安全播出责任单位进一步细化了安全播出保障方案，强化了安全播出保障机制。针对时有发生的自然灾害、突发事件，建立和完善了应急处置、应急协调配合机制，并在原有的应急预案基础上，加强了安全防范。如全国广电系统成功应对了"4·20"芦山地震、"7·22"定西地震、"8·1"温州有线数字电视遭受非法攻击等多起广播电视安全播出突发事件，广播电视安全播出保障能力和应急能力得到显著提升。

三是广播电视安全播出保障体系进一步完善。"十二五"期间，广电系统逐步建立起广播电视安全播出保障体系和确保安全播出长效机制。2009年12月16日，国家新闻出版广电总局发布《广播电视安全播出管理规定》（总局62号令），之后又陆续发布了各专业实施细则，全面、系统地强化安全播出管理规范和要求。

2014年"8·1"温州有线事件发生后，针对新媒体、新业务带来的网络安全问题，国家新闻出版广电总局进一步强化安全播出保障体系建设，及时组织修订广播中心、电视中心等7个专业的实施细则，并新增了安全播出事件事故管理实施细则和网络广播电视台、IPTV集成播控平台专业实施细则，强化了网络安全管理，明确了对新媒体、新业务在系统配置、技术管理与运行维护、应急管理等方面的安全播出管理要求，为各级广电部门建立和完善安全播出保障机制，提供了指导与规范。

几年来，各级广电部门不断加强安全播出制度化建设，积极贯彻落实《广播电视安全播出管理规定》和各专业实施细则，逐步完善安全播出组织体系、调度指挥机制和协同处理机制，完善各项规章制度和应急预案，积极开展多种培训和演练，加强安全播出人员队伍建设，使我国广播电视安全播出保障体系不断向成熟化、规范化、科学化迈进。

二、新媒体时代我国广播电视事业新变化

进入21世纪以来，我国广播电视事业有了突破性发展，其特点是以整体转型为特征，以体制改革、数字化和产业化发展为标志。在体制上，从"计划事业型"向"事业产业型"转型；在技术上，从模拟技术体系向数字技术体系转换。这一历史性的技术突破，既改变了媒介传播方式，又改变了视听节目生产与消费方式，重构了广电媒体发展格局，对广播电视安全播出工作产生了重要影响。

这些新变化与突破,使中国广播电视业在观念、体制、政策、法制、技术、经营、管理等各个领域,发生了根本性的变革。特别是互联网的融合与发展,打破了各种界限,使得视听新媒体的传播能力得到了空前的扩展,相应地,管理难度也倍增。

面临广播电视以广电全媒体为方向的战略升级,现有的安全播出保障体系已经无法适应业务发展。在继承和发扬原有安全播出优良传统、优秀作风、先进经验的同时,广电系统迫切需要加快研究、把握规律、创新方法、完善制度,有效加强新业态、新媒体、新的传播方式条件下的安全播出管理。

三、新媒体与传统媒体融合是未来发展趋势

2013 年 8 月 19 日,习近平总书记在全国宣传思想工作会议上强调:"要适应社会信息化持续推进的新情况,加快传统媒体和新兴媒体融合发展,充分利用新技术创新媒体传播方式,占领信息传播制高点。"

在全媒体时代,传统媒体最核心的优势之一是内容生产力。虽然新媒体的崛起挤占了传统媒体的市场,但是大量的原创性首发报道仍来自于传统媒体。传统媒体与新兴媒体之间出现融合和摩擦的现象是必然趋势,必然会对一定时期内相对稳定的广播电视安全播出工作带来影响。新媒体是传统媒体的延伸和拓展,又与传统媒体有明显的差别和不同,要采取不同于传统媒体的发展思路和政策措施,促进新媒体又好又快发展。

四、新媒体时代带来的挑战与机遇

随着广播电视制播技术的快速发展,新媒体、新业态层出不穷,三网融合、制播分离等改革纵深推进,广电行业已经进入传统媒体与新兴媒体深度融合、快速发展阶段。新的变化趋势带来新风险、特别是未知风险增加,给广播电视安全播出管理工作带来了新的挑战。广电媒体从内容生产、播出、传输覆盖全流程业务正在发生着深刻变化,安全播出风险增多,呈现出复杂多变的态势。

(一) 技术变化和广电业务变化导致的风险变化

1. 当前广播电视安全播出风险特点

和传统广播电视存在的安全播出风险相比,当前的安全播出风险因素出现了潜伏深、威胁大、关联强的新特点。潜伏深,是指在网络化传播普及,节目互动频繁,大量的信息源头难以定位的情况下,很多违规内容脱离管理视线;威胁大,是指由于信息传

播速度快、渠道广、平台多，不良信息一旦发送，其波及面更加广泛，造成的现实危害难以估量；关联强，是指很多风险因素相互联系、相互渗透，甚至影响程度出现叠加放大，谋求单独的、个体的解决方法不能有效控制。因此，必须谋求系统的、一体化的解决方案，来有效地控制这些风险，保障安全播出。

2. 内容生产的社会化加剧了安全威胁

传统广电媒体在内容生产方面，更多的是依靠自身的力量进行节目内容的生产，同时有部分的节目内容外购引进，审核播出有着相对规范的业务流程，生产源头较少，产业链单一，内容安全和技术安全容易掌控。但是，随着广播电视制播分离改革的推进、商业视听媒体的急剧扩张，内容生产呈现出社会化趋势，将适合于社会化制作的节目推向社会，内容生产量和参与主体出现了爆炸式的增长。但社会化制作的过程中也容易产生一些不良倾向，如有些广播电视播出机构可能由于为了追求自身的经济收益而对质量低下、一味媚俗的商业化节目开绿灯。社会化制作的"制片人"业务水平和思想政治素质参差不齐，导致节目水平不一。

3. 传播渠道融合放大了传输风险

传统的广播电视节目内容主要通过无线、有线、卫星进行传播，而且，三种渠道和其他信息传输网络处于物理隔离、完全独立的传输状态，渠道单一固定，信息传播单向，通过信号抗干扰技术，实时信号采集、回传等手段，可以较为有效的保障信号传输的安全。然而，随着媒体融合的不断深入，这一传统的信息传播格局正在被打破。围绕用户需求的各种内容和服务，将在不同网络、不同平台自由流转，渠道的融合也随之进一步深化。一方面，"三网融合"和下一代广播电视网的建设不断加快，使网络融合逐渐成为常态；另一方面，业务分界逐渐模糊，信息交互日益频繁，业务融合成为趋势，这也进一步推动了渠道融合，放大了传输风险。

4. 终端呈现跨屏化增大管控难度

电视机、收音机作为传统广播电视节目的接收终端，其功能较为单一，仅能被动地接收节目信号源，而且仅接收固定渠道输送的内容，安全风险很小。然而，随着播出终端的智能化、互动化、多元化，收看视听内容的终端产品，也从功能单一的电视机、收音机扩展到多功能的电视机、电脑、手持类视听终端等多种电子设备。如"弹幕视频"就是典型的融合业务形态，运用"弹幕"互动模式直播，可以实现电视屏、手机屏、电脑屏的三屏互动。这种跨屏化，不仅仅是相同内容在不同屏幕的平移和迁徙，更包括相关的内容和服务借由不同的屏幕互动、互补，协同满足用户需求的方式。

（二）新媒体环境下的安全播出新挑战

1. 网络整合后带来的安全播出保障挑战

我国有线电视网络是在"四级办"过程中发展起来的，网络整合改变了网络分散、各自为政的局面，将网络及前端、终端设备进行统一管理。但是由于前期的资金投入有限和建设的不规范，加上新老设备并存，造成网络质量参差不齐，网络设备规格不一，仅机顶盒终端有时候就有上百个品牌，而对网络运行质量、网络设备和业务运行的实时监控又没有建立起来，管理范围扩大后，人力投入不足，这给安全播出带来了困难。

2. 网络数字化、双向化后对安全播出带来的挑战

有线电视数字化、双向化后，在传统的模拟前端系统中，只要同样是复合视频信号就可以实现信号的备份和垫播，但是在数字电视系统中主、备信号的参数必须完全一致，信号的备份和垫播才能顺利进行，而各类数据类设备更是逐渐成为主要维护对象，软件故障影响安全播出比重将日益提高，而传统的安全播出保障更多侧重于物理设备，特别是模拟设备方面，无论是人才储备还是技术储备在数字化、IT 方面都很有限。网络化的 IP 构架也为不法分子通过各种软件漏洞、后门发起从终端到前端的入侵带来了可能，甚至带来更加严重的后果。

3. 网络开放性带来的安全播出挑战

随着互动电视业务的开展，特别是数据类增值业务、宽带业务和新媒体业务的开展，乃至于云计算、大数据技术的应用，有线电视网络需要与电信、互联网和各类第三方合作伙伴（比如内容合作伙伴、应用合作伙伴、广告合作伙伴、技术合作伙伴等）外部网络进行信息的交换。

4. 业务运营要求转变带来的安全播出挑战

有线电视的行业环境从垄断走向竞争，客观上也要求其在业务运营上走向用户，通过良好的产品体验来吸引用户。这就要求安全播出保障需要及时的处理用户的各种问题，甚至有时候需要提前预判可能出现的各种问题，这就要求安全播出保障要在思维上进行转变，真正建立以用户为导向的运行维护体制。

（三）新媒体为广播电视安全播出管理发展带来新机遇

挑战与机遇是并存的、辩证的，前述各项挑战提出的问题为广播电视安全播出管理发展昭示了方向，战胜挑战就是抓住了机遇。新媒体的崛起，使我国广播电视事业拥有了新的发展空间，同时也为安全播出管理带来机遇。这主要表现在：面对新媒体发展背

景下安全播出工作新形势、新技术、新业务发展的严峻考验，将促使各级广播影视行政部门和安全播出责任单位牢固树立责任意识、主体意识、超前意识和忧患意识，深刻把握形势，强化互联网思维和底线思维，确保可管可控、安全播出；将促使各级广播影视行政部门和安全播出责任单位，以学习贯彻《广播电视安全播出管理规定》及其实施细则为契机，深刻领会、全面落实，层层落实安全播出责任，着力提高安全播出风险防范和应急处置的能力和水平；将促使各级广播影视行政部门和安全播出责任单位，积极探索创新安全播出管理方式、技术手段，完善播出安全防护机制，加强安全播出队伍建设管理，加强新媒体安全运行管理和管理体系建设，健全安全播出管理工作长效机制。

五、新媒体发展趋势下广播电视安全播出新要求

近年来，尽管我国广播电视安全播出管理体系建设已取得丰硕成果，但是，随着大数据、云计算、物联网、移动互联和人工智能技术的飞速发展，对安全播出提出了新的要求，这主要表现在：

1. 当前我国正处于社会转型期、改革攻坚期，广播电视作为国家的舆论宣传阵地，发挥着弘扬主旋律、传播正能量、推动实现中华民族伟大复兴中国梦的重要作用，国家意识形态安全、文化安全给广播电视安全播出提出了更高的要求。

2. 重要保障期和敏感期的广播电视安全播出保障工作面临更大的挑战。重要保障期和敏感期的重点播出时段和直转播次数增多，加强制度落实、保障系统安全运行的要求更高。

3. 安全播出所面临的外部干扰形势依然严峻，卫星、有线、无线等信号传输受到外部攻击、干扰、破坏事件仍时有发生，安全播出突发事件的种类也在不断增多。特别是随着广播电视与新媒体的融合发展，有线电视前端、广播电视播出系统等与外部网络业务联系日趋紧密，网络安全风险明显增加。

4. 在广播影视管理体制改革不断深化过程中，部分地区和单位的广播电视安全播出管理体系仍不完善，存在安全播出管理主体、责任主体之间的关系不明确，安全播出管理体制与管理方式不适应的问题。

5. 广播电视播出呈现出多手段、多渠道、多样化的趋势，大数据、云计算、移动互联网等新技术正逐步融合到广播电视的发展中。广播电视新媒体、新业务、新技术改变了传统广播电视的传输方式和技术体系，使得广播电视安全播出的管理范围不断扩大，面临着管理思路和工作方式上的变革。

六、我国广播电视安全播出存在问题与对策思考

现阶段，在新媒体加速发展的大背景下，我国广播电视安全播出工作，在遇到许多机遇和挑战的同时，也凸显出一些问题，主要表现为：

1. 安全播出保障投入不足

广播电视行业是一个高投入、重装备的行业。广播电视的传输、覆盖采用的无线、有线、卫星等多种技术手段，因此，对基础设施建设的投入是巨大的。目前，由于投入不足，很多地方的设备还存在陈旧老化、超负荷运转而得不到及时更新的问题。同时，随着科学技术的发展，广播电视节目的制作、播出、传输覆盖等各个环节的技术系统更新速度快、数量越来越庞大、承担的播出任务越来越多，但配套设施（如电力、自监自测等）没有及时跟上。另外，由于资金短缺，很多新技术得不到及时的应用，很多保障安全播出的项目在规划、建设之初就留下了隐患和遗憾。

2. 技术管理水平滞后

一方面，广播电视监测监管体系还不完善，不同区域监测监管平台建设水平参差不齐，安全播出调度难以发挥其效能。另一方面，由于缺乏创新意识，日常运行延续传统的管理模式，与科技的快速发展不相适应，与事业产业的快速发展不相适应。加强对广播电视的安全播出的技术管理，实现对其节目平台的有效监管，使其更好发挥技术优势，相关部门应尽快出台一套行之有效的管理办法。

3. 法治建设落后

随着广播电视事业的不断发展和国家法治建设的推进，我国广播电视法治建设取得了较大的成绩，但还存在法规不系统、不完备，以及有法不依等问题。一是我国广播电视法律建设由于缺少《广播电视法》作为纲的构架，众多的部门规章和行政法规不能形成体系，导致了现有的广播电视方面的法律法规相对分散。二是很多规定并没有用规章制度的形式表现出来，而是作为内部精神和内部原则在体系内层层传达，需要工作者自行掌握。三是目前的规制集中于管理，由于缺乏应有的法律权威性，必须依靠行政指令三令五申、反复推行，才能奏效。

安全播出是一个综合性的问题，需要有立体化的安全保障机制。一个强大的硬件设备系统是安全播出的基础，而完善的安全播出管理制度和高素质的从业队伍，则是安全播出的关键。针对上述存在问题，应考虑采取如下解决措施：

1. 加强基础建设的投入

广播电视安全播出应争取当地政府的重视和支持，把广播电视发展纳入当地经济发展规划当中，对照安全播出保障等级和信息系统安全等级保护要求，做好技术系统、信息系统的配置计划和优化工作，制订广电技术系统配置与升级改造计划，为当地政府部门科学决策提供准确的依据。要开源节流，发挥自身优势，多方筹措资金，利用科技创效益，强化管理要效益。增加对广电播出安全设施的投入，提高整体的抗风险能力。

2. 从结果管理向过程管理转变

广播电视安全播出追求的是结果，但影响这一结果需要对整个广播电视业务链实施全过程的管理。从纵向视角，广播电视制作、播出、传输覆盖过程复杂，经过的设备多、环节多、操作多，对其影响的因素也多，涉及的单位和部门也比较多，出错的机会自然也多；从横向视角看，各单位、各业务之间同时进行，既有管理的工作、又有具体操作的工作，关系复杂。无论纵向还是横向视角，应该以系统理论为指导，从系统的观点出发，把每一个业务过程都看成是有特定功能和目标的、有起点和终点的子系统，加强各环节和节点的分析，识别影响安全播出的因素，制定有效措施并落实到过程控制环节，做好风险预警、风险应对，确保风险得到有效管控，最终实现安全播出的目标。

3. 关注盲区，做好安全防范

全面地分析与安全播出有关的过程，分析影响安全播出存在的各类问题，找出易被忽略的因素：

①小概率事件。发生概率较小的事件，有可能使我们失去防范的意识。

②发生后不会立即导致事故的事件。很多时候往往需要两个因素的同时存在才会发生安全事故。如值班人员短暂离岗，在没有异常发生的情况下，不会出现不良后果，因而人们往往习以为常，而在异常出现时，值班人员不在岗就会导致大的事故发生。

③表面上看起来并不重要的事情。如一个插座、一个接头是否会出现问题，可能会被人们忽略。然而，往往正是这些易被忽略的小问题，会引起重大的事故。

④人的因素也是容易被忽略的因素。人的思想是看不见的，而很多事故的发生，正是由于人的思想松懈造成的。尽管各安全播出责任单位制定了很多规章制度，做了很多思想工作，往往还是有人忘记纪律、忘记规范而造成事故。因此，我们要充分预见到人的因素可能造成的各种事故。在日常播出过程中，对照以上这些易被忽略的因素，做好安全防范，是非常必要的。

4. 健全机制，提高协同作战能力

广播电视安全播出工作靠一个部门是难以保证的，要从明确职责、理顺关系、健全机制等多方面来建立和完善安全播出运行保障体系。

（1）完善调度指挥机构，明确职责，提高协同作战能力。

（2）制定和完善各项应急预案，组织应急演练。加强广播电视播出上下游环节的协调和组织，推动跨单位、跨部门应急预案的不断完善和演练，形成安全播出应急联动的长效机制。

（3）安全防范与日常运行管理"两手抓"，将重要保障期的高度重视变为常态化的重视。杜绝非重要保障期麻痹大意的思想，做到任何时候思想不松懈，注意力不分散，任何时候认认真真、扎扎实实做好与安全播出有关的每一项工作。

5. 加强广播电视业法治建设

（1）以创新精神探索建立广播电视政策法律体系。紧密围绕广播电视改革与发展的主题，探索和构建以"广播电视法"为主干，法规、规章、政策相互配套，加快推进广播电视法治化进程，更好地发挥法治建设对广播电视事业改革和发展的保障、促进、指导和规范作用。

（2）加强依法行政、依法管理。进一步建立健全并积极推进广播电视系统政务公开制、行政执法责任制等有关制度和措施，提高全系统依法行政、依法管理的水平和能力，努力建设良好的广播电视管理秩序。

（3）建立健全执法工作机构，加强法治工作队伍建设。法治工作要做到有思路、有规划、有措施、有部门、有专人、有经费和有工作条件。要拓宽执法人员的培训渠道，做好上岗培训与考核，造就政治素质高、业务能力精、德才兼备的广播电视法制工作队伍。总之是要有法可依、有法必依。

第三节 广播电视及视听新媒体安全播出管理的基本概要

广播电视及视听新媒体的安全播出在发挥舆论导向、确保政令畅通、维护社会稳定、保障国家安全、促进经济繁荣等方面，都发挥着无可替代的作用。它关系到党和国家政令的发布，关系到人民的文化生活水平的提高，关系到社会的稳定进步，其重要性毋庸置疑。

准确把握广播电视及视听新媒体安全播出管理的定义、内容、特点，了解与安全播出相关法律法规要求等，是做好安全播出管理工作的前提，为此本节做出简要概述。

一、广播电视及视听新媒体安全播出的内涵

《广播电视安全播出管理规定》（简称 62 号令）第四条规定：广播电视安全播出工作应坚持不间断、高质量、既经济、又安全的总方针。

62 号令第四十四条规定：安全播出，是指在广播电视节目播出、传输过程中的节目完整、信号安全和技术安全。其中，节目完整是指安全播出责任单位完整并准确地播出、传输预定的广播电视节目；信号安全指承载广播电视节目的电、光信号不间断、高质量；技术安全指广播电视播出、传输、覆盖及相关活动参与人员的人身安全和广播电视设施安全。

二、广播电视及视听新媒体安全播出的内容

从广播电视及视听新媒体安全播出的内涵可以看出，其内容应涵盖四个方面。

1. 内容安全

内容安全主要在其政治可靠。广播电视是国家舆论宣传的主阵地，是国家政治领导的主喉舌，是国家信息传播的主渠道，是人民文化生活的主菜单。广播电视内容安全，直接关系到国家的安全，直接关系到社会的稳定。因此广播电视节目播出的内容应保证是正面、积极、健康以及安全的。所传播的广播电视节目内容必须合法合规、完整准确。

《广播电视安全播出管理规定》第十五条第三款和第五款规定：安全播出责任单位应该使用专用信道完整传输必转的广播电视节目；发现广播电视节目中含有法律、行政法规禁止的内容的，应当立即采取措施予以消除或者停止播出、传输、覆盖，保存有关记录，并向广播影视部门报告。

2. 技术安全

技术安全主要指在广播电视节目播出、传输覆盖过程中的节目完整、信号安全。按照规定的时间、信道（频率）和技术指标，连续不间断地传输、覆盖广播电视节目信号，对于点播的节目应在播出过程中不得间断。

广播电视播出、传输系统是技术含量较高的人机结合系统。安全播出工作由最初的只关注建成后的系统运维到关注技术系统的设计、建设、维护、操作全流程，从重点关注播出系统，到关注供配电系统、信号源系统、节目传输系统、监测系统，各级部门对

于技术系统安全播出保障工作内涵、工作要求的认识加深，对工作重点的把握也随技术系统的变化而相应变化。

3. 人身安全

参与广播电视安全播出活动的有关人员因操作失误或长期工作在特殊的环境下，可能带来人身伤害或健康损害，这关系到广播电视技术工作者的生命安全、家庭幸福。需要将加强从业人员安全教育与培训，使安全意识逐渐深入人心，从"要我安全"转变为"我要安全"。

安全播出离不开技术，但关键在人，特别是在于有一支作风硬、能力强，能打硬仗的队伍。一是加强政治教育。每逢重要保障期，各级广电部门都认真开展准备会，进行全面动员，提高各级人员的安全播出责任意识，从思想上时刻绷紧安全播出这根弦；二是组织大量、各专业的安全播出培训，通过专家授课、技术交流、能手竞赛等多种形式提高专业技术水平；三是建立并完善预案，组织应急演练，提高风险应对能力。

4. 设施安全

设施安全，包括广播电视信号发射实施、广播电视信号专用传输设施、广播电视信号监控设施在内的广播电视设施安全。设施安全主要加强设备运行环境、线路传输环境、信号覆盖环境等的管理，维护好安全播出责任单位内部、周边治安秩序，预防破坏广播设施和消防、自然灾害等事故的发生。

三、广播电视及视听新媒体安全播出的特点

广播电视及视听新媒体安全播出的一个最主要特点，就是影响安全播出的因素复杂。广播电视节目经广播电台、电视台、节目集成平台播出后，经卫星、微波、无线发射等渠道进行信号覆盖，或经光缆干线、有线广播电视网等进行有线传输，整个信号传输、覆盖过程经过诸多技术系统，涉及面广、流程长、节点多、操作复杂，容易因设备设施故障、人为操作、管理因素、环境因素等而影响广播电视及视听新媒体播出安全。若因安全播出责任单位自身安全防范意识弱、技术系统配置不符合要求、信息安全等级保护不符合要求、安全播出保障能力较弱，就更容易导致安全播出事故。总结起来，广播电视及视听新媒体安全播出工作具体来说有以下几点：

1. 节目播出过失不可逆转

广播电视节目一经播出，造成的影响将无法挽回，特别是从目前广播电视及视听新媒体事业的发展趋势来看，为了增强节目互动效果，扩大影响力，越来越多的访谈类节

目、新闻报道、体育赛事等节目采用了现场直播的形式，产生的安全播出风险等级更高。

2. 事件事故影响广泛

基于广播电视影响的广泛性，即使很小的安全播出事件事故也易被扩大化，可能会影响一个地区，甚至更为广泛的范围。与此同时，广播电视节目是直观的视觉与听觉接受，使得安全播出事件事故造成的效果呈现非常直观的影响。另外若不法分子对事件事故影响加以利用，以此为借口煽动负面言论，则可能造成更加恶劣的社会影响。

3. 环节复杂，触发因素多

首先，广播电视节目从节目采编播到终端，需要经过安全播出责任单位不同的专业技术系统进行信号处理与传输、覆盖，涉及设备多、人员多、管理环节多、影响的环境因素多等问题，诸多因素之间相互影响。其次，广播电视采编播往往不是由一个安全播出责任单位独立完成，需要业务链上下游单位的密切配合，跨单位业务操作更为复杂，对各单位业务合作提出了更高要求。再者，环境影响日益凸显，有线、无线传输信号不易掌控信号传输、覆盖的全过程，受外部环境影响较大且不易控制。由此可见，影响和危害广播电视及视听新媒体播出安全的因素非常多，某一环节出现纰漏，就会威胁广播电视的安全播出。

四、广播电视安全播出相关职责

广播影视行政部门围绕广播电视安全播出工作，明确了安全播出监管部门、广播电视监测机构、安全播出责任单位的工作内容及其管理要求。

1. 广播影视行政部门应履行的监督管理职责

《广播电视安全播出管理规定》明确了广播电视安全播出管理的监管主体是国务院广播影视行政部门和县级以上地方人民政府广播影视行政部门，由他们分别负责全国或本行政区域内的广播电视安全播出监督管理工作。

《广播电视安全播出管理规定》明确广播影视行政部门应履行的广播电视安全播出监督管理职责包括：组织制定并实施运行维护规程及安全播出相关的技术标准、管理规范；对本行政区域内安全播出情况进行监督、检查，对发现的安全播出事故隐患，督促安全播出责任单位予以消除；组织对特大、重大安全播出事故的调查并依法处理；建立健全监测机制，掌握本行政区域内节目播出、传输、覆盖情况，发现和快速通报播出异态；建立健全指挥调度机制，保证安全播出责任单位和相关部门的协调配合；组织安全播出考核，并根据结果对安全播出责任单位予以奖励或者批评。

2. 广播电视监测机构应履行的职责

广播影视行政部门设立的广播电视监测、指挥调度机构，按照广播影视行政部门的要求，负责组织开展广播电视信号监测、安全播出风险评估等安全播出日常管理以及应急指挥调度的具体工作。

3. 广播电视安全播出责任单位应履行的职责

安全播出责任单位应当符合《广播电视安全播出管理规定》和国务院广播影视行政部门关于广播电视安全播出的有关要求；不符合的，不得从事广播电视播出、传输、覆盖活动。

安全播出责任单位的主要负责人应当对本单位的广播电视安全播出工作全面负责。《广播电视安全播出管理规定》要求安全播出责任单位应当建立健全安全播出技术维护和运行管理的机构，合理配备工作岗位和人员，并将其他涉及安全播出的部门和人员纳入安全播出管理，落实安全播出责任制。

安全播出责任单位应当加强制度建设，采取多种措施保障广播电视安全播出。安全播出责任单位还要做好日常安全播出管理工作，包括广播电视节目源管理，对新建、扩建或者更新改造广播电视技术系统的工程项目管理，安全播出责任单位的技术系统运维管理，广播电视技术系统的检修、施工管理，广播电视安全播出事故调查与处理，以及重要保障期管理、应急管理等。《广播电视安全播出管理规定》还对违反其规定的行为规定了法律责任。

五、网络安全管理的若干要求

互联网和信息化浪潮已经遍及全球，正在颠覆性地改变着人类的生活和生产方式，形成了独立于陆地、海洋、航空、航天之外的第五维网络空间。随着网络技术的发展，安全环境日趋复杂，网络安全已经成为各国共同关注的问题。十八大以来，党中央将网络安全上升至国家战略的高度，成立了中央网络安全和信息化领导小组，习近平总书记亲自担任组长，指出"没有网络安全就没有国家安全，没有信息化就没有现代化"。

在传统媒体与新兴媒体加速融合的新形势下，广电行业已进入一个新的历史变革时期。全台网、新媒体、云计算、大数据的发展既带来机遇，又带来前所未有的挑战。业务系统架构正在由传统的竖井式向云平台转变，媒体融合导致业务形态发生变化，过去相对独立、分散的网络已经融合为深度关联、相互依赖的整体，网络安全形势愈发严峻，安全威胁多样化、攻击手段隐蔽化的特征日益明显，危害范围和程度不断加剧。为此，网络安全相关部分陆续出台了多部针对性强的文件。

国务院于 2000 年 9 月 25 日公布《互联网信息服务管理办法》明确规定，国家对经营性互联网信息服务实行许可制度；对非经营性互联网信息服务实行备案制度。未取得许可或者未履行备案手续的，不得从事互联网信息服务。从事新闻、出版、教育、医疗保健、药品和医疗器械等互联网信息服务，依照法律、行政法规以及国家有关规定须经有关主管部门审核同意的，在申请经营许可或者履行备案手续前，应当依法经有关主管部门审核同意。从事互联网信息服务的，要有健全的网络与信息安全保障措施，包括网站安全保障措施、信息安全保密管理制度、用户信息安全管理制度等。

国家新闻出版广电总局于 2016 年 4 月 25 日发布《专网及定向传播视听节目服务管理规定》，该服务是指从事以电视机、各类手持电子设备等为接收终端，通过局域网络及利用互联网架设虚拟专网或者以互联网等信息网络为定向传输通道，向公众定向提供广播电视节目等视听节目服务活动，包括以交互式网络电视（IPTV）、专网手机电视、互联网电视等形式从事内容提供、集成播控、传输分发等活动，应当依照规定取得信息网络传播视听节目许可证。

国家互联网信息办公室于 2016 年 11 月 4 日发布了《互联网直播服务管理规定》，针对网络直播服务的安全问题对直播服务提供者和使用者做出规定：互联网直播服务提供者提供互联网新闻信息服务的，应当依法取得互联网新闻信息服务资质，并在许可范围内开展互联网新闻信息服务。开展互联网新闻信息服务的互联网直播发布者，应当依法取得互联网新闻信息服务资质并在许可范围内提供服务。互联网直播发布者发布新闻信息，应当真实准确、客观公正。转载新闻信息应当完整准确，不得歪曲新闻信息内容，并在显著位置注明来源，保证新闻信息来源可追溯。

为提升全行业的网络安全保障水平，于 2016 年 11 月全国人大审议通过的《中华人民共和国网络安全法》在 2017 年 6 月 1 日生效，作为我国第一部全面规范网络空间安全管理问题的基础性法律，该法坚持以总体国家安全观为指导，直面解决当前我国网络安全领域特别是在网络安全监测、个人信息保护、安全责任归属等方面存在的问题，明确了网络空间主权的原则，明确了网络产品和服务提供者的安全义务，明确了网络运营者的安全义务，进一步完善了个人信息保护规则，建立了关键信息基础设施安全保护制度，确立了关键信息基础设施重要数据跨境传输的规则，为整体推进网络安全保障体系建设提供了法律依据，其中明确要求"负责关键信息基础设施安全保护工作的部门，应当建立健全本行业、本领域的网络安全监测预警和信息通报制度"、"网络运营者应当采取监测、记录网络运行状态、网络安全事件的技术措施，保障网络免受干扰、破坏或者未经授权的访问，防止网络数据泄露或者被窃取、篡改"。

除此之外，国家新闻出版广电总局及其部门也发布了多个文件对网络安全进行指导，如《新闻出版广播影视网络安全事件应急预案（试行）》，对广播电视网络安全应急预案提供了参考性指导；《新闻出版广播影视网络安全管理办法（试行）》，其中明确要求各运行机构"建立本单位的网络安全监测系统，实时监测信息系统的运行状态，对可能引发网络安全事件的信息进行收集、分析和判断，发现异常情况及时处置和报告"；《电视台网络安全监测系统建设技术白皮书（2017）》则对电视台网络监测系统的具体建设作了规定。

第四节 广播电视及视听新媒体安全播出管理体系总体设计

安全播出管理体系总体设计是一项复杂的工程，是对广播电视及视听新媒体安全播出管理体系框架进行全面、系统的设计和统筹规划，包括安全播出责任单位安全播出保障体系设计、广播影视行政部门的监管体系设计、广播电视监测机构的监测体系设计，是从全局视角出发，通过总体架构设计，对不同体系整个架构各个方面、各个层次、各种参与力量、各种影响广播电视播出安全的风险因素进行统筹考虑和设计，明确职责分工，配置与优化资源，规范业务流程，最大限度地实现广播电视及视听新媒体安全播出目标。

一、安全播出管理体系总体设计的重要性

安全播出是广播电视及视听新媒体工作的生命线，没有广播电视及视听新媒体的播出安全，就没有国家政治、经济、文化、社会的安全。而随着广播电视及视听新媒体的技术实现手段、业务类型、覆盖范围、外部环境等的不断发展变化，安全播出管理工作面临严峻的挑战。

广播电视及视听新媒体安全播出管理工作涉及诸多体系，是一项整体性、系统性的工程。既涉及从事广播电视及视听新媒体制播、传输、覆盖单位的内部业务管理，又涉及广播电视及视听新媒体监测机构对安全播出责任单位业务指标的监测；既涉及广播影视行政部门的行业监管，又涉及与安全播出有关的外部关联单位的工作协调与监督。在安全播出管理体系的总体设计上，一是要遵循系统性原则，因为广播电视及视听新媒体

的安全播出管理工作是一个有机整体，必须考虑各管理体系、各子体系的功能发挥，使要素之间相互协调、相互作用，整个管理体系又是分层次的，要考虑各要素、结构之间的联系；二是要遵循基于风险管理为核心的原则，从识别风险、分析与评估风险，制定风险控制措施以有效预控风险，最终实现安全播出的目的；三是要遵循体系自我改进与完善的原则，每一个单位都有一个自组织系统，表现为根据本单位的业务特点、业务发展和可能存在的风险及其变异，具有不断改进与完善安全播出管理体系的能力，并能够动态适应外部环境、调整内部环境而进行体系完善。

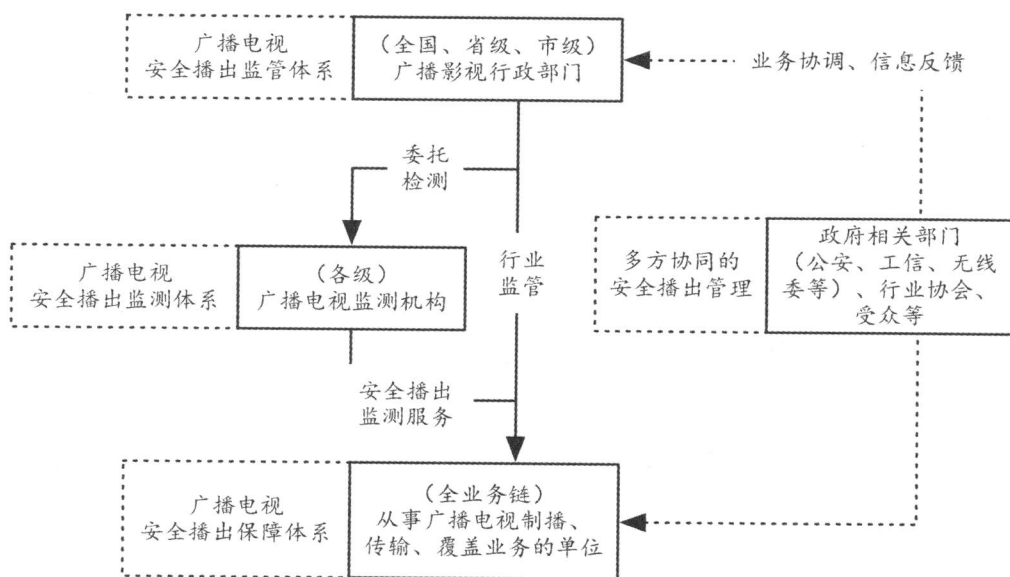

图1-1 广播电视安全播出各体系关系图

二、安全播出管理体系总体设计的基本指导理论

广播电视及视听新媒体安全播出管理体系总体设计是在风险管理理论、系统管理理论等科学理论指导下进行的，这从根本上保证了总体设计的科学性。

（一）风险管理理论

广播电视及视听新媒体播出安全管理，从一定意义上说就是风险管理，其重点在预防风险、化解风险、管控风险，以及在风险事故发生后的应急处理。因此，风险管理理论是广播电视及视听新媒体播出安全管理的基本指导理论之一。

1. 风险管理的内涵

风险管理通过风险识别、风险估测、风险评价，对已确定的风险，通过选择与优化组合风险管理技术，对风险实施有效控制和妥善处理风险所致损失的后果，从而以最小的成本收获最大的安全保障。

2. 风险管理的流程

一是建立风险管理初始信息收集渠道网络。构建初始信息收集网络，在于及时发现可能面临影响安全播出的各种风险，是落实风险管理的首要环节，以便为风险评估提供依据。

二是进行风险评估。风险评估需要进行动态管理，在辨别风险的同时，要考虑正常、异常和紧急三种状态，按照风险发生的可能性及影响程度对识别的风险进行分析和排序，深入剖析成因，掌握风险点的分布情况和影响程度，确定关注重点和优先防控的对象，进行风险级别确认。

三是制定风险管理策略。对所识别出的各类风险按照所确定的风险等级，围绕广播电视播出安全的管理目标，对识别并确定的风险，采取风险回避、损失控制、风险转移和风险保留等四种方法。根据风险级别评估的结果，确定风险管理解决方法，实施风险解决方案。

四是风险管理的监督与改进。由安全播出主责部门监督实施风险管理，持续改进落实风险预控措施，对执行结果进行检查考核，对所存在的问题或缺陷加以改进。

3. 风险管理对广播电视及视听新媒体安全播出管理的实践意义

在广播电视及视听新媒体播出、传输、覆盖过程中，"风险是绝对的，安全是相对的"。由于广播电视及视听新媒体播出、传输、覆盖的业务活动是动态的，所处的环境也在不断变化，各种复杂情况不断出现，不安全因素相伴而生，本质安全状态也会发生变化，要真正实现广播电视及视听新媒体播出安全，必须树立以"风险预控"为核心的安全管理理念，通过建立广播电视安全播出保障体系，实行动态、闭环的风险预控管理，并做到持续改进，以有效控制风险的发生。

风险预控管理有助于：

（1）明确广播电视安全播出的管理目标并且为安全管理指明方向。

（2）实行动态的风险管理，通过辨识与分析影响广播电视播出的不安全因素，对安全播出中存在的隐患和风险，及时采取措施，预防安全播出事故的发生。

（3）建立闭环的监督管理机制和评审体系，确保各项安全管理措施落实到位，做到动态的持续改进。

（4）根据安全播出管理的特点，注重安全播出的特殊性。不仅要重视安全播出事故处理，而且要注重未遂事故的管理；不仅要重视安全播出管理措施的落实，而且要注重可能存在的相关风险因素变化的管理。

（5）安全播出保障体系全面建设。为识别、控制影响广播电视及视听新媒体播出安全的风险，通过构建安全播出保障体系，规范业务活动，建立与落实风险管理措施和应急措施，实现系统管理风险的目的。

（二）系统思维理论

一个单位的各业务活动之间的关系是复杂的，应将相互关联的业务活动作为系统来看待、理解和管理，有助于单位提高实现目标的有效性和效率。对广播电视及视听新媒体安全播出工作来讲，广播影视行政部门、广播电视监测机构、安全播出责任单位均是广播电视及视听新媒体安全播出工作中的重要组成部分，他们之间的相互关联组成了更大的业务网络，是有机统一的整体，他们充分发挥其各自的职能，控制着影响广播电视安全播出的诸多因素。

1. 系统思维的概念

系统是由两个或两个以上的元素相结合的有机整体，系统的整体不等于其局部的简单相加。这一概念揭示了客观世界的某种本质属性，有无限丰富的内涵和处延，其内容就是系统论或系统学。系统论作为一种普遍的方法论是迄今为止人类所掌握的最高级思维模式。

系统思维就是把认识对象作为系统，从系统和要素、要素和要素、系统和环境的相互联系、相互作用中综合地考察认识对象的一种思维方法。系统思维以系统论为思维基本模式的思维形态，极大地简化人们对事物的认知，这种逻辑抽象能力也可以称为整体观、全局观。

2. 系统思维的内容

系统思维方式的客观依据，就是系统乃是物质存在的普遍方式和属性，思维的系统性与客体的系统性是一致的。现代思维方式特别是系统思维方式，主要以整体性、结构性、立体性、动态性、综合性等特点见长。系统思维引导人们要从整体的角度看事物、看问题，把整体作为认识的出发点和归宿，把握事物或问题的内在联系，要从系统的结构去认识系统的整体功能，并从中寻找系统最优结构，进而获得最佳系统功能；要从纵横交错的多维角度观察考虑问题，使思维对象处于纵横交错的交叉点上；要从动态角度考虑问题，及时根据客观事物的变化来调整认识和做法；要从综合角度看问题，即要从它纵横交错的各个方面的关系和联系出发，从整体上综合地把握对象。

3. 系统思维对广播电视及视听新媒体安全播出管理的实践意义

系统思维方法是满足整体、统筹全局、把整体与部分辩证地统一起来的科学方法，它对系统提出了管理控制要求，有助于提升广播电视及视听新媒体整体的安全播出管理水平。

广播电视监管部门、广播电视监测机构、安全播出责任单位运用系统思维，用系统论的方法，以全局的视角，构建广播电视安全播出监管体系、广播电视安全播出监测体系、广播电视安全播出保障体系，对与安全播出有关工作的层次、要素、内容进行统筹考虑，平衡各种关系，确定工作方向、目标，选择实现目标的具体路径，制定预防安全播出风险的正确方法、措施，自上而下地予以落实。

首先，按照系统论观点，广播电视及视听新媒体安全播出责任单位是由各个子系统（部门）和各个元素（人、财、物）的相互联系、相互作用而组成的整体功能系统。广播电视及视听新媒体安全播出整个体系的运行管理上，从整体与部分（要素）之间、整体与外部环境之间、部分（要素）与部分（要素）之间的相互作用和相互制约关系实施管理，从而科学地管理广播电视安全播出工作，实现预期目标。

其次是掌握和运用相关性方法。一个安全播出责任单位的技术系统是由诸多个子系统、设备构成的，而且这个技术系统是与外部传输、覆盖系统具有关联性的。全国各安全播出责任单位的技术系统也是与外部其他安全播出责任单位的技术系统相联系的，由于各自的定位不同，它们发挥不同作用，共同承担着全国的广播电视及视听新媒体安全播出工作。

第三是掌握和运用目的性方法。系统的存在就是为了达到一定的目的。在反馈机制的作用下，系统能保持内部的稳定以及与环境的协调的一种特性。当受到外部因素、特别是不利因素影响时，安全播出责任单位就需要发挥自身职能，消除外部不利因素影响。

最后是掌握和运用环境适应性方法。系统都是处于一定的物质环境中，系统必须适应外部环境条件的变化。一个有生命力的系统，必须不断地与外界环境进行能量、信息的交换，要不断地适应外界环境的变化。在客观世界中，完全孤立的事物是不存在的，客观事物既是以相互影响、相互作用的方式而产生的，也是以相互影响、相互作用的方式而存在的，同时还是以相互影响、相互作用的方式而发展变化的。做好广播电视安全播出管理工作，需要多方参与，这里包括广播影视行政部门、广播电视监测机构、安全播出责任单位，以及与此相关联的政府其他管理部门、行业协会、外部相关单位、受众等，因此安全播出管理要积极适应社会环境的需求，协调处理好各方面的关系。

三、安全播出管理总体设计的内容

风险管理的核心目标是风险预控，构建广播电视及视听新媒体播出风险管理框架，必须紧紧围绕这个核心，而不能离开这个核心。

（一）广播电视及视听新媒体的本质安全

本质安全是源头安全，它包括三个方面，一是技术系统状态，二是人员管理及其制度化建设，三是环境影响。其中，人员管理及其制度化建设是第一位的，许多事故的发生主要是疏于管理，缺少安全意识、违规操作引发的。

影响广播电视及视听新媒体安全播出的诸多因素（风险）是伴随广播电视安全播出业务活动而存在的，任何环节的控制失误都可能会直接或间接造成广播电视及视听新媒体安全播出事故。这里的风险是两个方面综合后的结果：一是可能性，即风险发生的概率；另一个是严重性（即后果），是风险发生后，造成停播、劣播、错播的影响程度。

本质安全管理是以风险预控为核心，全面的、全过程的、全员参加的、闭环式的、持续的管理活动，它要求在广播电视及视听新媒体播出过程中做到人员无失误、设备无故障、系统无缺陷、管理无漏洞，进而实现人员、信息系统、设备、环境的本质安全，切断广播电视安全播出事故发生的因果链，最终实现杜绝已知规律的、造成严重影响的安全播出事故。

（二）广播电视及视听新媒体安全播出管理的总方针

安全优质播出是广播电视及视听新媒体责任单位的主要任务，国家新闻出版广电总局反复强调：广播电视部门各级领导都要从政治的高度，充分认识广播电视宣传工作的重要性，牢固树立政治意识、大局意识和责任意识。《广播电视安全播出管理规定》明确规定：广播电视安全播出工作应当坚持"不间断、高质量、既经济、又安全"的方针。因此，设计构建安全播出管理体系必须贯彻这一总方针。

（三）以广播电视及视听新媒体播出风险为核心的管理体系

以广播电视及视听新媒体播出风险为核心的管理体系需要完善管理体制，应树立"大安全观"，构建广播电视安全播出管理体系。

广播电视及视听新媒体安全播出的风险管理是对风险管理的策划、实施、检查和持续改进等一系列基础的组织安排。在广播电视安全播出"大安全观"管理的思想指导下，本书广播电视安全播出管理体系包括广播电视安全播出保障体系、广播电视安全播出监测体系、广播电视安全播出监管体系，以及多方协同下的安全播出管理内容。广播电视安全播出保障体系、监测体系、监管体系均分为四个部分，即基础管理、业务管理、资源管理以及体系自查与改进部分。全面加强广播电视安全播出管理体系建设并使之协调运转，对于广播电视及视听新媒体播出风险预控和风险应对具有重要的保障作用。

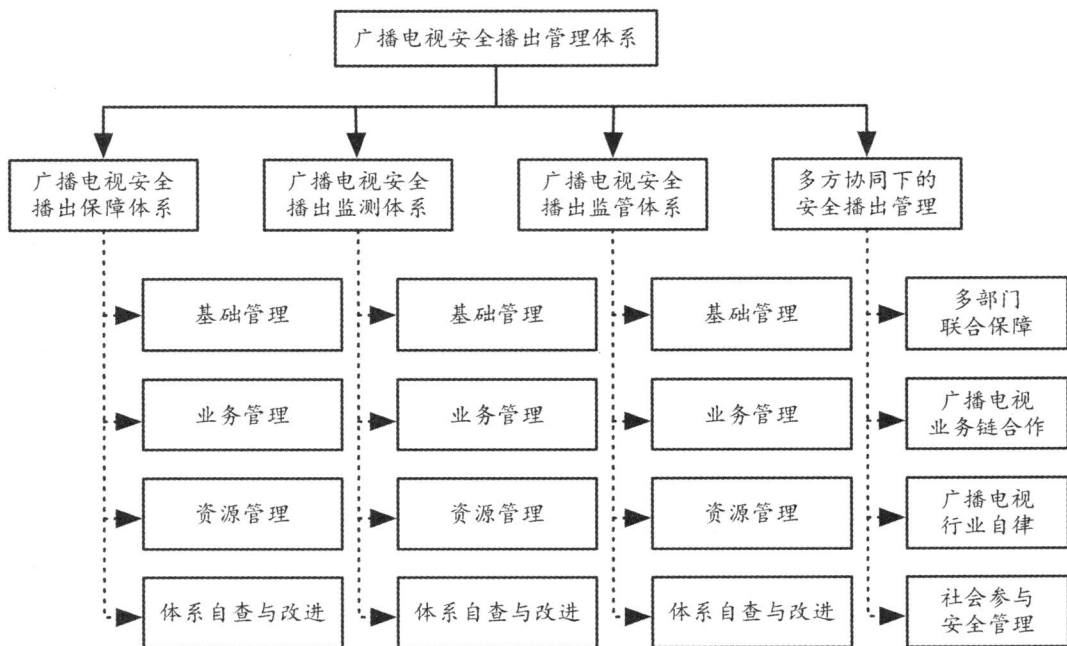

图 1-2　广播电视安全播出管理体系示意图

第二章

以风险预控为核心的安全播出管理

风险可分为纯粹风险（只有带来损失一种可能性）和机会风险（带来损失和盈利的可能性并存）。广播电视及视听新媒体播出面临的风险是只有损失的风险，即纯粹风险，因此加强风险的预防和管控，对广播电视及视听新媒体来说，是须臾不可放松的重要工作。

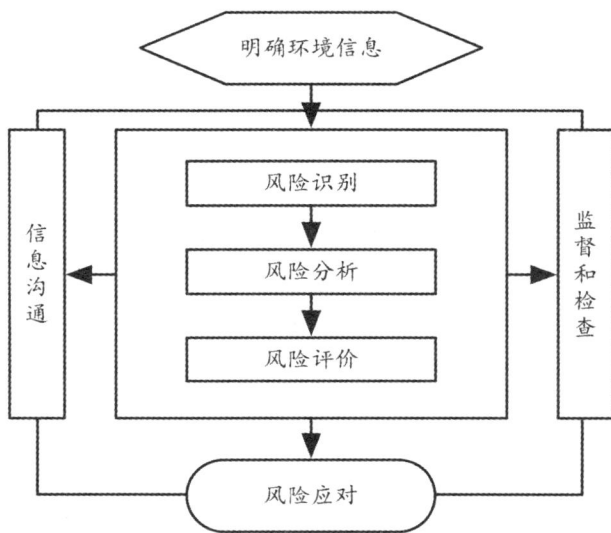

```
          ┌────────────────────┐
          │     明确环境信息      │
          └────────────────────┘
                    │
   ┌─────┐   ┌──────────────────┐   ┌─────┐
   │     │   │   ┌──────────┐    │   │     │
   │ 信  │   │   │ 风险识别  │    │   │ 监  │
   │ 息  │←──│   └──────────┘    │──→│ 督  │
   │ 沟  │   │        ↓         │   │ 和  │
   │ 通  │   │   │ 风险分析  │    │   │ 检  │
   │     │   │   └──────────┘    │   │ 查  │
   │     │   │        ↓         │   │     │
   │     │   │   │ 风险评价  │    │   │     │
   └─────┘   └──────────────────┘   └─────┘
                    │
              ┌──────────┐
              │  风险应对  │
              └──────────┘
```

图 2-1 风险管理系统图

第一节 风险管理理论与方法

广播电视及视听新媒体安全播出管理是在科学理论指导下进行的，只有学会掌握和运用科学方法，才能在其指导下做好安全播出管理工作。本节简要介绍有关风险管理的理论与方法。

一、风险管理概述

掌握风险管理理论与方法首先要对其有总体性了解，明了基本知识，否则就谈不上理论武装，更谈不上指导实践和运用。

（一）风险管理的概念

风险管理就是通过确认、识别、管理和控制安全播出责任单位潜在的影响广播电视安全播出的因素，从而为实现广播电视播出安全管理目标而提供适当保证。风险管理是对广播电视安全播出管理目标实现的各种不确定性因素进行识别与评估，并采取应对措施将其控制在可接受范围内的过程。

风险管理定义体现了以下三个方面的内涵：第一，风险管理是一个流程，是降低和控制风险的一系列程序，涉及对风险管理目标的确定、风险的识别与评价、风险管理方法的选择、风险管理方案的实施以及对风险管理计划持续不断地检查和修正的一个过程，强调风险管理的持续性。第二，风险管理的目的并不是不惜一切代价降低风险，而是尽量使风险减低至可以接受的范围内，体现风险与收益的平衡性。第三，风险是无法彻底消除的，风险管理仅仅是对目标的实现做出合理而非绝对的保证，体现了风险的客观存在性。

（二）风险管理的目标和原则

风险管理的目标就是要以最小的成本获取最大的安全保障。对广播电视及视听新媒体来说，风险管理目标主要定位于预防和控制风险。

1. 风险管理的目标

风险管理目标要有现实性，即确定目标要充分考虑其实现的客观可能性；目标要有明确性，以便于正确选择和实施各种方案，并对其效果进行客观的评价；目标要有层次性，从总体目标出发，根据目标的重要程度，区分风险管理目标的主次，以利于提高风险管理的综合效果。此外，风险管理的具体目标还需要与风险事件的发生联系起来。就广播电视及视听新媒体业务而言，在风险事件发生前，风险管理的首要目标是使潜在损失最小，这一目标要通过最佳的风险对策组合来实现。其次，是减少忧虑及相应的忧虑价值。忧虑价值是比较难以定量化的，但由于对风险的忧虑，分散和耗用了决策者的精力和时间，这是不争的事实。再次，是满足政府明令禁止的某些行为、法律规定等。

2. 风险管理的原则

风险管理原则是风险管理规律的体现，是风险管理必须遵循的行动准则，主要有以下几条。

（1）全面性原则

广播电视及视听新媒体播出风险管理，贯穿于广播电视及视听新媒体制播、传输、覆盖相关业务活动的全过程，以实现对影响广播电视和视听新媒体安全播出风险的全面控制。

一是全面识别与安全播出有关的业务活动，将其纳入安全播出保障体系之中；

二是对每一项业务活动从开始至结束全过程的风险识别，对风险进行分析与评价，制定有效的风险应对措施加以控制；

三是全员参与，保证与安全播出业务活动有关的人员参与到风险管理活动之中，包括单位内部人员，以及参与广播电视安全播出工作的可施加影响的外部人员。

（2）重要性原则

在全面控制的基础上，要识别安全播出责任单位重要的业务活动及其中存在的重大安全风险，突出重点，兼顾一般，着力防范会产生重大影响的安全风险。要高度关注安全播出重要业务事项和高风险领域，对其业务过程的关键控制点和关键岗位的易发生风险加以防范。

（3）动态适应性原则

广播电视安全播出风险管理是适应环境变化的动态过程，其各步骤之间形成一个信息反馈的闭环。随着内部和外部事件的发生、组织环境和知识的改变以及监督和检查的执行，有些风险可能会发生变化，一些新的风险可能会出现，另一些风险可能消失。因此，安全播出责任单位应持续不断地对各种变化保持敏感并做出恰当反应，会通过绩效测量、检查和调整等手段，使风险管理得到持续改进。

二、风险识别

风险识别是风险管理的第一步，也是风险管理的基础。只有在正确识别风险的基础上，才能够主动选择适当有效的方法进行处理。

1. 风险识别的理解

风险是多样的，用感知、判断或归类的方式对现实的和潜在的风险性质进行鉴别的过程即是风险识别。风险识别的根本目的是要管理风险，缩小或消除那些影响安全播出的风险，并分析评价其可能带来的后果及影响程度。

2. 风险识别主体

安全播出责任单位作为风险识别的主体，应确认安全播出相关部门的职责，选择适宜的人员尤其是一线员工参加安全播出风险识别工作。

参加广播电视及视听新媒体安全播出的风险识别人员，应熟悉本单位的业务，掌握业务活动的特点，熟悉广播电视相关法律法规及其标准。由于不同参与人员对风险因素的看法不同、感知不同，对风险判断受识别人员主观因素影响较大，因此，在开展风险识别前，应集中对参与风险识别的人员进行培训，以确保具备正确地识别风险的能力。

3. 风险识别的内容

识别风险来源是风险管理的前提。只有清楚地认识各个风险的主要影响因素，识别风险来源，才能有的放矢，应对风险并控制风险。首先应充分考虑工作场所的所有因素，包括人员、技术系统、管理变化、业务上下游单位的协调、技术系统运行环境及其人员工作环境（内外部环境、环境因素干扰）等可能产生的风险。同时应充分考虑人的整体状态，包括人的精神状态（压力、疲劳）、责任心、行为习惯、能力局限性（操作失误）等，这些也都会成为广播电视及视听新媒体播出风险的来源。

广播电视及视听新媒体播出风险所处的状态有三种：一是常规状态下，如节目制作、节目编排、节目上载、节目播出、传输覆盖等；二是变更状态下，如业务变更、周期性或临时的活动安排等；三是紧急状态下，如技术系统突发故障等。

4. 风险识别的原则

风险识别应遵循的原则包括全面性、系统性、连续性与预测性。换言之，风险识别不仅要掌握相关的和最新的信息，还需掌握适用的背景信息，找出可能的原因，并考虑风险出现后可能导致的后果。

5. 风险识别的程序

风险识别包含感知风险和分析风险两个环节。感知风险，即了解客观存在的各种风险，是风险识别的基础，只有通过感知风险，才能进一步在此基础上进行分析，寻找导致风险事故发生的条件因素，为拟定风险处理方案，进行风险管理决策服务。分析风险，即分析引起风险事故的各种因素，它是风险识别的关键。

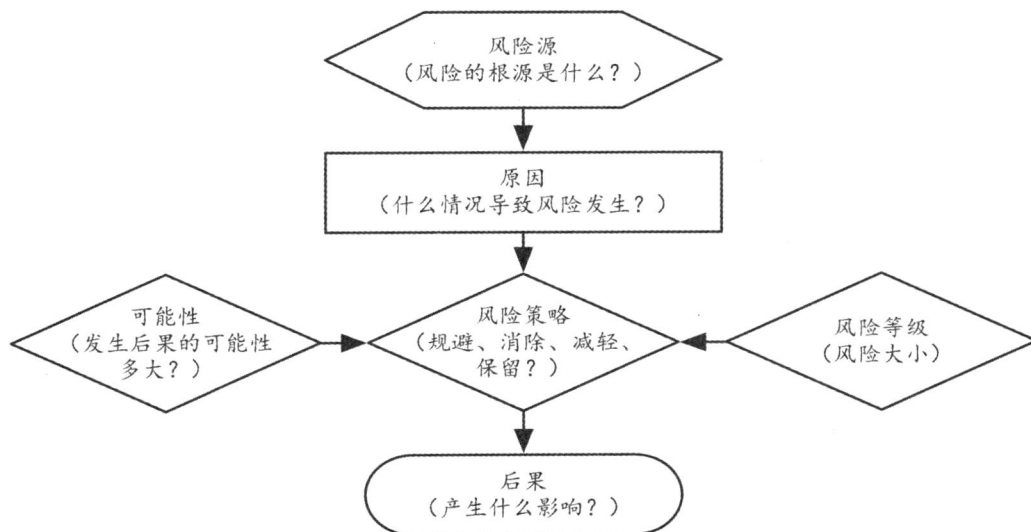

图2-2 风险识别过程图

6. 风险识别的方法

风险识别不是用单一的方法可以解决的，它需要综合考虑多方式、多角度、多层面的因素。不同的业务活动识别的深度、重点活动应该有明显的差别。

在具体识别风险时，需要综合利用一些专门技术和工具，以保证高效率地识别风险并不发生遗漏，这些方法包括：德尔菲法、头脑风暴法、SWOT 技术、检查表和图解技术。在这里，我们只就检查表和图解技术做一下介绍。

（1）安全检查表法

安全检查表是根据有关安全规范、标准、制度及其他系统分析方法分析的结果，对技术系统进行科学的分析，找出各种不安全因素，并以提问的方式把找出的不安全因素制定为检查项目，为便于检查和避免遗漏，将检查项目按系统或子系统编制成的表格。

基本程序如下：

①确定检查对象，并围绕所查对象，了解人员、技术系统、环境以及管理方面的状况与问题，分析可能存在的风险。

②编表，查找有关的依据，包括与所查对象有关的法律、法规、标准、规程、规范

及规定；本单位在安全播出管理方面的经验；与本单位有关业务活动相关的事件、事故示例；采用其他方面获得的其他风险信息。

③由检查人员对照检查项目进行逐项检查；检查要点采用提问方式或给出标准答案进行对照，是否存在风险用"√"或"×"以回答检查的要点或提问，对检查发现不满足要求、存在风险的项目进行详细表述，以便下一步落实整改工作。

表2-1 业务活动安全检查表（样表）

检查日期：　　　　　　　检查部门：　　　　　　　检查人：

检查部位	检查项目	具体内容	风险情况
播出机房	供配电的安全	用电是否超负荷、供电线路是否存在漏电、供电是否稳定、应急电源运行是否正常……	无

（2）图解技术

图解技术包括如下内容：

①因果图。又被称作"石川图"或"鱼骨图"，用于识别风险的成因。

②系统或过程流程图。显示系统的各要素之间如何相互联系以及因果传导机制。

③影响图。用于显示因果影响。

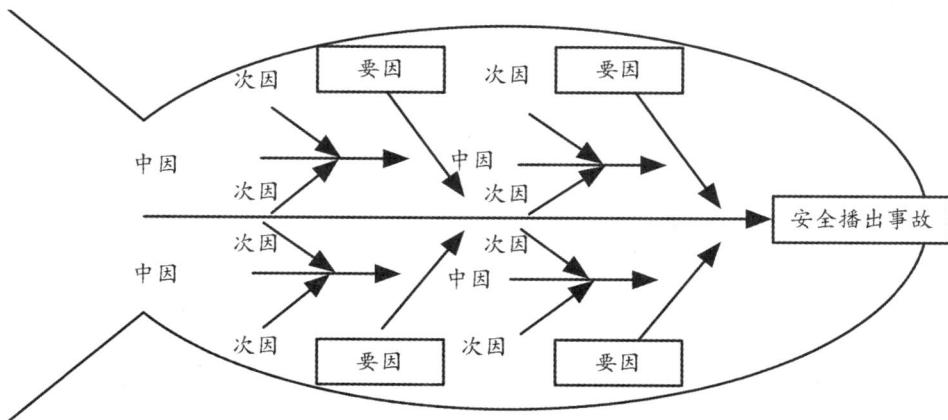

图2-3 因果图

无论实际采用哪种风险识别技术，要根据所识别的业务活动、对象不同来选用相应的识别方法、技术。如对技术系统运行存在的隐患排查、人员影响因素识别、环境因素识别等，而不是局限应用一种方法。

三、风险分析和评价

风险分析与评价是指将系统风险事件发生的可能性和损失后果进行量化的过程。它是风险识别与风险对策选择之间联系的纽带，是科学合理地进行风险决策的基础。风险分析与评价主要用于确定各种风险事件发生的概率，及其对目标影响的严重程度（风险等级）。

对广播电视及视听新媒体安全播出的风险分析与评价，是一个了解风险性质、进行定量分析、确定风险等级的过程，是向风险控制和决策实施提供支持的方法。

（一）风险分析方法

安全播出责任单位应对风险识别的结果采用适宜的方法进行分析，以便为风险控制措施的制定提供充分的信息输入。不同风险之间在一定条件下具有伴生性和相互转化性，应对它们之间的关联性进行分析，明确风险事件之间的影响路径、传递关系以及它们的组合效应，从而在风险策略上对风险进行统一集中的管理。

尽管不能对所有的事件、事故都做出预测，但是，运用风险分析方法，还是能增进对风险的理解，有效地分析和评估出可能存在的风险及其危害性。

常用风险分析方法：

1. 定性分析

即对已识别出的风险的影响和可能性进行评估的过程，按风险对广播电视安全播出目标可能的影响进行排序。其目的主要是识别具体风险和指导风险应对，将各风险对广播电视安全播出目标的潜在影响进行排序，通过比较风险值确定安全播出总体风险级别。

2. 定量分析

即量化分析每一风险的概率及其对安全播出目标造成的后果，并分析项目总体的风险程度。其目的主要是测定实现某一特定项目之目标的概率，量化各个风险因素对项目目标的影响程度，甄别出最需要关注的风险，识别现实的和可实现的成本、进度及范围目标。

一般情况下，风险发生的可能性可分为五档，分别是极低、低、中等、高、极高，从定性和定量两个方面进行标定描述，如下表所示。

表 2-2 风险发生可能性评价标准

定性描述	极低	低	中等	高	极高
	一般情况下不会发生	极少情况下才发生	某些情况下发生	较多情况下发生	常常会发生
定量描述	10% 以下	10%～30%	30%～70%	70%～90%	90% 以上
	今后 10 年内发生的可能少于 1 次	今后 5～10 年内可能发生 1 次	今后 2～5 年内可能发生 1 次	今后 1 年内可能发生 1 次	今后 1 年内至少发生 1 次
	今后 1 年内可能发生少于 1 次	今后 1 年内可能发生 1 次	今后 1 年内可能发生 2～5 次	今后 1 年内每月可能发生 1 次	今后 1 年内每月可能发生 1 次以上

3. 后果分析

某个事件可能会产生一系列不同严重程度的影响，也可能影响到一系列目标和不同利益相关方（如业务链上下游单位、合作方等）。影响可能是轻微后果高概率，或严重后果低概率，或某些中间状况。进行后果分析应关注两类风险，即具有潜在严重后果的风险和频繁轻微后果的风险。处理这两类截然不同的风险，其应对措施有着很大的不同。前者应对措施重点在于预防并消除风险隐患，而后者应对措施重点则在于控制和改进。进行后果分析，要考虑应对后果的现有控制措施，并关注可能影响后果的相关因素，将风险后果与最初目标联系起来，对马上出现的后果和那些经过一段时间后可能出现的后果两种情况要同等重视，不能忽视次要后果，例如那些影响相关系统、活动、设备或组织的次要后果。

4. 可能性分析

可能性分析主要有三种方法，可单独使用，也可组合使用，三种方法如下：

（1）利用相关历史数据来识别那些过去发生的事件或情况，借此推断出它们在未来发生的可能性。

（2）利用故障树和事件树等系统安全技术来预测可能性。当历史数据无法获取或不够充分时，有必要通过分析系统、活动、设备或组织及其相关的失效或成功状况来推断风险发生的可能性。

（3）系统化和结构化地利用专家观点来估计可能性。获得专家判断的正式方法众多，常用的方法包括德尔菲法和层次分析法等。

5. 广播电视及视听新媒体播出风险分析的常用方法

影响广播电视与视听新媒体安全播出的风险因素有很多，涉及人、技术系统、环境、管理等，这些因素之间相互关联、相互影响，在它们的相互作用下，可能会导致事故的发生。以下列出的可适用于广播电视及视听新媒体播出风险分析的方法，有的适用于排查风险，有的适用于潜在的事故隐患或确定降低风险的措施，应结合各单位实际情况和需要进行选择。

（1）故障类型和影响分析

故障类型和影响分析（Potential Failure Mode and Effects Analysis，或简称FMEA）通过识别技术系统、业务过程中潜在的故障模式，分析故障模式对整个广播电视制播、传输、覆盖的影响，并将故障模式按其影响的程度进行分级。

基本程序：

①熟悉系统或业务。了解系统的组成，系统、子系统、设备的功能及其相互关系，系统的工作原理、工作流程及有关技术参数。了解系统与其他系统、人与环境的关系，了解对其相关的管理要求等。

②确定分析层次，根据分析目的、系统的复杂程度确定分析的深度。

③绘制系统功能框图和可靠性框图。功能框图是将系统按照功能进行分解，并表示出子系统及各功能单元之间的输入、输出关系。可靠性框图侧重表达系统的功能与各功能单元的功能之间的逻辑关系。

④列出所有故障类型并分析其影响。

⑤分析故障原因及故障检测方法。

⑥确定故障等级。

表 2-3 系统故障类型和影响分析表（样表）

填表日期：　　　　部门：　　　　填表人：

单元	故障类型	故障原因	故障影响	检测方法	故障等级

（2）危险和可操作性研究

危险和可操作性研究（Hazard and Operability Study，或称HAZOP），是基于"引

导词"，由多专业人员组成的研究组，通过一系列的会议来实施，对系统工艺或操作过程中存在可能导致有害后果的各种偏差加以系统识别的定性分析方法。

基本程序：

①成立研究小组，由组长明确分析的范围、领导组员进行策划分析。由 1 名组员准备 HAZOP 工作表，对会议进行记录，由其他组员负责参与分析。

②收集系统资料，分解系统。

③选择研究的节点，明确节点功能，依次应用预先给定的引导词分析节点可能出现的偏差、导致偏差的原因及偏差所能造成的后果，提出措施。

④选择下一研究节点，按照③的步骤直到所有节点分析完成，形成 HAZOP 报告。

（3）事件树分析

事件树分析（Event Tree Analysis 简称 ETA），起源于决策树分析（简称 DTA），是从一个起始事件开始，按事件的发展顺序考虑各个环节事件成功或失败，预测各种可能结果的归纳分析方法。

基本程序：

①确定系统及其构成因素，根据确定的对象、范围，找出系统的组成要素（子系统），明确其功能。

②确定可能导致系统故障（事故）的起始事件。

③编制事件树。对系统中直接受起始事件影响或直接影响起始事件发展方向的要素，考虑其成功或失败两种状态，进一步分析其他要素受环节事件影响后的成功或失败状态，以此类推。

④ 进行定量分析。根据起始事件和各环节事件的发生概率，计算各种结果的概率。

（4）事故树分析

事故树分析（或称 FTA，故障树分析），从一个可能的事故（顶事件）开始，自上而下、一层一层地寻找顶事件的直接原因事件和间接原因事件，直到基本原因事件（基本事件），并用逻辑图把这些事件之间的逻辑关系表达出来。

基本程序：

①准备阶段。首先确定所要分析的系统，合理确定系统的边界条件；再熟悉系统，包括系统的结构、性能、工作流程、运行条件、事故类型、维修情况、环境因素等。最后调查系统发生的事故。

②编制事故树。确定事故顶事件，再调查事故原因，绘制事故树。

③事故树定性、定量分析。

④事故树分析的结果总结与应用。

注：

事件树和事故树主要区别在于事件树是由起因推理结果的过程，是正向逻辑推理过程；事故树则是由结果分析原因，最终得到影响事故发生的根本事件，是一个逆向逻辑推理过程。

（二）风险等级评价

风险评价就是要评估影响广播电视及视听新媒体安全播出的风险大小，建立风险分级的准则，并确定风险是否可接受；评价安全播出责任单位现有的控制措施是否充分、适宜、有效。

风险评价的目的是了解风险、分析风险，设立一定的、可接受的危害程度，并采取一定的措施，降低风险水平。

1. 风险等级

风险等级根据风险事件的发生对单位所造成影响的广度与深度，将风险分析的结果与预先设定的风险准则相比较，或者在各种风险的分析结果之间进行比较，确定等级。

（1）可容许风险的判定依据

①法律法规的要求（这是最低限制要求）。

②单位的安全播出工作方针、停播率目标。

不同的安全播出责任单位，针对评价出的不可容许风险，会因其自身规模、业务活动特点、安全播出保障等级、信息系统安全等级保护、管理成熟度水平以及守法差异程度而有所不同。

（2）依据风险的可容许程度，将风险划分为3个区域

①高风险。在该区域，无论相关活动可带来什么收益，风险等级都是无法承受的，必须不惜代价进行风险应对。

②中等风险。对该区域风险，应对需考虑实施应对措施的成本与收益，并权衡机遇与潜在后果。

③低风险。该类风险等级微不足道，或者风险很小，无须采取任何风险应对措施。

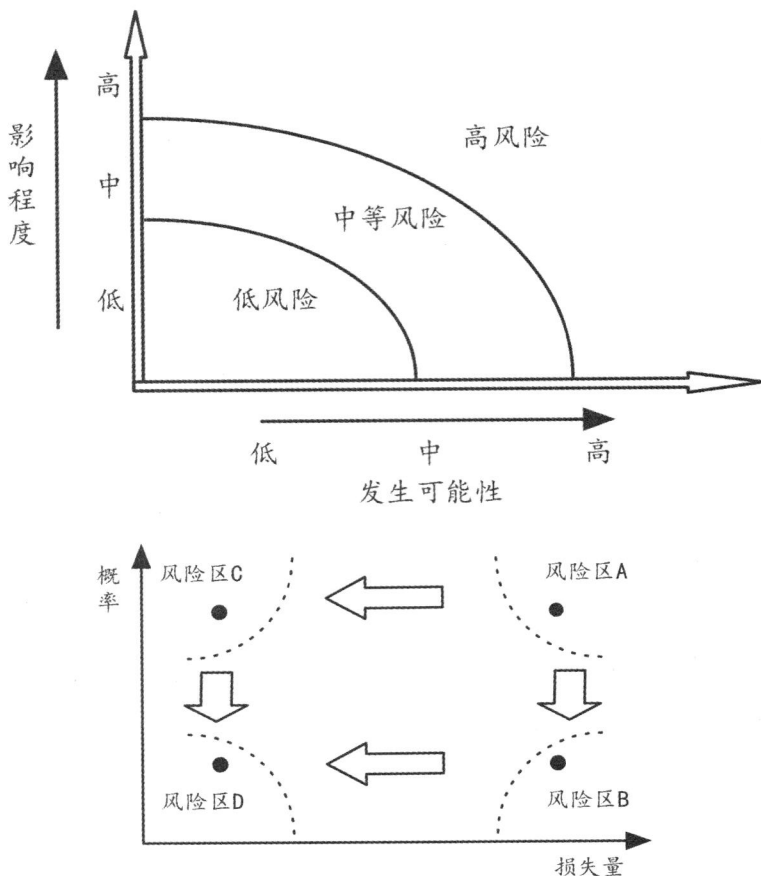

图 2-4 风险区域图

　　若某事件经过风险评估，它处于风险区 A，则应采取措施，降低其概率，以使它移位至风险区 B；或采取措施降低其损失量，以使它移位至风险区 C，风险区 B 和 C 的事件则应采取措施，使其移位至风险区 D。

　　（3）最低合理可行准则，即 ALARP 原则

　　ALARP 原则，是当前国外判定风险可接受水平，普遍采用的一种项目风险判别原则。根据最低合理可行准则，在中间区域中，对于较低的风险，可以直接进行应对措施的成本收益分析，若增加安全投入对安全效益的贡献不大，则可认为风险是可容许的；而对于其中较高的风险，则需进一步实施应对措施，以使风险尽量向低风险区域靠拢，直至风险降低的成本与获得的安全收益完全不成比例。

　　风险等级的划分，具有鲜明的行业特点，一般考虑因素至少包含以下项目：

表 2-4 风险评价项目及评分说明表

评价项目（因子）		评分说明	分数
a	风险发生的可能性和频率	可能性极大或频繁发生、连续发生，每日一次以上；	5
		有可能发生，或经常发生，每周一次以上；	4
		每月一次以上；	3
		很少发生，但每年一次以上；	2
		不发生，几乎不发生。	1
b	符合法律、法规及标准的程度	严重不符合（或完全失控状态）强制性法律法规要求；	5
		一般不符合（或控制较差，须改进）；	4
		偶尔不符合（或控制状态一般）；	3
		符合（或控制状态较好）；	2
		没规定（或完全受控状态）。	1
c	潜在后果的严重程度	造成人员伤亡或重大财产损失；	5
		超过规定指标构成重大事故；	4
		超过规定指标构成事故；	3
		接近规定指标构成事故；	2
		轻微事故。	1
d	可恢复性或持续性	一个月以上才可恢复或不可恢复；	5
		一周以上才可恢复；	4
		当日可恢复；	3
		超过一小时才可恢复；	2
		一小时内或立即恢复。	1
e	受众、相关方及媒体对影响的关注程度	国家、社会、媒体高度关注；	5
		行业高度关注；	4
		地区行业关注；	3
		本单位关注；	2
		不为关注。	1

到目前为止，国内尚没有提出符合我国的项目风险可接受标准，但作为一种原则，可结合本单位自身的实际情况，制定出具体的风险可接受标准。

2. 广播电视及视听新媒体风险等级评价

在广播电视及视听新媒体业务活动中，风险等级判定准则及控制措施，可参照下表。

表 2-5 风险等级判定准则及控制措施

风险等级	应采取的行动／控制措施	实施期限	风险度	事故事件分级
特大风险	在采取措施降低危害前，不能继续操作，对改进措施进行评估。	立刻	20～25	特别重大
重大风险	在采取措施降低风险，建立运行控制程序，定期检查，测量及评估。	立刻或近期整改	15～16	重大
中等	可考虑建立目标、建立操作规程、加强培训及沟通。	年内治理	9～12	较大
可接受	考虑建立操作规程、作业指导书，但需定期检查。	有条件、有经费时治理	4～8	——
轻微或可忽略的风险	无须采用控制措施，但需保存记录。	——	<4	——

注：

风险级别达到重大级别以上的（含），均为不可承受风险。下述情况可由主管部门提出，经安全播出责任单位负责人批准，即可直接确定为重大风险，无须经过风险评价：

①严重违反相关法律、法规或其他要求，违反相关标准或管理制度的。

②发生过相关方抱怨或投诉的。

③曾发生过广播电视播出事故的，所采取防范措施不到位的。

④直接观察到可导致安全播出事故，且无适当控制措施的。

⑤不能满足重要保障期、重要节目或重点时段的特殊要求的。

四、风险控制与监测

在识别、分析评估出可能的风险后，需要及时与内部以及外部的利益相关者进行有效的告知并改进，这是规避风险或降低风险损失的有效途径。要充分分析系统各组成部分的重要性和薄弱环节，检查并确定相应的风险控制措施。

（一）风险应对策略

要根据风险分析评价的结果，结合风险承受度，权衡风险与收益，来确定风险应对策略，主要包括风险规避、风险降低、风险分担和风险承受等风险应对策略。

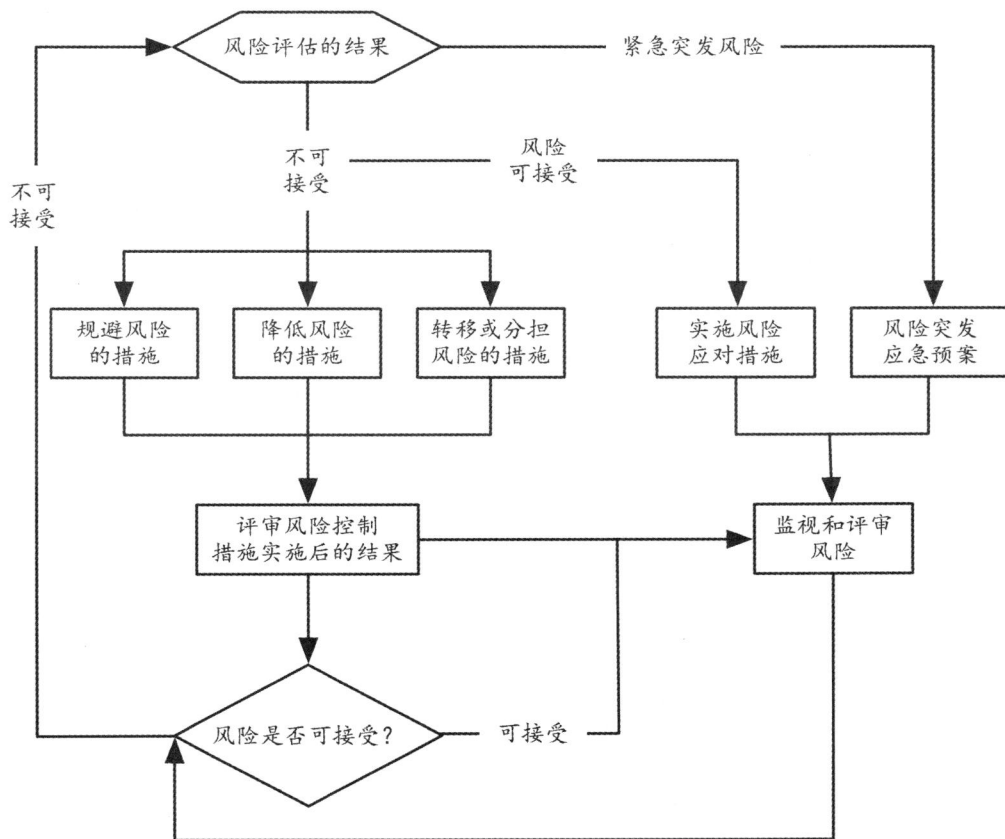

图 2-5 风险应对图

风险应对策略是选择防范风险事件发生的最佳策略组合，目的是减少项目风险潜在的损失。实践中，还应根据需要及时、动态地调整风险应对策略，以期实现对风险的有效控制。

表 2-6 风险应对策略

应对策略	具体说明	适用情况
风险规避	对超出风险承受度的风险，通过放弃或停止与该风险相关的活动以避免和减轻损失的策略。包括两种形态： （1）不参与从事产生某种风险的活动； （2）中止（退出）已经开展的某些活动。	依据风险评价的结果和法律法规来确定。
风险降低	在权衡风险后，准备采取适当的控制措施降低风险发生的概率或减轻风险产生的损失，将风险控制在可承受度之内的策略。 风险降低措施分为： （1）损失预防，是降低损失发生的概率，即通过采取措施消除或减少可能导致损失发生的原因； （2）损失抑制，是减轻损失程度，即在事故发生时和发生后采取措施减少损失发生范围（事前措施和事后措施）。	使剩余风险在可控和承受范围之内。
风险转移 （风险分担）	借助外部力量，通过合同、业务分包、购买服务、参保等方式和适当的控制措施，将风险转移给外部单位或个人的风险应对方式。但并不消灭风险，更重要的是对外部进行监督管理。	
风险承受	对风险承受度之内的风险，在权衡成本效益后，不准备采取控制措施降低风险或减轻损失的策略。	未能辨识出的风险只能承受或可能缺乏能力进行主动预控的风险。

（二）风险处理态度与应对措施

应对风险的策略主要有：风险规避、风险降低、风险分担和风险承受等四种。对应的风险处理态度是：终止风险、处理风险、转移风险与承受风险（见表 2-7）。相应的风险控制措施是：预防性的、修正性的、指导性的和试探性的（见表 2-8）。

表 2-7 风险处理态度与风险因素影响的关系表

风险处理态度	风险因素影响
终止 （避免、消除）	某些风险只能通过终止带来风险的活动，才能将风险控制在可接受范围内，它也才能被组织所承受和管理。
处理 （控制、降低）	以本方式处理的风险数量最为庞杂，实施风险处理的目标在于能够在确保引发该风险的活动的正常开展的同时，采取高效的应对措施，将风险影响降低到可接受的范围之内。

（续表）

转移 （保险、合同）	对某些风险而言，最有效的应对方式就是将它们如数转移。如：组织可借由传统意义上的保险或将相关活动交由第三方完成，从而实现风险的转移。
承受 （接受、保持）	风险影响在承受范围之内，无须采取进一步的控制措施；或风险影响不在承受范围内，但应对该风险的能力不足，或采取应对措施成本与可能获得的潜在利益不成比例。

表 2-8 风险应对措施描述与风险应对处理态度对应关系表

应对措施分类	处理态度	应对措施描述
预防性措施	终止	其目的在于限制不受欢迎的风险因素发生的可能性。阻挠不受欢迎后果发生的重要性越大，其实施重要性越能得以凸显。
修正性措施	处理	其目的在于限制或降低损失范围以及不受欢迎的后果，同时，还可将组织从损失或伤害中恢复过来。
指导性措施	转移	其目的在于确保特定结果的顺利实现，同时，指导员工的日常行为，确保特定损失不再发生。其重要性是不言而喻的，但其必须以员工的严格遵守执行为首要前提条件。
试探性措施	承受	其目的在于识别不受欢迎的后果发生的情况。其具有明显的"事后"性质，即只有那些可被接受的风险或风险发生之后才可采取。

（三）风险监测

在系统运作过程中要进行风险监测，不断地跟踪识别风险，认清剩余风险，进一步完善风险管理方案，保证风险管理计划的有效实施，并评估消减风险的效果。

在广播电视及视听新媒体安全播出的运作过程中，要对各项风险对策的执行情况，不间断地进行检查，并评价各项风险对策的执行效果。

当广播电视及视听新媒体实施条件发生变化时，要确定是否需要提出不同的风险处理方案。除此之外，还需检查是否有被遗漏的风险因素或者发现新的风险，也就是进入新一轮的风险识别，开始新一轮的风险管理过程。

第二节 广播电视及视听新媒体播出风险特点

风险客观存在，但不同领域、不同行业遇到的风险有所不同，广播电视及视听新媒体播出风险管理，首先需要认清其风险的状况和特点，这是做好风险预控工作的前提，本节围绕这一问题进行探讨。

一、广播电视及视听新媒体播出风险的概念

广播电视及视听新媒体安全播出的风险，是指在某一特定环境下、某一特定时间段内，不确定性对实现广播电视及视听新媒体安全播出目标的影响。这里的影响主要是指事件事故后果和事件事故发生可能性的组合所带来的负面影响，而不确定性是对事件事故及其后果或可能性的信息缺失或了解片面的状态。

二、广播电视及视听新媒体播出风险的特点

广播电视及视听新媒体的播出安全需要技术系统支持，涉及的设备设施种类繁多，涉及的管理人员、操作人员较多。广播电视信号的传输过程也较为复杂，经过光缆光纤传输信号不可避免地要路经城市、田野，且要长期承受天气因素的考验，经过无线传输信号也会因环境的复杂性而影响信号传输的安全。广播电视及视听新媒体节目播出与用户接收几乎同步，且播出画面和声音不可逆转，尤其在引人关注的大型直播节目播出期间，丝毫的差错都会导致不可挽回的后果。此外，广播电视及视听新媒体所特有的政治属性使其成为各类分裂和敌对势力攻击的重点，运用技术手段干扰破坏广播电视及视听新媒体安全播出的情况时有发生。

广播电视及视听新媒体节目播出风险的特点包括以下方面：

首先是普遍性。无论从事广播电视及视听新媒体制播、传输、覆盖业务还是提供相关辅助服务，风险都是伴随其存在的，且贯穿整个业务活动的始终。

认识、把握广播电视安全播出风险的普遍性特征，其意义在于牢固树立安全播出风险意识，以风险的观点看待和从事广播电视及视听新媒体安全播出工作，进一步建立健全与安全播出有关的规章制度和操作规程，使广播电视及视听新媒体安全播出管理工作做到有法可依，有章可循。

其次是可变性。风险发生的根本原因在于"变"，来自于技术系统的波动、工作环境的波动、业务本身的正常或异常的波动、管理的波动、人员的情绪波动等，这些变化导致了事故事件的发生。影响广播电视及视听新媒体安全播出的风险是不以人的意志为转移的，是独立于人的意识之外的客观存在，风险发生都是伴随触发事件而形成，事件可以是一个，也可能是多个。事件随条件、时间、地点的改变而变化。

认识、把握这一特性的意义在于，明确风险的发生总是与某些"事件"联系在一起，风险嵌入广播电视及视听新媒体安全播出的各项业务之中，不存在没有潜在风险的安全

播出活动，也没有脱离安全播出活动而独立存在的风险。在某种情况下，创造条件有可能改变事故事件性质，进而改变风险的性质，避免风险的发生或减少风险对安全播出工作的影响。

第三是偶然性。风险是否发生、发生的时间、产生的结果都具有偶然性和不确定性，具有随机的特点，需要及时消除内外在因素影响，提高风险防范意识，做到防患于未然。

认识、把握这一特点的意义在于，风险是随时可能发生的，因此，从事安全播出工作的单位和人员必须增强安全责任意识，时刻不可松懈大意，兢兢业业做好每一个细节的工作，以高度的责任感确保避免风险事故的发生。

最后是可控性。风险是可以控制的，通过监测，抓住其规律性，制定有效的预控措施或应对措施，可以减少其发生的可能性，把损失或危害降到最低。

认识、把握这一特点的意义在于，风险虽然具有不确定性，控制起来也有很大难度，但它绝非不可避免，只要我们认真总结经验、努力掌握风险发生规律，时时提高警惕，细致做好防控工作，就可以实现少发生、甚至不发生风险事故的目标。这里还要指出的是，风险的可控性也是辩证的，它涉及时间和空间两个方面因素。在时间方面，即在当时的正常情况下，因为风险因素在某个时期是可控的，而在另一时期也许是不可控的，相反在某一时期是不可控的，而在另一时期变成可控的。在空间方面，即在某个责任单位也许是可控的，而在另一责任单位却可能是不可控的。所以，把握可控性也要从实际出发，考虑时间、地点、条件等诸多因素。

第三节 广播电视及视听新媒体播出风险分析与预控管理

广播电视及视听新媒体播出风险的存在必定事出有因，因此，加强安全播出管理就要在查找和分析导致事件事故的原因上下功夫，在分析总结事件事故教训上下功夫，采取科学方法和有力措施，确保避免事件事故或将事件事故降到最低。

本节主要是对广播电视及视听新媒体播出的事件事故成因进行分析，并对方法措施做简要介绍。

一、广播电视及视听新媒体播出风险预控的理解

风险预控是控制和避免风险发生的源头环节，是做好广播电视及视听新媒体播出风

险管理工作的首要工作，只有把风险发生避免在萌芽状态，才能杜绝安全隐患，实现广播电视及视听新媒体安全播出目标。

做好广播电视及视听新媒体播出风险预控的着力点应是增强管理人员、操作人员的安全意识、"责任链"意识，树立安全责任感，从思想上、工作上筑牢安全防线，在源头上解决影响广播电视及视听新媒体安全播出的风险问题。

安全意识包括安全第一的观念、预防为主的观念，安全效益的观念、安全法制观念、安全道德的观念等，要确立"安全播出是广播电视及视听新媒体的生命线"的思想，切实遵守和执行国家与安全有关的法律法规及其要求，在单位内部逐步培养安全文化，形成安全不可丝毫松懈的工作氛围。

"责任链"意识是指一个单位每个人既要对本岗位工作负责，更要对整体工作负责，意识到自己是整个工作"责任链"上的一个节点，从而更加注意相互配合、精诚协作、尽职尽责。这样能使工作规避各种风险和失误。许多教训表明，不该犯的错误，不该发生的事故，归根到底都是"责任链"意识缺乏所致。一方面，个人责任心不强，直接导致了整个"责任链"的脆弱，给工作埋下隐患。另一方面，又总认为自己不过是一个节点而已，还有其他若干环节控制，因而未能更多地尽职尽责，这种责任依赖，很容易导致工作中出漏洞，乃至造成重大失误。

安全责任感是从事广播电视及视听新媒体播出、传输、覆盖相关人员，意识到这种责任并认同它、接受它，将外在的要求内化为内心的自觉意识，他律转化为自律，就成为责任感。由于广播电视及视听新媒体安全播出事关国家和人民利益，事关社会安定和谐，是我国社会主义市场经济持续、稳定、快速、健康发展的重要保证，是维护社会稳定、发展大局的重要前提。增强从业人员安全责任感，就要牢记使命和责任，以认真负责的态度精心做好本职工作，严把质量关，决不让任何影响安全播出的隐患在自己手中漏掉，确保安全播出工作绝对可靠。

二、广播电视及视听新媒体安全播出事件分析

事件是某一类情形的发生或变化。事件包括没有造成后果的事件（一般称未遂事件）。影响广播电视及视听新媒体安全播出的事件，其发生往往具有突发性，处理不当就可能产生较大的负面影响。

影响或威胁广播电视及视听新媒体安全播出的突发事件，按照事件的起因和性质可分为：破坏侵扰、信息安全、自然灾害、技术安全和其他等五类；按照危害程度、突发

事件的可控性、影响范围，以及造成停播或劣播的时长，包括抢修恢复的情况等，安全播出事件可分为：特别重大、重大、较大三级（见《安全播出事件事故管理实施细则》对于安全播出事件的分级标准）。

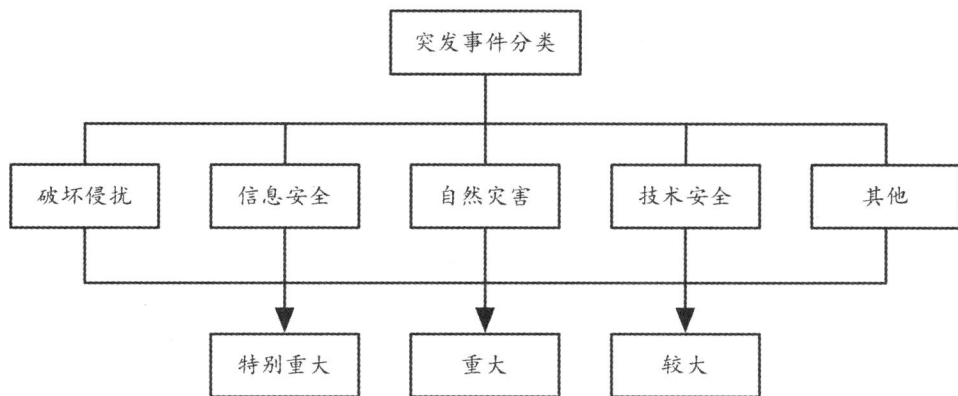

图 2-6 安全播出事件分级分类

1. 破坏侵扰事件

破坏侵扰事件包括干扰插播、攻击破坏等事件。干扰插播事件是指广播电视节目、信号在制作、播出、传输、覆盖和接入过程中被干扰、侵扰、阻断或插入非法内容的突发事件（含未遂事件）；攻击破坏事件是指安全播出责任单位遭受聚众围攻、围堵，或广播电视设施被蓄意破坏、偷盗、野蛮施工等影响广播电视正常播出和运行的突发事件。

2. 信息安全事件

信息安全事件是指因人为原因对广播电视及视听新媒体播出相关的信息系统或网站造成危害，或对社会造成负面影响的突发事件，主要包括以下 7 类。

（1）有害程序事件。有害程序事件是指蓄意制造、传播有害程序，或是因受到有害程序的影响而导致的信息安全事件。有害程序是指插入到信息系统中的一段程序，它危害系统中数据、应用程序或操作系统的保密性、完整性或可用性，影响信息系统的正常运行。有害程序事件包括：计算机病毒事件、蠕虫事件、特洛伊木马事件、僵尸网络事件、混合攻击程序事件、网页内嵌恶意代码事件和其他有害程序事件等 7 个子类。

（2）网络攻击事件。网络攻击事件是指通过网络或其他技术手段，利用信息系统的配置缺陷、协议缺陷、程序缺陷或使用暴力攻击对信息系统实施攻击，并造成信息系统异常或对信息系统当前运行造成潜在危害的信息安全事件。网络攻击事件包括拒绝服务攻击事件、后门攻击事件、漏洞攻击事件、网络扫描窃听事件、网络钓鱼事件、干扰事件和其他网络攻击事件等 7 个子类。

（3）信息破坏事件。信息破坏事件是指通过网络或其他技术手段，造成信息系统中的信息被篡改、假冒、泄漏、窃取等而导致的信息安全事件。信息破坏事件包括信息篡改事件、信息假冒事件、信息泄漏事件、信息窃取事件、信息丢失事件和其他信息破坏事件等 6 个子类。

（4）信息内容安全事件。信息内容安全事件是指利用信息网络发布、传播危害国家安全、社会稳定和公共利益的内容的安全事件。信息内容安全包括以下 4 类：违反宪法和法律、行政法规的信息安全事件；针对社会事项进行讨论、评论形成网上敏感的舆论热点，出现一定规模炒作的信息安全事件；组织串连、煽动集会游行的信息安全事件；其他信息内容安全事件。

（5）设备设施故障事件。设备设施故障事件是指由于信息系统自身故障或外围保障设施故障而导致的信息安全事件，以及人为的使用非技术手段有意或无意的造成信息系统破坏而导致的信息安全事件。设备设施故障包括软硬件自身故障、外围保障设施故障、人为破坏事故和其他设备设施故障等 4 类。

（6）灾害性事件。是指由于不可抗力对信息系统造成物理破坏而导致的信息安全事件。灾害性事件包括水灾、台风、地震、雷击、坍塌、火灾、恐怖袭击、战争等导致的信息安全事件。

（7）其他事件。是指除上述 6 个基本分类中以外的信息安全事件。包括故意、过失或非人为原因等引起的事件。

3. 自然灾害事件

自然灾害事件是指因发生洪涝或干旱、气象、地震、地质、海洋、生物和森林草原火灾等灾害导致播出中断或播出质量降低等突发事件。按自然灾害的成因与发生过程，可将自然灾害划分为气象灾害、地质灾害、生物灾害、海洋灾害等。气象灾害包括旱、暴雨、洪涝、台风、寒潮、异常高温、暴雪、冰雹、冻雨、浓雾、沙尘暴等。地质灾害包括地震、泥石流、滑坡、塌陷等。生物灾害包括虫害、鼠害等。海洋灾害包括海啸、风暴潮、海冰等。

4. 技术安全事件

技术安全事件是指在技术系统的安装调试及运行维护中发生人身伤亡、设备设施软硬件严重损坏等突发事件。技术安全事件主要是：

（1）在技术安装调试及运行维护中发生重大人身伤亡事件（含业务外包人员、单位外聘人员）。

（2）在技术设备的安装调试及运行维护中造成设备、器材、仪器等严重损坏，造成一定经济损失的事件。

（3）广播电视播出设施发生火灾，造成建筑物及设施损毁的事件。

（4）雷击造成设备、设施严重损坏的事件。

5．其他事件

其他事件是指上述 4 类事件中未涵盖的、其他影响安全播出的突发事件。

三、广播电视及视听新媒体安全播出事故分析

安全播出事故是指安全播出责任单位在制作、播出、传输和覆盖过程中，因各种原因，造成广播电视节目停播或劣播的事故。

（一）安全播出事故类型

按照事故的起因和性质，安全播出事故分为责任、技术和其他三类；按照对安全播出的影响程度，事故分为："特大、重大、一般"三级（见《安全播出事件事故管理实施细则》对于安全播出事故的分级标准）。

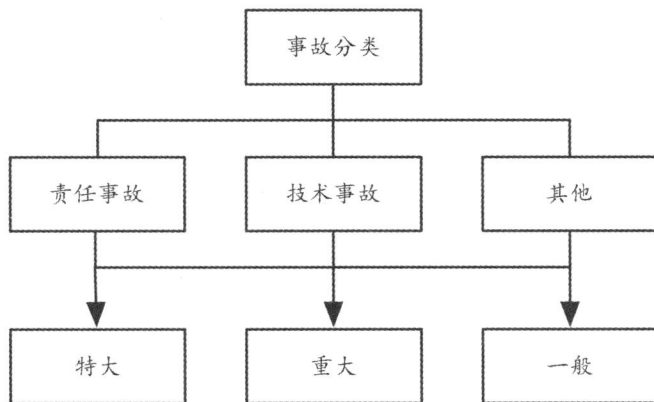

图 2-7 安全播出事故分级图

1．责任事故

因安全播出责任单位安全播出管理不到位或个人违反相关管理制度、操作规程造成的事故。如：

2012 年 6 月 6 日 19:30,《新闻联播》延长 5 分钟,××电视台播出系统自动中断正在播出的《新闻联播》,切换播出广告,播控机房值班员未及时发现,造成××卫视转播《新闻联播》中断重要新闻 37 秒。

2. 技术事故

由于设备设施软硬件故障造成的事故。如:

2009 年 10 月 14 日 19:04,××电视台播出系统因控制台软件故障自动切换,将演播室正在修改的一条××台新闻切出,值班员发现后切回中央电视台信号恢复播出,造成正在转播的《新闻联播》中断 1 分钟。

2012 年 3 月 5 日 9:49,××广播电台并机转播中央台"两会"重要节目时,总控室矩阵故障切错通道,造成新闻节目停播 9 分 15 秒。

3. 其他事故

人为破坏指恶意破坏、偷盗广播电视及视听新媒体设施等非法行为造成的停播事故;灾害指由于气候灾害、地质灾害、火灾等突发灾害造成的停播事故。如:

2014 年 8 月 1 日 19:25,××有线××分公司有线数字电视节目播出画面叠加了反动字幕和图片,影响用户约 30 万户。有线前端立即将机房断电紧急中断播出信号。经采取技术处理等措施,8 月 2 日 1:10,有线网络全面恢复了电视信号,绝大部分机顶盒恢复正常,停播时间约 5 小时。

经公安部门侦查,初步判定是一起人为破坏事故,一个技术设备公司的工程师通过互联网远程登录,将事先编制好的两个破坏程序和非法内容分别植入有线前端的电子节目指南(EPG)广告播发系统和信息通知 OSD 系统,并设定定时程序,在固定时间自动启动,将事先准备的反动图文信息自动传送至用户机顶盒。

(二)广播电视安全播出事故发生的特点

1. 因果性。导致事故的原因在系统中相互作用、相互影响,在一定条件下发生突变,即酿成事故。

2. 偶然性。事故发生的时间、地点、形式、规模和事故后果的严重程度是不确定的。

3. 必然性。危险客观存在,在开展广播电视及视听新媒体安全播出业务活动中,造成事故的因素会很多,需要采取措施事前预防事故,有的措施只能延长发生事故的时间间隔、概率,而不能杜绝事故。

4. 潜伏性。事故发生之前存在一个量变过程,一个系统很长时间没有发生事故并不意味着系统是安全的。

5. 突变性。事故一旦发生，往往十分突然，令人措手不及。

（三）常见事故

1. 停播

停播是指安全播出责任单位不能按规定时间和程序完整播出、传输广播电视节目及信号或由于各种原因所造成播出、传输节目中断、垫播或播出、传输效果相当于节目中断，以及在规定播出时间播出非原定节目的错播（节目临时调整除外）。

全台性停播是指安全播出责任单位播出、传输的 80% 以上节目或信号中断，或者覆盖范围内 80% 以上的用户无法正常接收的安全播出事故。如：

2011 年 1 月 20 日 4:23，××地球站天线控制单元故障，应该及时切换备份天线，但值班员误以为是下大雪导致雪衰，跑去查看天线状况而延误了处置，造成××卫视停播 8 分钟。

2. 劣播

劣播是指在制作、播出、传输和覆盖过程中，广播电视节目及信号的图像或声音质量发生损伤，图像或声音质量主观评价等于或低于 3 分，但未达到停播标准的事故（包括节目播出无台标等情况）。

（四）安全播出事故原因分析

事故的原因分析是事故预防的前提，因此，必须实事求是进行科学分析，以做到对事故的正确处理，总结经验教训，克服消极影响。

1. 现代事故致因理论

著名的"海恩法则"指出：每一起严重的事故背后，必然有 29 次轻微事故和 300 起未遂先兆，以及 1000 起事故隐患。该法则有两方面含义，一是事故的发生是偶然的，但每一起重大事故都是有原因的；二是严重的事故是可以预防和避免的，安全管理的目的就是发现并控制事故征兆。

事故致因理论从大量典型事故本质原因的分析中所提炼出事故机理和事故模型，能够对事故做定性、定量分析，为预测预防事故，改进安全管理工作，从理论上提供科学完整的依据。

2. 事故发生发展的基本规律

事故的发生发展是客观的，有其内在必然性。其规律为：事故的发生是偶然的、随机的现象，然而又有其必然的客观规律；事故的发生是多层次的，不能把事故原因简单而含混地归结；事故致因的多种因素的组合，可以归结为人和物两大系列的运动；人和物的运动都是在一定环境中进行的，因此应该把人的不安全行为、物的不安全状态和环境三者结合起来分析。

3. 人、物、环境都必须受到管理因素支配

按现代事故致因理论解释，事故是由起因物和人员触发，加害于物、受害人而形成的。偶然（意外）事件之所以触发事故，是由于作业环境存在着危险因素，即物与环境的不安全状态和人的不安全行为，他们共同构成了事故的直接原因，是由管理上的失误、缺陷、责任不到位所导致的。因此，管理因素是造成事故的间接原因。而在间接原因的背后，则是基础原因，即经济、文化、教育、习惯、社会历史、法律等社会因素（见图 2-8）。

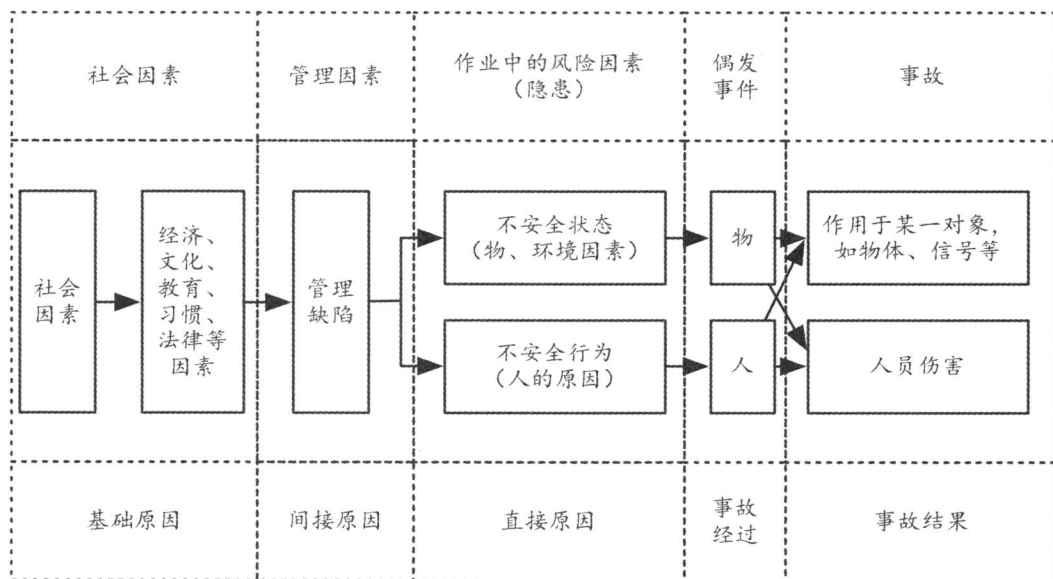

图 2-8 现代事故致因理论模型图

4. 事故发生原因及分析

事故发生原因分为直接原因和间接原因。直接原因是直接导致事故发生的原因，又称一次原因。一般直接原因源于人的不安全行为、物的不安全状态以及人、物、环境之间的相互影响。人的不安全行为会诱发物的不安全因素，物的不安全因素也会成为人出现不安全行为的条件；内在的和外在的环境系统相互影响，也会形成不安全因素。

间接原因是使事故的直接原因得以产生和存在的原因，一般有技术上和设计上的缺陷，教育培训不够、管理上的缺陷，间接原因也称二次原因。

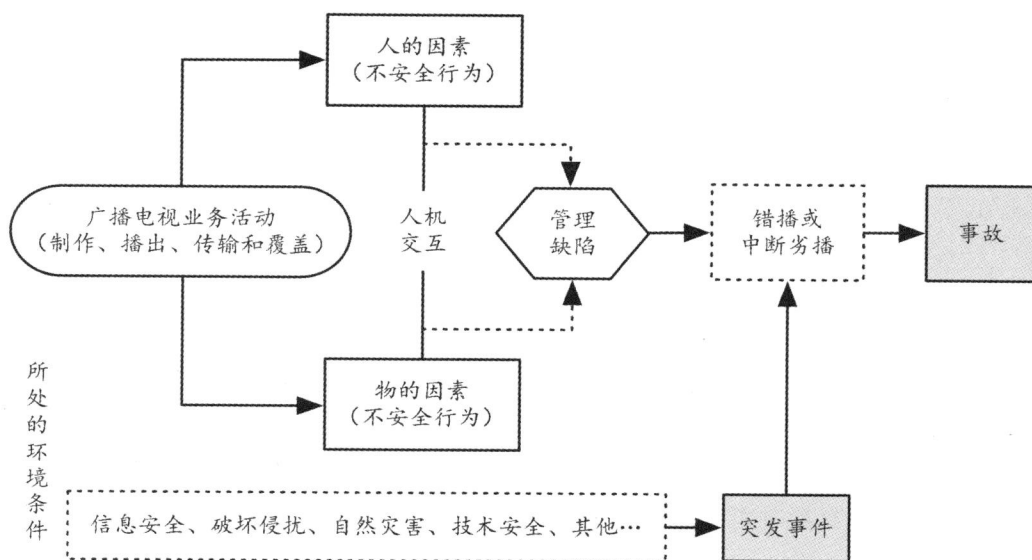

图 2-9 事故发生的影响因素

直接原因有：

（1）人的不安全行为

从直接原因看，人的不安全行为，是人在从事广播电视及视听新媒体安全播出业务活动中表现出来的非正常行为，曾引起或可能引起事故的行为，它受多因素的影响。对人员的管理，涉及人的生理和心理因素，以及管理制度、操作标准、管理方式方法等是否适合人的特性，是否易于为人们所接受的问题。

人的不安全行为受多因素影响。个体的不安全行为不仅受人的思想、性格、动机的支配，而且受政治、经济、社会、家庭环境的影响；同时，又与行为人的工作经验、技术水平、熟练程度、安全素质、身体条件（生理状况）、心理状态等有关。有一定的随机性和偶然性，表现出明显的个性特征，有时难以预测和控制。事实证明，人的一次不安全行为，不一定会导致事故发生。然而，不安全行为的反复出现，就必定会引发事故。

人的不安全行为背后的 9 种心理，包括：

①马虎心理，做事情心不在焉、不经过大脑思量。

②侥幸心理，制度设计或实际操作嫌麻烦，总想走"捷径"，违背事物的运行规律。

③自满心理，对重复的事情不重视，犯经验主义错误。

④浮躁心理，心理处于不稳定状态。

⑤投机心理，不讲科学性，耍小聪明。

⑥逆反心理，不尊重科学或不满意管理，做事情爱对着干。

⑦莽撞心理，做事情不计后果。

⑧懒散心理，不愿意动脑，删减安全操作程序。

⑨盲从心理，跟随别人，自己不动脑。

人的失误可能成因。人的失误是指人的行为结果偏离了规定的标准，即没有完成规定功能的现象。在广播电视业务操作过程中，人的不安全行为属于人为失误。人的失误有时是不可避免的。造成人为失误的原因是多方面的，归结起来有以下几点：

①操作的不安全性（误操作、不规范操作、违章操作、对外界刺激的不正当反应）。

②现场指挥的不安全性（指挥失误、违章指挥）。

③失职（不认真履行本职工作任务）。

④决策失误。

⑤身体状况不佳的情况下工作（带病、酒后、疲劳等）。

⑥工作心理异常（精力不集中、紧张、焦虑、冒险心理等）。

⑦人的性格和态度（如低估了事故发生的可能性和严重性）。

（2）物的不安全状态

广播电视业务中能够发挥一定作用的技术系统、设备设施、物资以及其他生产要素统称为物。物具有不同形式与性质的能量。由于物的能量可能非正常释放，那么，就可以把物的不安全状态理解为曾引起或可能引起事故的物的状态。对物的管理，不仅要从物资的形态、材质、强度上，技术系统的可靠性等方面考虑其安全性，而且要考虑技术系统操作对人的能力要求，以及从人体测量学、生理学、心理与生理过程有关参数对技术系统提出的管理要求。

物的不安全因素有：

①没有按规定配备必需的技术系统、设备设施。

②技术系统、设备选型不符合要求，如不符合安全播出保障等级、信息系统安全等级保护要求。

③技术系统、设备使用不符合规定要求，存在缺陷，易导致信息安全风险、广播电视播出风险。

④技术系统、设备超龄服役。

⑤设备维护保养不到位。

⑥防护设施不齐全、不完善。

⑦其他不安全因素。

（3）内外部环境的可变性

环境主要包括理化因素和社会因素。理化因素主要有噪声、温度、湿度、振动、洁净度等，理化因素影响技术系统的寿命、运行质量，甚至导致技术系统故障。社会因素有所处的社会政策、企业文化、人际关系等软环境，以及考虑环境是否适宜人、物和广播电视及视听新媒体制播、传输、覆盖活动，社会环境会影响人的心理状态，给安全带来潜在危险。技术系统运行产生的噪声、操作复杂程度又影响人的心理以及工作环境。

间接原因有：

间接原因主要是管理缺陷。管理缺陷主要表现在以下一些方面：

①单位的组织机构设置不合理；组织机构不健全，机构职责不明晰。

②规章制度不全、不符合实际；操作规程、安全技术措施的编制、审批、管理不符合规定，贯彻学习不到位。

③未根据风险评估及本单位紧急突发情况编制应急预案，预案不完善、不符合实际。

④员工安全教育、培训不到位。

⑤安全文化建设不重视。

⑥其他管理的不安全因素。

综上所述，在人机系统中，上述直接原因和间接原因相互影响、相互作用，使广播电视及视听新媒体的播出安全处于某一种状态。当人的不安全行为和物的不安全状态在一定时空下发生交叉时，就是安全事件、事故的触发点。

第三章

广播电视及视听新媒体安全播出保障体系建设

广播电视及视听新媒体安全播出保障体系是安全播出责任单位总的管理体系的一部分，其内容包括制定安全播出工作方针和目标、设置安全播出组织机构并确定其职责、开展安全播出保障业务活动以及为其匹配资源等。

广播电视及视听新媒体安全播出保障体系的设计应以单位现有的管理框架为基础，通过确定与安全播出有关的组织机构及其职责、将各业务管控思想及其业务之间关系反映出来。一个单位的组织机构及其职责的复杂程度决定了安全播出保障体系结构的复杂程度。

```
                        ┌─────────────────┐
                        │  广播电视安全      │
                        │  播出保障方针      │
                        └────────┬────────┘
                                 │
                                 ▼
                        ┌─────────────────┐
                        │  安全播出          │
                        │ 管理目标、工作计划  │
                        └────────┬────────┘
                                 │
  ┌──────────────────┐   ┌─────────────────┐   ┌──────────────┐
  │ 安全播出制度化建设、│◄──│ 安全播出责任单位   │──►│ 内外部信息    │
  │ 文化建设、信息化建设│   │ 组织机构及其职责、  │   │ 沟通与交流    │
  └──────────────────┘   │      权限         │   └──────────────┘
                         └────────┬────────┘
                                  │
                                  ▼
  ┌──────────────────────────────────────────────┐   ┌────────┐
  │ 广播电视安全播出风险评估、风险预控和风险应对管理  │──►│ 事 故  │
  └──────────────────────────────────────────────┘   │ 事 件  │
                                                      │ 处 理  │
                                                      └────────┘
```

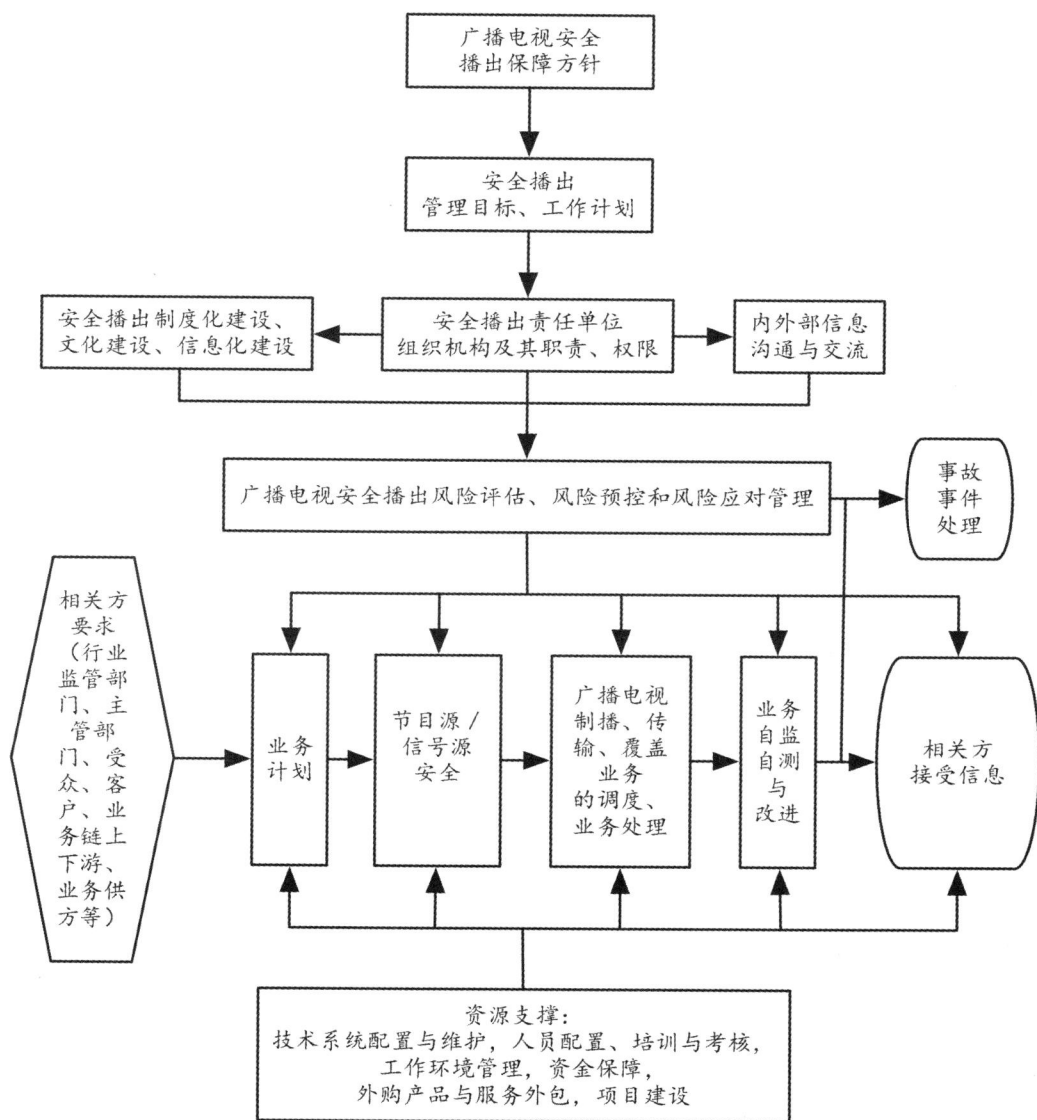

图 3-1 广播电视安全播出保障体系示意图

相关方要求（行业监管部门、主管部门、受众、客户、业务链上下游、业务供方等）

业务计划

节目源/信号源安全

广播电视制播、传输、覆盖业务的调度、业务处理

业务自监自测与改进

相关方接受信息

资源支撑：
技术系统配置与维护，人员配置、培训与考核，
工作环境管理，资金保障，
外购产品与服务外包，项目建设

Ⅰ 基础管理

第一节 安全播出工作方针、目标和计划

广播电视及视听新媒体安全播出工作方针、目标和计划应与上级单位的安全播出管理总方针、总目标和总体部署保持一致，遵循安全播出分级保障原则，突出安全播出责任单位业务特点、风险管理要求。

一、制定安全播出工作方针

安全播出工作方针是广播电视及视听新媒体安全播出保障体系实施的总体意图，是安全播出管理工作的宗旨、方向和行动纲领，是检验广播电视及视听新媒体安全播出保障体系运行效果的重要标准。

（一）制定安全播出工作方针的基本要求

确保安全播出是广播电视及视听新媒体安全播出责任单位最基本、最主要的工作职责。方针既要体现服务于党和政府、服务于人民群众，又要对安全播出责任单位履行安全播出保障职责有指导作用。

方针内涵应明确，以便于所有与安全播出保障有关的人员理解一致。避免空洞的口号或不切合实际的标语，造成安全播出管理工作方向走偏。

（二）制定安全播出工作方针

制定安全播出工作方针步骤如下图：

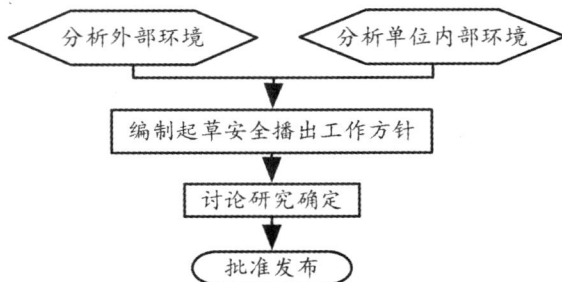

图 3-2 制定安全播出工作方针步骤

分析外部环境，包括宏观环境（政治、经济、技术、社会文化环境）和微观环境（市场、竞争、外部资源、受众）的分析。

分析内部环境，包括资源配置能力、广播电视及视听新媒体业务链、安全播出基础保障工作等方面的分析。

编制起草安全播出工作方针应充分依托内外部环境的分析结果，同时与安全播出责任单位开展的业务活动以及存在的风险相适应，适合单位性质和规模，体现业务特点，满足利益相关方有关安全播出管理方面的要求。

为确保方针制定适宜，安全播出责任单位应组织相关人员对方针进行研究讨论，以确保方针的内容体现守法合规、预控风险、持续改进安全播出业绩的内涵，符合本单位的实际发展需求，表述清晰明确，便于传递理解，具有可实施和可实现性。

方针应由安全播出责任单位负责人以文件的形式批准发布，单位各部门，尤其是直接负责保障工作的部门应针对方针文件组织认真学习，提高全体员工的安全播出意识，认真贯彻落实方针的要求。

同时，应制定方针的评审周期，遇内外部环境变化时，应对方针进行补充评审，以确保方针持续地满足法律、法规及其单位安全播出保障工作的需要。

（三）安全播出工作方针的落实

作为安全播出保障方面的宗旨和方向，安全播出工作方针的贯彻落实至关重要：一是要全面理解和准确把握方针的总体要求，把思想和行动切实统一到安全播出保障工作的各项部署上来。树立正确的安全播出意识，既要看到安全播出保障的严峻性，更要看到有利条件，坚定做好安全播出保障工作的信心和决心。二是要牢固树立全局观念和大局意识，保持业务的稳定性，及时发现影响安全播出的苗头、隐患，增强风险预判。三是要明确责任，周密部署，严格检查。对方针的落实和工作部署，不能只停留在会议上和口头上，要围绕方针的落实和完善制定相关措施和具体方法，并根据安全播出形势的变化，进行微调；转变工作作风，结合实际、深入一线，创造性地开展工作，切实地把各项安全播出保障要求落到实处。

安全播出责任单位应加强监督，定期检查方针的落实情况。单位领导不仅要带头执行，还要监督执行，增强贯彻执行方针的自觉性和坚定性。

示例：

某广播电视台的安全播出工作方针

在"导向立台、新闻立台、深度立台、特色立台、质量兴台、人才强台、文化富台"的办台方针和"真心铸造品质、精心提升品位、恒心打造品牌"的办台理念指引下，从本台实际出发，制定的广播电视安全播出工作方针为：

精心制播，提高宣传品质；守法运营，增强多方满意；预防风险，确保安全播出；持续改进，追求卓越发展。其中：

——精心制播，提高宣传品质，内涵为在广播、电视、网络节目制播上力求精益求精，以"三贴近"（贴近实际、贴近生活、贴近群众）为原则策划节目，严格节目制作和节目播出质量，打造精品节目。扩大单位节目的宣传覆盖面，把握正确的舆论导向，多渠道、高效率、全方位宣传，提高宣传的力度和水平。

——守法运营，增强多方满意，内涵为识别并遵守广播电视运营方面的相关法律法规及相关要求，准确理解主管部门在宣传方面的要求、客户委托的要求以及受众收视的需求，通过精心策划，有效实施，确保多方满意。

——预防风险，确保安全播出，内涵为动态识别影响广播电视安全播出的各类风险因素，增强人员在安全方面的意识，提升风险应对能力，加大基础投入，精心技术系统运维，确保安全播出。

——持续改进，追求卓越发展，内涵为不断改进各业务流程的管理水平，不断完善和丰富安全播出保障体系的内容，深挖发展潜力，主动实施业务转型和管理提升，实现单位卓越发展。

二、安全播出工作目标

安全播出工作方针通过目标具体展开，目标经过事先策划，实现广播电视及视听新媒体安全播出绩效预期的结果。

（一）安全播出工作目标的制定原则

制定广播电视及视听新媒体安全播出工作目标应遵循 SMART 原则，如图所示：

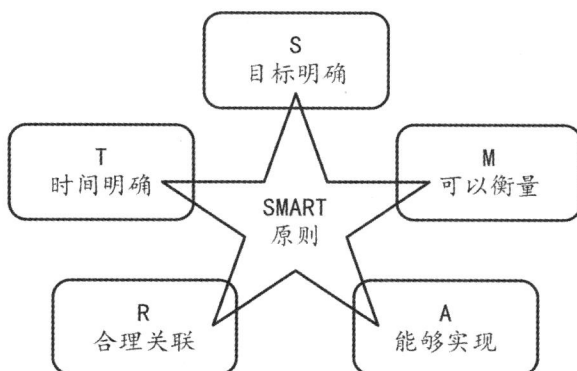

图 3-3 安全播出工作目标制定遵循的原则

按照这些原则要求，目标制定一是"简单加集中"。"简单"是指与安全播出有关的目标数量不要太多，"集中"是指要找到最重要的那一个目标。一个单位的资源与能力是有限的，只有简单，目标才容易统一；只有集中，目标才容易实现。二是具体、可量化、可实现。目标清晰明确，符合实际，切实可行，才能调动人员的工作积极性。三是要与单位安全播出保障方针相一致，兼顾各相关方利益。

示例：

某安全播出保障等级为二级的广播电台，2016 年制定的安全播出工作目标为：

停播率≤20 秒／百小时，即可用度≥99.994%；

电台可根据本单位以往停播率数据，制定当年的停播率目标。

（1）停播率指广播中心所有播出节目累计停播时长与播出总时长的比值，单位：秒／百小时。公式：

$$停播率 = \frac{\sum_{事故次数}各套节目累计停播时长（秒）}{各套节目播出总时长（百小时）}$$

（2）可用度指广播中心所有节目正常播出总时长占播出总时长的百分比，单位：%。公式：

$$可用度 = (1 - \frac{\sum_{事故次数}各套节目累计停播时长（小时）}{各套节目播出总时长（总小时）}) \times 100\%$$

表 3-1 安全播出责任单位的安全播出年度运行指标一览表

各专业安全播出年度运行指标一览表									
安全播出保障等级	电视中心	广播中心	光缆传输干线		有线广播电视网		无线发射转播台	微波传输电路		卫星广播电视地球站
			基础网络系统	广播电视业务系统	前端	分前端		干线微波	支线微波	
一级保障	停播率≤5秒/百小时，即可用度≥99.9986%	可用度应≥99.99%	停播率≤36秒/百小时，即可用度≥99.99%			停播率≤30秒/百小时，即可用度≥99.992%	可用度应≥99.99%	可用度应≥99.97%	停播率≤5秒/百小时，即地球站卫星广播电视信号传输可用度≥99.9986%
二级保障	停播率≤20秒/百小时，即可用度≥99.994%	可用度应≥99.95%	停播率≤72秒/百小时，即可用度≥99.98%			停播率≤60秒/百小时，即可用度≥99.983%			停播率≤10秒/百小时，即地球站卫星广播电视信号传输可用度≥99.9972%
三级保障	停播率≤60秒/百小时，即可用度≥99.983%	—	停播率≤180秒/百小时，即可用度≥99.95%			停播率≤180秒/百小时，即可用度≥99.95%			—

对于管理成熟度较高的安全播出责任单位，为实现单位整体目标，由单位领导与部门负责人签订目标责任书。

表 3-2 某广播电视台年度目标责任书（样表）

部门名称						
部门定位						
工作事项						
……						
序号	关键绩效指标（KPI）	权重	考核周期	考核目标	计算方法	数据来源

部门负责人（签字）：　　　　　　年　月　日

单位主管领导（签字）：　　　　　　年　月　日

（二）安全播出工作目标的分解

目标分解是运用综合→分析→综合的科学思维方法，把整体目标分解成它的各个组成部分，形成一套全面的、系统的目标体系，通过全员、全过程、全方位落实目标，最终实现总体目标。

安全播出责任单位在安全播出工作目标制定之后，首要任务是进行目标分解。

安全播出工作目标分解是指将安全播出工作的总目标由上至下地分解细化，再科学、合理、精准地分配给各责任部门，使目标得以具体化，从而实现从上至下地逐级保证，层层落实。目标分解是明确安全播出工作责任的前提，是安全播出工作总体目标得以实现的基础。

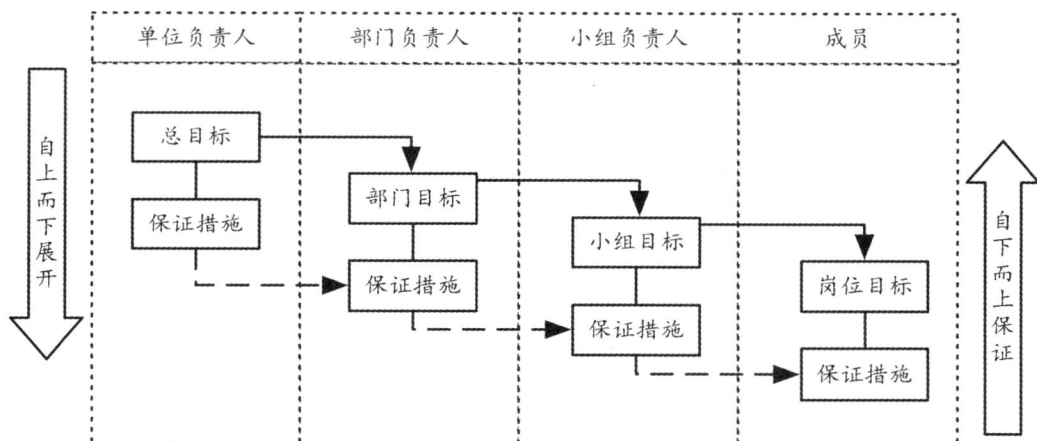

图 3-4 目标分解层次图

目标分解宜采用协商式的办法。协商式分解不仅可以使上下级对总体目标的分解进行充分的商谈或讨论，取得一致意见，而且有利于下级积极性的调动和能力的发挥，使层级目标任务得以落到实处，

同时，目标分解应遵循以下原则：

（1）目标分解应按整分合原则进行。也就是将总体目标分解为不同层次、不同部门的分目标，各个分目标的综合又体现总体目标，并保证总体目标的实现。

（2）分目标保持与总体目标方向一致，内容贯通，保证总体目标的实现。各分目标之间在内容与时间上要协调、平衡，并同步发展，不影响总体目标的实现。

（3）目标分解中，充分考虑各分目标所需要的条件及其限制因素，如人力、物力、财力和协作条件、技术保障等。

（4）各分目标的表达简明、扼要、明确，包括具体的目标值和完成时限要求。

一般地，安全播出工作目标可按各部门（横向）、各层级（纵向）、各时期（时间段）和各业务四个维度进行分解：

①按部门（横向）分解，即按安全播出保障体系涉及的领导、部门横向到边进行分解。若有几个部门共同承担的目标，首先应确定目标的主要承担部门，再确定目标的其他承担部门。

②按管理层级（纵向）分解，即目标按纵向由上至下逐级展开至岗位。层级（纵向）分解有利于明确各层级的安全播出工作目标，把目标实现落到实处。

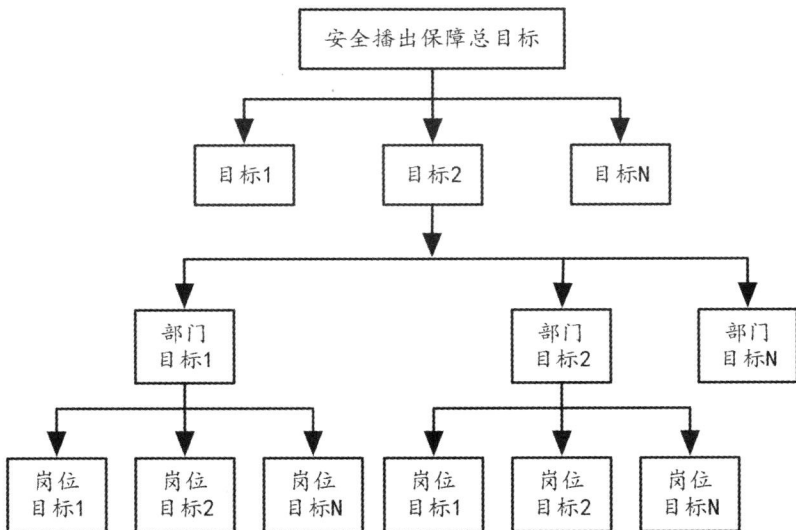

图 3-5 安全播出工作目标纵向分解图

③按时间分解，因为任何目标的实现都具有一定的时限要求，必须分阶段逐步实现和控制，才能保证目标的顺利完成。将安全播出保障工作中长期目标分解为年度目标，再分解到季度、月度目标，最后可细分至周目标。

④按业务进行分解，从广播电视及视听新媒体节目制播、传输、覆盖全业务流程来看，安全播出工作目标可按业务流程进行拆分，将目标落实到每一项业务活动上，更易于目标的实现。

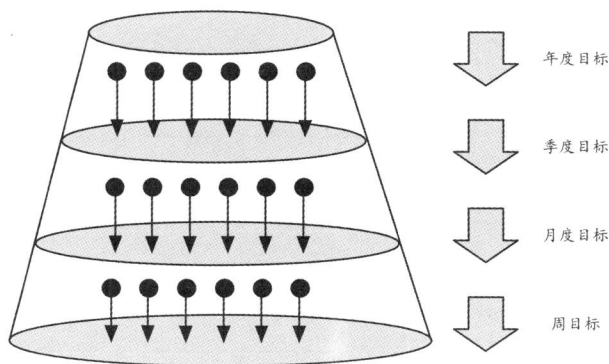

图 3-6 安全播出工作目标时间段分解图

（三）安全播出工作目标的落实

安全播出工作目标分解后，安全播出责任单位要着手建立实现既定目标的分段标尺，把长远目标分解为一个个短期目标，具体到每一天，即"日清工作法"。

有效的管理者应把每天的工作按照重要和紧急两个不同的程度进行了划分，基本上可以分为四个"象限"：既紧急又重要、重要但不紧急、紧急但不重要、既不紧急也不重要。

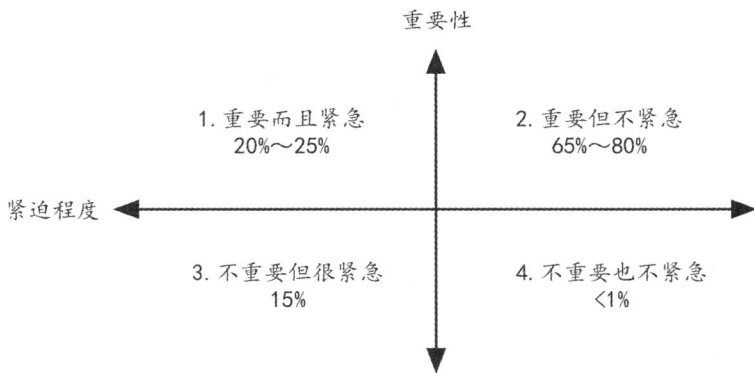

图 3-7 成功的时间管理

为确保安全播出工作目标的实现，应明确目标实施的方法、步骤、措施、资源要求和时间表，并在目标实施过程中的适当时间节点对上述关注的要素进行评审和调整，以实现预期目标。

设计目标实现的路径，一般分为三步走，第一步，先明确我们共有几条路径可以实现目标？第二步，在每一条路径上，我们要先做什么后做什么？第三步，要做好每条路上的每件事。

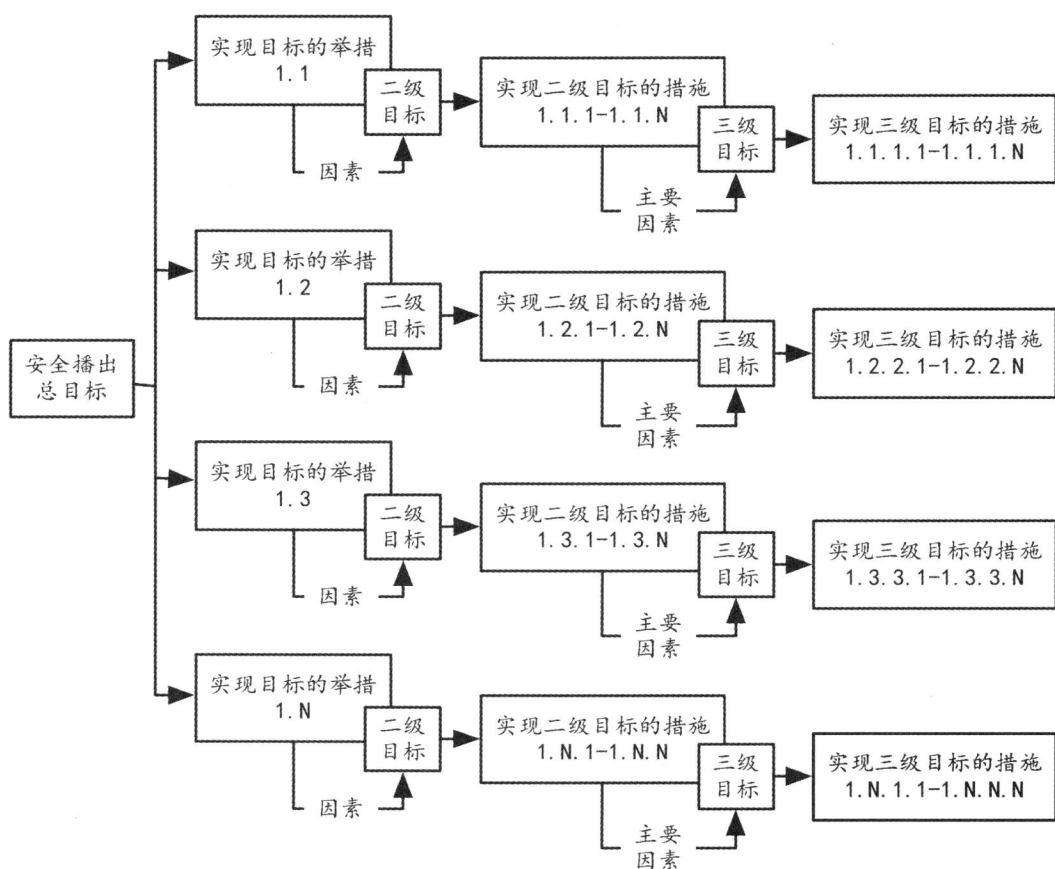

图 3-8 安全播出管理目标分解图

上图表明，安全播出责任单位的安全播出工作目标制定后，为实现目标应明确相应的措施，上级措施是下级目标的主要组成部分，依次层层展开，形成一套安全播出工作目标和落实目标的措施体系。每个中间环节都身兼二职，既是上一级的措施，又是下一级的目标，只要基层一级的措施得到落实，就能依次向上层层保证，最终实现总的安全播出工作目标。

（四）安全播出工作目标的统计分析

安全播出责任单位可定期（如按年、季、月）检查安全播出工作目标完成情况，进行动态管理。各保障工作部门可通过日常对单位业务活动的监测收集与保障工作目标有关的信息，了解、证实安全播出保障工作水平。遇单位业务变化影响保障工作目标实现时，应对目标进行修订并重新发布目标。

安全播出责任单位应按照安全播出保障部门的职责和权限，对其安全播出工作目标实现情况进行考核，同时将考核结果按照要求传递，保证单位总体安全目标的考核评价信息的准确性。

表 3-3 目标考核表（样表）

考核目标	考核部门	考核内容	考核标准	考核方式	评分标准	责任部门	落实措施	考核结果

安全播出工作目标考核实施时，从基层做起向上延伸，目标的考核应符合既定的安全播出工作目标中各项指标的要求，考核结果应成为安全播出保障工作水平评价和管理改进的依据，成为重新确定和修订安全播出工作目标的依据。

对于未能按期实现的目标，应评审保障工作的实施是否偏离策划的轨道，有哪些影响目标完成的因素，通过对因素的分析，制定改进方案，细化措施，确保目标的完成。对于已实现的目标，则评审是否按照计划的安排实施过程并实现目标，识别实现目标的成功因素并保持。

三、安全播出工作计划管理

方针和目标的实现需要具体计划的贯彻落实。制订计划和实施计划管理则是确保计划落实的有效保证。

（一）年度安全播出工作计划的制订

计划是广播电视及视听新媒体播出责任单位充分利用资源，最大限度降低风险，有序进行安全播出工作的重要前提。

安全播出责任单位应根据年度安全播出工作目标，预先制订安全播出保障年度工作计划，对保障工作进行安排部署。安全播出保障工作责任部门则应依据单位的安全播出保障工作总目标和总计划，结合本部门的工作目标制订本部门的工作计划。计划要任务明确、时间明确、步骤明确、成果明确、责任到人。

表 3-4 ××部门年度工作计划（样表）

部门年度工作思路：					
序号	工作任务	工作步骤及其内容	工作成果	计划完成时间	责任人

（二）年度安全播出工作计划的落实

年度安全播出工作计划制订以后，就要严格按计划执行，确保计划的严肃性。

一是认真安排部署，加强协调合作。各安全播出保障工作责任部门要对年度安全播出工作计划的实施做出具体的部署安排，使计划真正落到实处，从书面走到地面。同时要积极协调好上下左右各方面的关系，保持保障工作系统的稳定性和活力，提高综合工作效率。

二是加强责任落实，严格规章制度红线。认真落实安全播出保障工作责任制，各保障工作部门要对本部门的工作计划负责，一切按工作计划实施。对没有或没有很好完成计划的部门分析原因、责任到人，做出处理。

三是领导带头示范，强化员工素质。各安全播出保障工作部门应发挥领导带头示范作用，调动员工的积极性，同时给予员工发挥的空间，使计划落实到位；安全播出保障从业人员牢固树立爱岗敬业思想，深刻认识安全播出保障工作的重要性，努力提高自身素质水平，狠抓落实，精准到位。

四是做好计划执行总结，提高工作水平。安全播出保障工作责任部门应对工作计划的完成情况进行总结，重点分析计划实施中可取之处和存在问题。对于可取之处总结提高，对于存在问题，在深入调查研究的基础上，提出解决方案。计划实施中有突出表现的个人应给予奖励，对有过失的人员应提出批评指正。部门工作的落实情况应定期向上级主管领导进行汇报。

第二节 组织机构设置和安全责任制落实

安全播出责任单位应明确安全播出保障工作的组织机构，确定主责部门及其相关部门的职责权限，确保安全播出保障工作落实到位。

《广播电视安全播出管理规定》第九条规定：安全播出责任单位应当建立健全安全播出技术维护和运行管理的机构，合理配备工作岗位和人员，并将其他涉及安全播出的部门和人员纳入安全播出管理，落实安全播出责任制。

一、安全播出保障工作的组织机构设置

安全播出保障工作的组织机构是该项工作得以开展的组织保障，其重要性不言而喻。

（一）安全播出保障工作组织机构设置的意义

安全播出保障工作组织机构设置主要涉及部门构成、组织层次的划分、管理权限和责任的分配以及相互之间的协调配合等。

良好的组织机构，不仅能帮助安全播出责任单位减少冗余人员，降低运营成本，而且能够激发员工责任心进取心，提高整体工作效率。

（二）安全播出保障工作组织机构设置的思路

安全播出责任单位应选用合适的组织形式，合理划分管理层次，配备适合人员并规定相应的职责和权限，以保证安全播出保障工作高效、有序运行。在确定组织机构的形式时，要根据安全播出保障工作特点和复杂程度，在组织机构设置中明确管理部门、管理层次、合理分工并确定其职能和职责，确保在保障工作实施过程中，组织体系通畅运行、指令传达贯彻快捷有效。

安全播出保障工作组织机构设计坚持集权与分权统一、专业分工与协作统一、管理层次与管理跨度统一、管理职责和权力统一、运行效率与运行成本统一原则。同时应具有一定的弹性，以适应组织机构和职责权限划分的变化，便于与其他部门的协调，通过上下齐心协力更好地完成工作任务。

安全播出保障工作组织机构的设计应确保信息沟通顺畅、便捷，要能够做到部门之间、上下级之间、部门与外部其他单位之间信息传递和反馈畅通，确保安全播出保障工

作机构信息反应灵敏、控制和处置风险及时果断。

安全播出保障工作组织机构的设计应按照机构精简、务实高效的思路，突出有效性、协同性，使之成为灵活、有效、快捷的组织机构和执行体系。职责设置突出标准化、规范化、科学化特点，以利于职能的发挥，确保工作效率最大化。

直线式组织机构中，每一个工作部门只有一个指令源，避免了由于矛盾的指令而影响组织系统的运行。

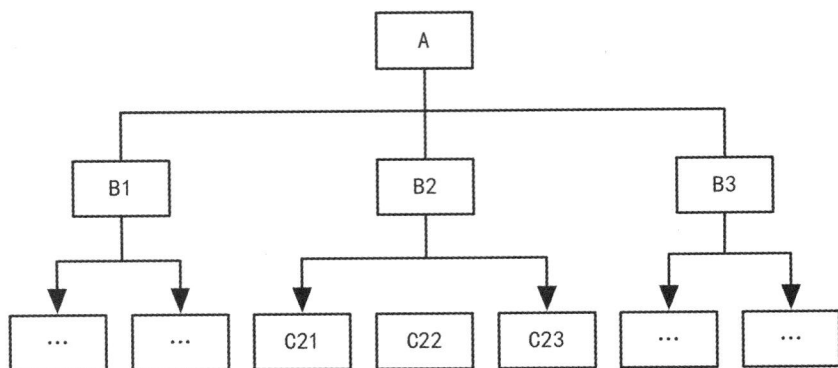

图 3-9 直线式组织结构图

职能式组织机构中，每一个工作部门的指令源是唯一的。

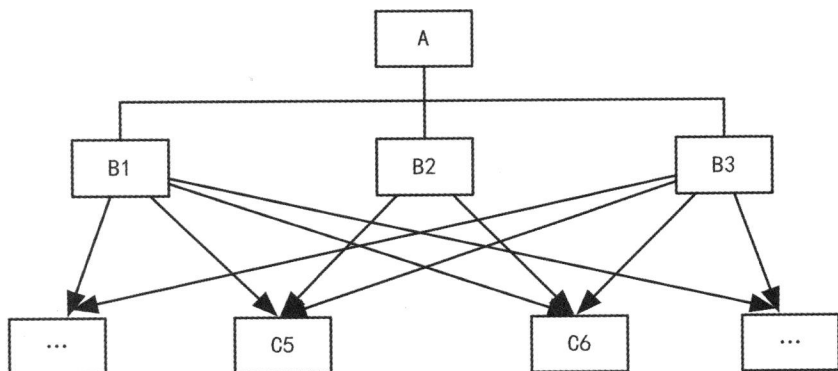

图 3-10 职能式组织结构图

矩阵式组织机构中，设横向和纵向两种不同类型的工作部门，指令来自于纵向和横向工作部门，其指令为两个，适宜于大的组织系统。

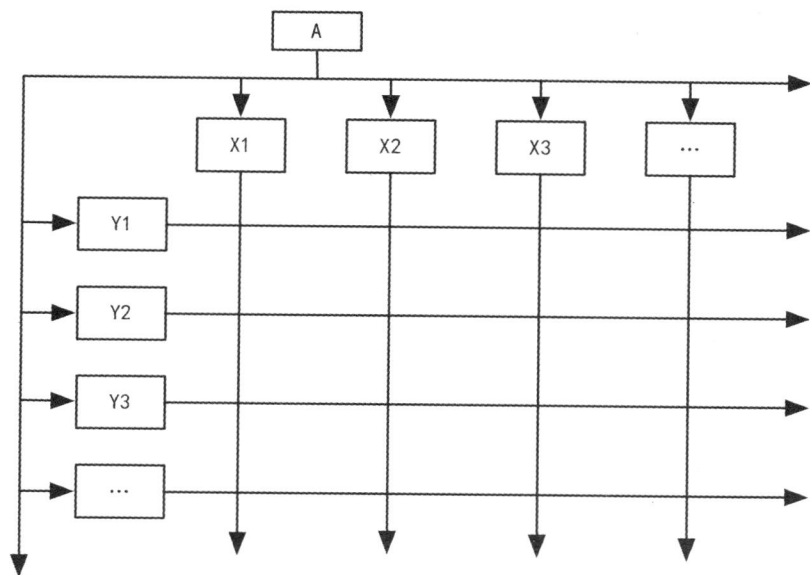

图 3-11 矩阵式组织结构图

二、安全播出保障工作责任制

广播电视及视听新媒体安全播出保障工作责任制是从领导到员工对各自职责范围内，实行安全播出保障工作层层负责的制度。建立安全播出保障工作责任制，对单位负责安全播出保障工作的各级领导、职能部门、岗位人员在安全播出保障工作方面的具体任务、责任和权利做出了明确规定。

安全播出责任单位负责人承担着广播电视及视听新媒体安全播出的最终责任，应在单位内部明确安全播出保障工作部门、岗位职责，逐级建立安全播出保障工作责任制，并确保责任的落实。

安全播出保障工作责任制的建立和实施，能够把责任具体落实到安全播出保障工作的每一个部门、每一个岗位、每一名从业人员。一方面有助于提高各岗位人员对本身职责的认识，另一方面有助于对其工作状况和工作质量进行考核，在出现安全播出事故时及时追究责任。最终目的是提高各岗位人员的风险意识，提高工作水平，做好保障工作，从而降低安全播出风险。实践证明，凡是建立、健全了安全播出保障工作责任制的单位，安全播出保障工作做得就好，安全播出责任事故率就低，甚至是零，反之就会职责不清，相互推诿，保障工作水平低，事故率高。

（一）安全播出保障工作领导者的安全责任

所谓领导责任，是指领导者对其所领导范围的工作或某一具体事件所担负的责任。一个单位在安全播出方面的业绩如何关键在于领导的责任意识、工作作风和管理水平。在安全播出责任单位的安全播出保障工作方面，领导者的主要职责是对安全播出保障工作做出决策、合理用人、督促检查和落实各项安全播出保障工作。归结起来有以下几个方面：

1. 领导应高度重视安全播出保障工作，严格遵守责任制，勇于承担责任，言行一致，以身作则。

2. 认真贯彻广播电视"不间断、高质量、既经济、又安全"的安全播出工作方针，组织制定本单位的安全播出工作方针、目标和计划，制定落实措施，并指导、监督、检查分管部门和人员认真实施，取得较好效果。

3. 科学设置工作岗位，协调加强各部门工作交流，提高整体工作效率；合理使用人才，提高人员素质和工作能力。

4. 努力提高安全播出保障工作水平，增强应急管理能力，指导所属部门和人员预防、处理各种安全播出保障纰漏，确保安全播出低事故率乃至无事故出现。

示例：

安全播出保障工作领导小组责任制

1. 认真贯彻执行广播影视行政部门下发的有关广播电视安全播出方针、政策及法律法规，负责制定和修订本单位安全播出保障的有关制度；

2. 全面抓好安全播出保障工作，定期召开小组成员会议，研究、决策、协调、解决影响安全播出的重大问题、重大隐患；

3. 负责组织制定重要保障期工作方案、安全播出保障应急预案，发生应急情况时根据预案及时进行应对和处理，防止事故造成负面影响；

4. 有计划、有布置、有检查、有总结、有评比地搞好安全播出保障工作；

5. 组织有关人员定期开展安全播出保障工作检查。

（二）安全播出保障部门的安全责任

安全播出保障部门的安全责任与其部门责任几乎是同一的，它包括以下方面：

1. 部门应以单位的安全播出工作方针、目标、计划为指导，结合本部门工作实际，组织制定本部门的工作目标和计划，并贯彻落实。

2. 结合单位工作实际，根据安全播出保障工作分工，制定部门的具体安全播出保障责任和配套的奖惩细则。

3. 做好部门的安全播出保障业务管理工作，尤其是重要保障期和突发事件敏感时期，要加强业务部门之间的联系合作，保证信息交流渠道的畅通，确保安全播出业务链的安全。

4. 做好部门人员的培训管理工作，使各岗位人员人尽其才，各胜其职，将安全播出保障工作和责任落实到个人。

（三）安全播出保障工作岗位安全责任

安全播出保障工作责任最终要落实到岗位、落实到每个相关人员。无论是工作任务、计划，还是制度，都是要靠人去执行的，只有把岗位人员的安全责任制定好、落实好，整个安全播出保障工作才能有坚实保障。安全播出保障工作岗位安全责任包括以下方面：

1. 认真履职，担负好本岗位职责，完成岗位工作目标和工作计划。

2. 提高自身安全播出保障意识和各项专业技能，将学到的知识和技能切实应用于安全播出保障工作实践。

3. 在广播电视安全播出不同时期做好本职工作，确保重要保障期和应急管理工作能及时有效完成。

示例：

表3-5 部门安全播出保障工作责任书

部门名称		部门负责人	
根据《广播电视安全播出管理规定》的要求，为确保广播电视安全播出，特签订安全播出保障工作责任书，建立严格的岗位责任制、首问负责制及责任追究制，实施定期和不定期的检查，加大监督力度，作为年终考核重要组成部分，内容如下： 一、广播电视安全优质播出是我单位工作中的重中之重。要确保广播电视安全优质播出，责任人要努力做好广播电视技术运维工作，迅速落实上级有关安全播出及安全生产的指示精神和工作要求，确保管辖范围内广播电视技术设施的完好，实现广播电视节目"不间断、高质量、既经济、又安全"的工作方针，确保安全播出和传输。 二、责任人不但要有认真负责的工作精神，更要有了解、掌握、应用科学技术的能力。着重完善完全播出保障体系建设，完善应急预案和应急处置办法，建立安全播出长效机制，及时地发现问题、处理问题，把事故隐患消灭在萌芽状态，做到防患于未然。			

三、要严密防范不法分子的破坏和干扰。一旦发现情况，要按应急处置流程快速准确处置。做好安全播出预警发布系统的维护、信息传递和执行工作，要密切与上级部门的联系，紧紧依靠当地党委政府，与广播影视行政部门、公安部门、无线电管理部门等建立联防机制，要求值班人员遇突发事件可根据实际先处理后汇报。 四、重要播出时期，要严格做到早部署、早落实，责任人要亲临一线，实行双岗制，一线机房的值班人员要做到"人不离岗位，手不离开关，眼不离屏幕，心不离安全播出"，密切注视，以确保节目播出安全。如果遇到突发事故，不论事故大小和时间早晚及时向单位领导汇报。 五、要加强对各类信源的接收和传送管理，加强对供配电系统、天馈系统、有线电视网络等关键部位的巡查，要有严格的保护措施。要做好防火、防盗、防重大事故等各项安全工作。 六、责任人要加强学习新业务、新知识，努力掌握新知识、新技能、新本领，不断地提高自己的综合能力。努力培养无论是心理素质还是技术能力均能适应新形势下广播电视事业发展要求的高素质人才，做到人防和技防的完美结合，达到安全优质播出的目标。 本责任书一式二份，双方各执一份。根据情况变化需修订时，另行签订。 本责任书自×××年×月×日起至×××年×月×日止有效。 部门责任人：   单位负责人： 签订日：   年   月   日

第三节 安全播出保障体系文件管理

广播电视及视听新媒体安全播出保障体系文件是开展安全播出保障工作的主要依据和重要保障。

建立广播电视及视听新媒体安全播出保障体系文件有助于单位在安全播出保障工作方面统一思想和行动，有助于安全播出保障工作绩效持续改进，有助于评价安全播出保障体系的有效性和持续适宜性。

一、安全播出保障体系的文件化

在安全播出责任单位内部，与安全播出保障工作有关的文件可以分为三个层次，不同层次的文件分别由安全播出责任单位不同层级人员，根据业务管理和操作的需要编制而成。

第一层次为纲领性文件，一般称之为管理体系手册，由单位领导层制定，内容包括安全播出工作方针、管理目标、组织机构及其职能分配、主要业务活动总要求以及每项工作的管理原则、工作思路。纲领性文件对单位安全播出保障管理层具有指导性。

第二层次为管理类文件，由单位安全播出保障中层管理人员为实现预期保障工作目标，对所负责的安全播出保障工作事项进行系统化设计，根据上层文件提出的框架和管理思路，明确工作路径和具体要求。安全播出保障工作管理类文件包括管理办法、规定、规范、工作方案等，它既具指导性、又具可落实性。管理类文件根据相关法律法规及其要求、单位纲领性文件进行制定。

第三层次为技术类文件，由单位技术人员编写，主要是针对较为复杂的安全播出保障业务活动中涉及的某个环节所制定的，包括操作规范、作业指导书、技术标准等。技术类文件对安全播出保障工作岗位的工作具有指导性。

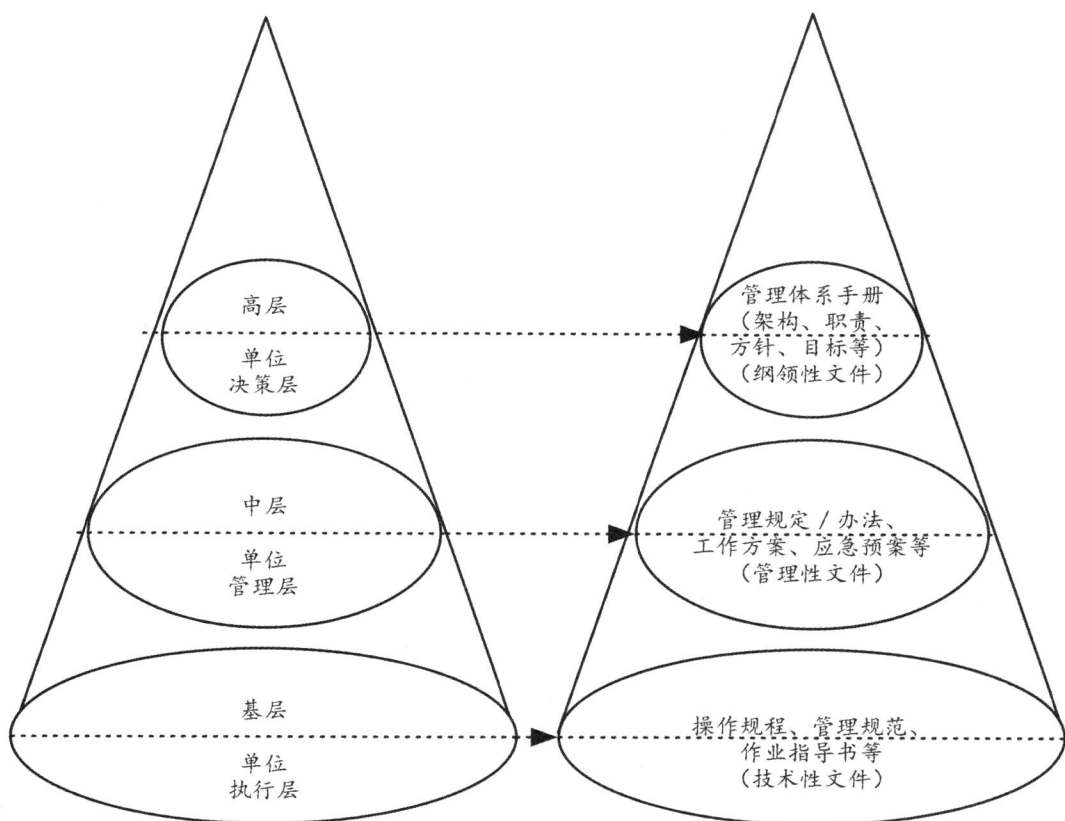

图 3-12 安全播出保障体系文件框架图

二、安全播出保障体系文件管理

文件管理的规范更有助于安全播出保障工作的开展，否则易导致因文件管理混乱而严重影响安全播出保障工作。内部文件的主要控制环节包括文件的编、审、批和发放的管理。

（一）构思谋篇

起草文件时，应先构思，理出文章的主题、标题、观点（论点）及论证观点的事实和道理（论据）。可以遵循四个步骤展开：

第一步：确定主题

文件由内容和形式两方面构成。内容是文件的主题和表现主题的客观事实和道理等材料，形式就是文章的结构。

第二步：由主题确定标题

标题要考虑：

①标题要与主题所表现的思想内容、思想感情相适应，确切适宜地体现主题。

②标题的文字要简洁明白，含义清楚，一目了然。

③标题要醒目，有新鲜感，有吸引力，激发人们阅读的欲望。

第三步：由标题确立观点（论点）

主题、标题不等于文件的内容，而是通过具体材料的叙述和论述要告诉读者的思想观点的核心。确立能够表现主题思想的材料和观点，一般可以从以下三个方面进行考虑：一是从回答"为什么"的角度出发确立观点（论点）。二是从回答"怎么样"的角度出发确立观点（论点）。三是从回答"怎么办"的角度出发确立观点（论点）。

第四步：由观点（论点）选择材料

一般需要考虑有用、真实、新颖且富有吸引力、具有代表性的典型。

（二）文件起草

安全播出责任单位在起草文件时，应按照《党政机关公文格式》（GB/T 9704-2012）要求编写。正式文件常用的种类有：决议、决定、指示、条例、规定、细则、通知、通报、请示、报告、批复、会议纪要、函等。

在文件起草、语言表达、材料运用、修改定稿等方面应注意：一是位置要摆正，语言要得体。二是确定段落内容，依据段意用材。三是文风要具有准确性、鲜明性和生动性，避免假话、大话、空话、套话。四是快速进入情境，力争一气呵成。

管理类文件的编写，基本要求是：

（1）要全面、准确反映客观实际情况，符合法律法规及其相关要求。

（2）完整、准确地体现管理者的意图。

（3）重点突出，观点鲜明，结构严谨，条理清楚，文字简明通畅，标点符号使用恰当，人名、地名、时间、数字、引文等要准确。

（4）起草文件涉及其他部门时，应征求有关职能部门的意见。

（5）行文应当确有必要，讲求实效，注重针对性和可操作性。

（三）文件审核

安全播出保障体系文件在呈送审批或签发之前，应经授权的人员校核。文件的内容方面主要是审阅其政治性、政策性，看是否有不妥的方面。审视文件的主题是否突出，观点（论点）是否准确，论据材料是否充分，是否能论证观点，事实和道理是否真实可信等。形式方面主要是审查文件的结构，即开头、主体、结尾，各层次、段落之间的关系是否符合逻辑，过渡、照应是否顺畅自然等。检查文件文句表达方面是否存在语言文字不准确、不规范、不通顺的地方。概念、意思是否表达清楚，对可有可无的文字、句子、段落要大胆删减。同时审核人员要提拔文件的思想高度，深化文件的主题。

对于涉及跨职能、跨部门的文件，应会签相关部门，以取得相关部门对文件的认可，以便于文件发布后能够协调配合、共同执行。文件发布前应由授权人员批准，以确保文件的正确性、适宜性、充分性和有效性。遇业务活动变化、职能变化等情况时，所制定的文件应动态调整，并再次得到有关人员的审核、批准。

表 3-6 管理文件评审表（样表）

文件名称					
主责部门内部评审意见：					
编修部门		编修人			
部门负责人		评审日期			
_____会签部门意见					
	部门负责人：		年	月	日
_____会签部门意见					
	部门负责人：		年	月	日
_____会签部门意见					
	部门负责人：		年	月	日
文件审查部门审查意见：					
	部门负责人：		年	月	日
单位主管领导意见：					
	主管领导：		年	月	日

（四）文件发放

文件发放前应做好编号处理，以方便文件查找和识别，文件在编号时应重点考虑：

一是系统性。制定编号规则，统一分类、编号。

二是唯一性。文件与编号一一对应，一旦某一文件终止使用，此文件编号即告作废，并不得再次启用。

三是可追踪性。根据文件编号系统规定，可随时查询文件的变更历史。

四是稳定性。文件编号系统一旦规定，一般情况下不得随意变动，应保证系统的稳定性，防止文件管理混乱。

五是相关一致性。文件编号如果相互关联，一个文件的变更必然影响到相关文件的变更。文件一旦经过修订，必须给定新的修订号，同时对其相关文件中出现的该文件号同时进行修正。

安全播出保障体系文件的发放范围应明确，对保障工作有效运行具有重要作用的岗位，应得到现行文件有效的版本。如安全播出保障工作的管理人员应掌握与其有关的有效版本的管理体系手册、管理制度，作业人员应有岗位操作规程、技术文件等。文件应通过适宜的方式发放，做好发放记录。

文件使用过程中因环境发生变化（如法律、法规发生变化，组织的业务活动发生变化，设备、人员变化等情况）而有必要对文件修改的，应及时对文件进行修改、评审并再发布。

对于特殊的文件，应得到充分的保护、处置，防止泄密、误用；对失效文件应从发放和使用场所及时撤回，如失效的法律、法规和标准，需修订的管理制度、技术文件等；也可采取其他措施进行标识，以防止作废文件的非预期使用、误用。

三、外来文件管理

外来文件是由外部单位发布的与本单位安全播出保障工作有关的法律法规、标准、通知等。安全播出责任单位应建立一个信息获取渠道，确保能及时收集到与安全播出有关的外来文件。

（一）外来公文

为准确识别外来公文并传递与安全播出有关的信息，控制文件的分发，应及时做好收发文管理，确保业务顺利进行。

1. 收文管理

对收到的外来文件进行签收登记。其中，阅知性文件应当根据文件内容、要求和工作需要确定范围后分送；批办性文件应当提出拟办意见报领导批示或者转有关部门办理，需要两个以上部门办理的，应当明确主办部门。承办部门对交办的文件应当及时办理，有明确办理时限要求的应当在规定时限内办理完毕。由文件管理部门根据领导批示和工作需要将文件及时送传阅对象阅知或者批示。办理文件传阅应当随时掌握文件去向，不得漏传、误传、延误。

表 3-7 收文登记表（样表）

接收日期	文号	发文单位	文件名	文件要求	相关部门	相关责任人	阅办情况	备注

2. 发文管理

安全播出责任单位根据工作需要或单位领导指示，按照公文格式、行文规则草拟公文，经审核、审批后登记发出文件，确保文件发放到位。

表 3-8 发文登记表（样表）

分发日期	文号	文件名称	文件起草部门	文件签收部门、接收人	经手人	备注

（二）法律法规及其相关要求的获取

法律法规及其相关要求是开展安全播出保障工作的依据，在制定与完善安全播出保障体系文件时，应以法律法规及其相关要求为准绳。

法律、法规获取的内容包括：①法律、法规、条例；②行业规章；③国家、地方的相关标准、行业标准；④其他要求，包括利益相关方要求，上级部门要求，非官方协会的各种规范、实施指南，上级单位的管理要求。

安全播出责任单位应明确对法律、法规和其他要求的需求和获取途径。一般主动获取的途径有：网络、专业杂志、报纸、参与各种会议等。广播电视及视听新媒体安全播出方面的要求主要来自于政府宣传部门、广播影视行政部门、安全生产监管部门等。

由于法律、法规和其他要求是不断变化的，如原有法律、法规、标准的废止，新法律、法规、标准的出台，以及对原有法律、法规、标准的修订。安全播出责任单位应及时接收并及时传达给安全播出保障工作人员。

表 3-9 法律、法规及其他要求清单（样表）

序号	法律、法规及其他要求	发布时间	发布部门	生效时间	适用部门
1	广播电视安全播出管理规定	2009 年 12 月 16 日	国家新闻出版广电总局	2010 年 2 月 6 日	节目播出部、转传部

四、内部文件管理

在单位内部，安全播出保障工作文件数量和种类繁多，应加强管理类文件、技术类文件全过程的管理，确保其有序、方便、有效地使用。

1. 管理类文件的管理

安全播出责任单位的管理类文件是实施安全播出管理的重要手段，运用的好坏直接影响安全播出工作绩效。建立有序的管理规则，从制度入手，实现用制度管人，用制度管事，达到内强素质、外树形象的目的。

示例：

制度管理办法

第一章 总则

第一条 为规范本单位制度管理工作，健全和完善制度分类、制度编制和修订程序，特制定本办法。

第二条 单位制度体系应遵循如下原则：

（一）体系完整。为实现单位的发展目标，支撑单位各项业务的运行，制度体系应覆盖到所制定文件的各项管理职能，做到内容全面。

（二）结构合理。制度体系要分类合理、层次明确，体系内各项制度之间具有内在逻辑关系，有利于理解、执行与实施。

（三）协调一致。制度中有明确的适用条件与适用部门、制度中规定的权责对等清晰，低级制度应服从高级制度，各级制度之间避免冲突。

（四）精简清晰。在制度内容上，纲目精练、结构合理、语言简洁。

（五）功能到位。管理制度应能够满足该项管理的各层面活动的需要。

（六）合法合规。符合国家与之相关的法律法规要求，符合上级单位制定的相关制度要求。

（七）相对前瞻。制度的制定应具有一定的前瞻性、稳定性，不宜对制度经常作原则性的修订。

（八）符合实际。应满足本单位业务发展需要，与本单位的文化相适应。

第三条 本办法适用于本单位制度的立项、起草、审订、修改、分布、备案、废止等各项管理。

第二章 制度管理组织机构

第四条 单位决策层是单位制度管理的领导机构，在制度管理方面主要职责：

（一）审批制度立项、修订、发布、废止。

（二）审核制度内容。

第五条 制度归口管理部门，在制度管理方面履行下列职责：

（一）组织撰写制度，督促、检查、协助其他部门起草、修订制度。

（二）组织论证制度草案及征求修改意见。

（三）审核各部门起草的制度草案的规范性。

（四）对制度执行情况监督落实情况。

第六条 各部门是各项职能制度的具体制定和执行部门，在制定管理方面履行下列职责：

（一）起草、修订主要属于本部门职能或本专业的制度。

（二）审核、会签与本部门或本专业有关的制度。

（三）认真贯彻落实制度要求。

第三章 制度定义及分类

第七条 本办法中的制度是指单位制定及发布的具有约束力的各种规定和准则的总称。包括制度、规则、规定、办法等。

（一）制度是对单位业务活动某一方面做的办事规程或行动准则。

（二）规则是对单位业务活动某一方面做的原则性的法则。

（三）规定是对单位业务活动某一方面制定程序性内容的决定。

（四）条例是对单位业务活动中某一工作做比较全面、系统、原则的规定的文件。

（五）办法是对单位业务活动中处理或解决某项工作的方法、步骤、措施等。

（六）细则是为实现某一条件、规定等结合实际情况，对其所做的详细、具体解释和补充。

第八条 对于文件名以暂行规定、试行办法等结尾的制度，原则上运行期限不能超过一年。如有特殊情况，需经单位领导批准顺延一年。该类制度应满足以下条件：

（一）制度执行可能会产生风险。

（二）类似管理规定未出台，相关要求无参照。

（三）文件运作效果无法预测或判断。

第九条 本单位的制度按内容分为单位治理、职能管理、业务管理、经营管理四大类，其中：

（一）单位治理类。用以规范单位组织机构、管理决策的文件，包括单位领导议事规则、组织机构设置等。

（二）职能管理类。用以规范职能活动的制度安排，包括人力资源、财务、行政后勤等工作。

（三）业务管理类。用以规范广播电视制播、传输、覆盖业务的制度安排，主要包括节目制作、节目播出、传输管理、发射业务管理等。

（四）经营管理类。从单位整体层面提高单位经营业绩的制度安排，包括工作计划管理、经营目标管理、栏目合作等管理。

第十条 单位制度其效力范围分为二级：

一级，在单位范围内生效的制度文件，任何部门均应严格执行的且对工作具有纲领性与指导性的制度文件；

二级，限部门内生效的制度文件，是某项业务活动或职能活动的指南或细则。

第四章 制度制定、修订和废止

第十一条 单位制度的制定立项需要由单位领导或各部门提出。各部门提出的制度立项应向制度归口部门提出申请，明确制定草案的名称、起草制度的必要性、制度的依据、制度的主要内容、起草部门及人员、拟完成时间。

第十二条 单位每年12月1日对12月20日由各部门结合制度实施情况及工作管理的需要，提出制度改立废需求，交归口管理部门，由归口管理部门调研评估后认为必要的，审核通过纳入制度改立废计划，交单位领导审批。

第十三条 已立项的制度草案由立项提出部门起草，业务涉及两个或两个以上部门的，由立项提出部门牵头，组成联合起草小组，对拟规范的工作事项进行深入调研，掌握与之相关法律法规要求、上级单位的要求、相关同行有关资料信息，结合单位实际管理现状，对制度草案预期效果进行预测。

第十四条 制度草案的内容应包括：目的、适用范围、职责、内容主体、附则、附件等。制度草案应满足：

（一）制度的技术要求：内容合规合法，概念准确无误，结构严谨，条理清晰，用词准确，文字简明，标点符号正确。

（二）制度的编号规则为：单位简称 + 制度所属类别 + 制度所属子模块 + 发文年份 + 发文编号。

第五章 附则

第十五条 本办法由制度归口管理部门起草、修订，经单位领导批准后发布。

第十六条 本办法自×××年×月××日起执行。

第十七条 制度归口管理部门应对制度草案如下方面进行审核：

（一）是否符合法律、法规的基本原则，是否符合国家政策。

（二）制度草案与现行的制度是否协调，如需改变现有制度，其理由和依据是否充分。

（三）制定草案格式、结构、条款、文字等是否符合规定的格式要求。

第十八条 制度在起草过程中，应由制度归口管理部门征集与该工作有关的部门意见，应将审核后的制度草案及其征集的意见交单位领导审阅。根据领导审阅的意见，将制度文件交起草部门进行修改完善，修定后再按程序送审。

第十九条 经单位领导审定的制定，由制度归口管理部门将意见反馈至制度起草部门形成最终发布稿。

第二十条 制度的修订和废止应由制度的制定部门提出草案，经制度归口管理部门审核后，报请单位领导审定后，按审批意见落实修改、废止工作。

2. 技术类文件的管理

安全播出责任单位应结合本单位的业务特点，对技术文件进行分类，确定技术文件的重要等级，按照技术标准的格式起草文件，对技术文件编、审、批各环节明确管理控制要求，实现技术文件全过程的管理。

示例：

技术文件管理办法

第一章 总则

第一条 为规范单位技术文件的制定程序，保障技术文件质量，制定本办法。

第二条 本办法所称技术文件包括业务操作等规范（以下简称规范）、节目制作、播出等标准（以下简称标准）和工作指导书等技术文件（以下简称指导性技术文件）。

第三条 单位技术部门负责技术文件的立项、组织审查和发布工作。

第四条 技术文件的制定一般包括立项、起草、征求意见、评审、批准发布等程序。

第五条 制定技术文件，应当以科学、技术和经验的综合成果为基础，以促进单位业务发展为目的，坚持广泛参与、协调一致、统一管理和适时适度的基本原则。

第二章 范围与基本要求

第六条 无国家标准、行业标准或者地方标准作为工作依据的，且需要统一规范的技术要求，应组织制定本单位规范、标准、指导性技术文件：

第七条 技术文件应当符合下列基本要求：

（一）符合国家法律、法规、规章和强制性标准的规定。

（二）符合国家和广电行业发展导向及有关标准化的方针、政策。

（三）充分考虑业务需求，保证业务质量，确保安全播出。

（四）积极采用国际标准和国外先进标准。

（五）有利于新技术的发展和推广。

第三章 文件起草与评审

第八条 牵头起草单位在起草技术文件前，应当对相关的技术或管理发展现状、国际国内标准现状、本单位应用该技术情况进行充分调研。

第九条 技术文件起草完毕后，牵头起草单位应组织相关使用部门征求意见，将收集到的意见汇总整理，认真进行分析讨论，采纳合理的意见和建议修订技术文件。

第十条 由技术部门根据牵头起草部门提交的技术文件，组织相关技术专家和代表对技术文件进行审查，通过后报请主管领导审批。

第十一条 技术部门负责发布技术文件。

第十二条 技术文件发布后，需要进行修订的，由牵头起草部门提出修订申请，修订程序遵循技术文件制定程序。

第十三条 技术文件发布实施后，技术部门或牵头起草部门应当根据技术发展和单位业务需要，至少每三年对相关技术文件进行评审一次，确保适宜。

第十四条 本办法自发布之日起实施，有效期为 3 年。

3. 电子文件的管理

电子文件是在数字设备及环境中生成，以数码形式存储于磁带、磁盘、光盘等载体，依赖计算机等设备阅读、处理并可以在通信网络上传递的文件。电子文件以其特有的存在方式和运行方式与纸制文件有着不同的实现条件和实现方式，在单位安全播出保障工作过程中具有高效、便捷等优势，同时又具有易失真、易失实、易失效等特性。

安全播出责任单位应明确规定电子文件归档的时间、范围、技术环境、相关软件、版本、数据类型、格式、被操作数据、检测数据等要求。从电子文件形成开始对有关处理操作进行管理登记，保证电子文件的产生、处理、变更过程符合规范。电子文件的处理和保存应符合国家的安全保密规定，针对自然灾害、非法访问、非法操作、病毒侵害等采取与系统安全和保密等级要求相符的防范对策。

示例：

电子文件管理办法

第一条 为规范电子文件管理，确保电子文件的真实、完整、可用和安全，保存与广播电视安全播出有关的历史记录，促进信息的利用，按照有关法律法规，根据本单位安全播出管理的需要，制定本办法。

第二条 本办法所称电子文件，是指在开展广播电视安全播出过程中，通过计算机等电子设备形成、办理、传输和存储的文字、图表、图像、音频、视频等不同形式的信息记录。

第三条 电子文件管理应当遵循信息化条件下电子文件形成和利用的规律，坚持下列基本原则：

（一）统一管理。对电子文件管理工作实行统筹规划，统一管理制度，对具有保存价值的电子文件实行集中管理。

（二）全程管理。对电子文件形成、办理、传输、保存、利用、销毁等实行全过程管理，确保电子文件始终处于受控状态。

（三）规范标准。制定统一标准和规范，对电子文件实行规范化管理。

（四）便于利用。发挥电子文件高效、便捷的优势，对有价值的电子文件提供分层次、分类别共享应用。

（五）安全保密。按照有关法律法规和规范标准的要求，采取有效技术手段和管理措施，确保电子文件信息安全。

第四条 由技术部门牵头，在其他部门协调配合下，共同负责电子文件的管理工作，主要负责起草、审定电子文件管理制度，规范工作流程，落实保障措施；研究解决电子文件管理中的有关问题。

第五条 电子文件形成部门在建立和完善信息系统时，应当会同文秘、业务、档案、信息化、保密等工作事项提出电子文件管理的功能需求。

第六条 电子文件在形成和办理过程中，应当具备法律法规规定的原件形式，并符合下列要求：

（一）能够有效表现所载内容并可供调取查用。

（二）能够保证电子文件及其元数据自形成起完整无缺、来源可靠，未被非法更改。

（三）在信息交换、存储和显示过程中发生的形式变化不影响电子文件内容真实、完整。涉密电子文件的原件形式应当符合有关保密法律法规的规定。

第七条 电子文件应当采用符合国家标准的文件存储格式，确保能够长期有效读取。

第八条 电子文件形成部门应当对电子文件形成的过程稿及其相关信息的留存和安全保密等做出明确规定。

第九条 在电子文件传输、交换时，应当遵循相关要求，对传输、交换过程予以记录。

第十条 电子文件形成应当根据有关规定明确电子文件归档范围和保管期限，并对具有保存价值的电子文件及时进行归档，由档案管理部门负责管理。

第十一条 电子文件归档应当符合下列要求：

（一）电子文件应当在办理完毕后实时或定期归档，定期归档应当在第 2 年 3 月底前完成。

（二）归档电子文件的保管期限划分准确。

（三）电子文件及其元数据应当同时归档。

（四）电子文件归档时，应当进行真实、完整、可用方面的鉴定、检测，并由相关责任人确认。

（五）电子文件应当以国家规定的标准存储格式进行归档，属于国家秘密的电子文件应当使用专用保密存储介质存储，并按保密规定办理归档手续。

（六）具有永久保存价值或者其他重要价值的电子文件，应当转换为纸质文件或者缩微胶卷同时归档。

第十二条 归档电子文件应当按照相关管理要求进行分类和整理。

第十三条 电子文件形成部门和档案馆应当配备电子文件管理、利用的设施设备。

第十四条 电子文件保管应当符合下列要求：

（一）按照信息安全等级保护标准和涉密信息系统分级保护管理规定建立电子文件管理系统和信息内容安全保密防护体系，执行严格的安全保密管理制度。

（二）定期对电子文件的保管情况、可读取状况等进行测试、检查，发现问题及时处理。

（三）电子文件运行的软硬件环境、存储载体等发生变化时，应当将其及时迁移、转换。

（四）电子文件应当实行备份制度。

（五）根据电子文件不同载体保管环境的要求，选择适宜的保管条件。

第十五条 反映电子文件保管、利用过程的相关信息应当记录和保存。

第十六条 加强电子文件利用基础设施建设，建立健全相关制度，采取有效措施促进信息资源共享，保证电子文件在规定时间、地域、人员范围内得到方便快捷的利用。

第十七条 属于信息公开范围的电子文件的利用，应当按照有关规定执行；不属于信息公开范围的电子文件，按照有关档案、保密、信息安全、知识产权保护等方面法律法规的要求，可在规定范围内提供利用。

第十八条 应当为利用者提供真实、可靠的电子文件，并采取有效措施确保电子文件不受损害。

第十九条 电子文件的销毁应当履行有关审批手续；涉密电子文件的销毁应当按照有关保密的法律法规要求处理。

第二十条 本办法所称元数据，是指描述电子文件内容、结构、背景和管理过程的数据。

4. 工作记录管理

在安全播出保障工作中形成的记录，是证实安全播出风险得到有效控制和工作符合相关规定要求的证据，是追溯安全播出风险、隐患管理的依据，是向单位内外部提供的一种信任。记录可采用书面、电子方式，如录音或录像、图片等。记录可实现：

（1）对活动的追溯。由于记录内容能反映出完成工作的真实情况，可根据记录上记载的信息了解实际现场操作情况，可针对事件事故或不符合情况查明原因。

（2）可用于检查。记录反映作业人员的实际操作，可用于检查和评价其工作质量。

（3）用于统计与分析。记录的信息具有连续性，管理者可用于活动结果的信息来进行统计、分析业务活动，以便更好地对其进行控制。

（4）用于指导操作。有的记录反映大量的数据信息，可以起到指导员工操作的作用。

安全播出责任单位应结合具体的工作，策划安全播出保障工作所需要的记录种类、数量。记录表格的设计一般应与其相关联的管理类文件、技术类文件一起编制，确保文件之间的协调一致。在设计记录时，应避免记录信息的重复。

安全播出保障工作的记录应贯穿于安全播出保障工作的全过程。记录是特殊形式的文件，应明确规定各层次、部门和岗位在记录管理方面的职责和权限，明确各岗位工作应形成的记录及其内容、形式、时机和传递要求，记录的信息应完整、清晰，易于识别和可检索，可以起到证实和可追溯作用。

安全播出责任单位应规定重要记录的贮存场所、贮存方式、贮存环境，做好防潮、防蛀、防丢失、防损坏等安全措施。

示例：

记录管理规定

第一条　为规范本单位工作记录的格式，明确记录在设计、标识、使用、收集与信息分析的通用要求，特制定本规定。

第二条　本规定适用于各部门形成的所有与安全播出有关的工作记录，规范记录从产生到销毁的全过程的管理。

第三条　本文件所称记录是指各项工作过程中形成的证实性资料，包括书面的、影像的和其他媒体形式。纳入归档范围的工作记录，按照档案管理规定要求执行。

第四条　办公室负责记录样式备案，指导各部门对其相关工作记录进行管理。各部门负责对本部门所管辖范围内的工作记录进行设计、使用及信息的处理与分析工作，对未纳入范围的记录进行保存和处置。

第五条　为便于对工作过程与结果进行有效记录，各部门应识别出与安全播出有关工作事项对信息记载的方式、内容、用途等要求。

第六条　各部门应根据工作事项的需要系统设计记录表单，易于信息的记录和检索需要，满足记录的预期用途。各部门应确定本部门自行保存记录的编号规则，并按该规则对记录进行编号，以便利于检索的需要。

第七条　各部门应将反映工作成果的记录样式送交办公室备案，由办公室对本单位工作记录进行动态更新。

第八条　手写记录应字迹清晰，易于辨认，宜采用碳素墨水笔书写，原始数据信息应填写完整，真实反映工作事项的质量，内容不得出现涂改。电子记录应做好日常备份和数据安全防护，避免数据丢失。电子输出的记录应满足数据长期保存的需要，传真件易模糊的应复印后保存。工作记录应及时填写，与工作进度同步。工作记录管理人员要严格遵守《保密制度》，处理密件资料时，须严守秘密。因泄漏而造成损害，责任人将受到处分。

第九条　各部门工作人员应定期对职责范围内的工作记录进行收集，对工作记录填写完整性进行检查，对工作质量进行分析。

第十条　各部门工作人员依据档案管理规定每半年对归档范围内的工作记录进行整

理，交档案员或兼职档案员进行归档前的整理工作，按要求移交办公室归档。

对于本部门保管的记录，由本部门明确每种记录的保存期限，做出适当标识，避免混用。超过保存年限需要销毁时，由各部门提出，经办公室审核，经单位领导审批同意后用碎纸机销毁或送指定场所销毁。

第十一条 非记录形成部门借阅记录时，应做好登记，履行记录借阅签批手续。对于已形成的档案资料，应按照档案管理规定执行。

5. 技术档案管理

安全播出的技术档案管理制度应包括技术档案的范围、存档要求、分类明细、出入库管理、销存时限规定等。

安全播出责任单位应建立安全播出保障工作资料档案库，对与安全播出保障工作有关的技术档案、设备档案、基建档案、运维档案、有关技术标准规范及安全播出文件、报表等进行归档。有条件的应建立电子化技术资料库。

安全播出责任单位应采取必要措施，保障档案在保管、借阅、使用过程中的安全。

示例：

技术档案管理规定

第一章 总 则

第一条 为全面提高档案管理水平，有效地保护和利用档案，更好地为广播电视事业发展服务，特制定本规定。

第二条 技术档案是指技术部门保存价值的各种技术文字、图表、声像等不同形式的历史记录，分为设备档案、文件档案、音像资料档案等。

第二章 档案的管理机构与职责

第三条 技术档案实行二级管理，其中一级管理是单位技术部门负责各部门的技术档案资料管理工作，二级是由各部门指定档案管理员负责技术档案的具体管理工作。

第四条 技术部门档案管理员按照国家有关规定，统一管理技术档案；部门档案管理员应按照档案管理规定，负责收集、整理、保管、移交本部门的各类档案。

第五条 部门档案管理员应相对固定，如有工作变动或因故离职时，应将经办档案材料向接班人员交接清楚，并及时通知单位人事部门，不得擅自带走或销毁档案材料。

第六条 档案管理员要严格执行《档案管理规定》，认真细致地做好档案保管以及利用工作，充分发挥档案资料的作用。

第三章 档案的归档范围

第七条 文书档案归档范围

（一）特大重大播出事故调查处理记录、节目播出、播出和发射岗位值班记录、交接班记录等。

（二）技术参数说明书，包括：技术系统使用说明书、设备操作说明书等。

（三）本单位与技术相关单位签订的合同、协议书等文件材料。

（四）本部门与其他部门来往的文书。

（五）本部门的各种工作计划、总结、报告、请示、批复、会议记录、安全播出统计报表及安全播出简报。

（六）本部门反映主要职能活动的报告、总结。

（七）本部门的大事记。

第八条 基建档案归档范围

（一）基建建设方案、计划、初设、施工管理等资料。

（二）基建项目初步验收、竣工验收等相关资料。

（三）单项工程施工招投标资料、施工合同、质量检查和监理委托书等。

第九条 设备档案归档范围

各类设备仪器的采购、领取、调配、维修、使用、报废等情况材料。

第十条 音像资料档案归档范围

（一）媒资存储范围

本部门重要活动的剪报、照片、录音、录像等。

（二）音像资料的收集归档范围

1. 党和国家领导人及本市、区级党政机关主要领导人在我单位参加的重要活动和重要会议。

2. 在各种评比活动中获奖的文字稿、录像带、录音带及配套的文字材料。

第四章 档案的收集与整理

第十一条 归档时间

（一）文书、实物、照片档案：在每年3月底前，由技术部门向单位档案管理部门移交上年档案及清单，并履行移交手续。

（二）设备、基础建设档案：项目竣工、验收后3个月内，由技术部门向档案室移交档案及清单，并履行移交手续。

（三）其他时间不再办理档案存档手续。

第十二条 档案分类原则

（一）安全播出档案按年份单独保存。

（二）技术部门文书、基建、设备、实物档案卷内材料遵循年度、类别、落款时间顺序排列。照片档案遵循单位、年度、类别（指导类、业务类、综合类）、落款时间顺序排列。

第十三条 文书档案、基础建设档案、设备档案、实物档案、照片档案、音像资料档案需分别立卷收集、整理。

第十四条 归档文件材料种类、份数以及每份文件的页数均应齐全完整。

第十五条 归档文件材料应保持其完整性和系统性，文件正件与附件、请示与批复，批示与落实情况、转发件与原件需组在一起，有请示无批复者，有批示无落实情况，应注明处理结果。

第十六条 不同种类、不同年度的文件一般不得放在一起立卷；跨年度的请示与批复，放在回复年立卷；没有复文的，放在请示年立卷；跨年度的规划放在针对的第一年立卷，跨年度的总结放在针对的最后一年立卷，跨年度的会议文件放在会议开幕年立卷。

第十七条 卷内文件材料应区别不同情况进行排列，密不可分的文件材料应依序排列在一起；其他文件材料依其形成规律、特点，应保持文件之间的密切联系并进行系统的排列。

第十八条 卷内文件材料，每份右下角依次编写页码。

第十九条 一卷文件材料，应按规定的格式逐件填写卷内文件目录，填写的字迹要工整，卷内目录放在卷首。对文件标题不要随意更改或简化，没有年、月、日的文件应尽量考证清楚。

第二十条 有关卷内文件材料的情况说明，应逐项填写在备考表内；备考表上部门档案员、部门负责人、单位主管领导签字确认，以示负责；备考表应置卷尾。

第二十一条 案卷封面应逐项按规定用碳素笔、钢笔书写，字迹要工整、清晰。

第二十二条 卷内文件材料要去持金属物，对破损的文件材料应作托裱处理，字迹已扩散的应复制并与原件一并立卷。

第五章 档案的保管制度

第二十三条 档案资料，要按门类和载体进行科学的分类、排列、编号，柜架要排列有序、美观大方、远离门窗。

第二十四条 要定期检查档案保管情况，对破损或字迹褪色的档案要及时修补、复制或作其他技术处理。

第二十五条 要注意室内的温湿度，不断改善保管条件，努力达到标准的温湿度，温度一般保持 14℃～24℃ 之间，相对湿度 45%～60% 之间。

第二十六条 要保持清洁卫生，定期清扫整理，不得存放与档案管理工作无关的物品。

第二十七条 各种电器闸门要牢固，下班时要关闭电闸。库房内严禁吸烟，周围要灭绝火源现象。

第二十八条 随时关好门窗，严防发生任何盗窃破坏档案资料的事件。

第六章 档案的查阅和借阅制度

第二十九条 单位其他部门，凡是借阅本部门的档案，经此部门负责人、单位主管领导逐级审批后，方能借阅。

第三十条 照片档案仅供查阅，一般不外借，遇特殊情况需借出时，需经部门负责人、单位主管领导、单位负责人逐级审批后，方能借阅。

第三十一条 借阅或者复制档案的人员，严禁在档案上涂画、拆封和抽换。

第三十二条 借阅档案原则上不得超过两个星期，如需延长借阅时间的，要办理续借手续。

II 业务管理

第一节 节目源安全管理

安全播出从源头抓起，由于节目是广电管理的核心，抓好节目源的风险管理是安全播出管理工作的重点之一。

一、广播电视节目安全管理

广播电视以其传播迅速、时效性强，生动传真、感染力强，传播画面广、渗透力强，形式类型多样、可塑性强等特点成为范围广、影响大的信息传播渠道。安全播出责任单位必须做好节目的内容审查和技术审核，确保节目源的安全。

广播电视节目类型广泛，本节将主要介绍新闻类、影视类、广告类及其他类节目形式的审查要求。

（一）新闻类节目

新闻节目是对新近或正在发生、发现的事实进行报道，旨在迅速及时反映客观实际的重要发展变化，借以满足公众信息需求，引导社会舆论。新闻类节目承载了宣传政策、传播信息、引导舆论、传授知识的功能，具有时效性强、群众性强、易受性强、信息量大等特点。

加强对新闻类节目的安全审查，应把握节目审查的原则：

（1）坚持正确的立场。把好政治关、事实关，杜绝政治导向和政策性错误，维护国家尊严、民族荣誉和社会道德规范。

（2）坚持正确的新闻价值取向。积极宣扬正确的社会荣辱观，弘扬积极向上的人生观、价值观和生活方式。

（3）坚持客观、真实、公正的新闻原则。制作播出必须坚持新闻的真实性，不准弄虚作假。

（4）严控制播分离。社会类新闻不得实行制播分离，娱乐类新闻实施制播分离要严格把关、规范管理。

（5）严格遵守保密规定。对拟公开报道的内容，各播出机构应按有关保密规定进行自审；对是否涉及国家秘密界限不清的，应当送有关主管部门或其上级机关审定。

（6）地方广播电视台只能播出中央人民广播电台、中国国际广播电台、中央电视台的国际新闻节目和新华社总社的新闻电讯稿。严禁擅自播出从境外卫星电视收录或从其他渠道获得的广播电视国际新闻节目和国际时事政治专题节目；不得将新华社的电讯稿配以境外卫星电视的图像播出。

（7）特殊报道严格遵守相关规定：

①民族宗教报道应遵守我国民族宗教政策和相关法规。凡涉及民族宗教方面敏感问题的报道，应当送当地党委、政府和有关主管部门审查。对民族重大事件的报道，应报至中央审批。

②军事新闻、党政领导的报道、刑事暴力案件、党旗党徽使用应严格遵守宣传主管部门制定的相关规定。

③对重大事件、社会热点和敏感问题的报道，应该把握分寸、时机、力度，释疑解惑，积极引导。违纪违法示例的报道应自觉遵守案件报道的纪律，注意报道的政治效果、社会效果。

④涉外新闻报道要遵守我国涉外法律和我国已加入的国际条约，符合我国对外政策。

为确保新闻类节目安全播出，新闻节目播出内容应对稿件进行审查，确保内容安全。

表 3-10 新闻节目稿件审核表（样表）

栏目名称			
稿件主题			
拟播出日期		稿件报审日期	
审稿说明	请提供电子版稿件或附书面稿件送审。 请审稿人员直接在稿件上进行批注意见。		
拟稿人		稿件一审	××××年×月×日
稿件复审	××××年×月×日	稿件终审	××××年×月×日

（二）影视类节目

以电影和电视剧为主要表现形式的影视类节目，因其娱乐性强、完整度高、类型多样的特点成为广播电视节目中容易受到大众关注，易成为舆论热点的节目品类。影视类节目所宣扬的价值观往往会对社会尤其是思想较不成熟的青少年产生重大的影响。

影视类节目多是由影视公司制作完成，节目形式多样，质量参差不齐。作为影视类节目的主要播出方，为保障影视类节目内容的依法合规、健康向上，安全播出责任单位应严格依照相关法律法规对影视类作品进行内容方面的安全审查，以使其符合安全播出标准。

1. 相关法令对影视类内容的规定

为保障影视类节目符合健康向上的基本要求，国家新闻出版广电总局发布的《电影剧本（梗概）备案、电影片管理规定》（第 52 号令）和《电视剧内容管理规定》（第 63 号令）分别对电影和电视的内容安全做了详细具体的禁止性规定，其不得含有以下内容：

（1）危害国家统一，煽动民族仇恨，违背宗教政策，传播封建迷信，破坏宪法和法律实施的。

（2）表现暴力、色情等低级内容的，宣扬消极、颓废的人生观、世界观和价值观，违背中华民族传统美德的，歪曲中外历史，丑化中外重要人物形象的。

（3）恶意贬损、谤毁人民政府、人民军队、公检法形象的。

（4）侮辱、诽谤他人，过分表现酗酒、吸烟及其他陋习，宣扬淫秽、赌博、暴力、恐怖、吸毒，扰乱社会秩序，破坏社会稳定的。

（5）法律、行政法规和规章禁止的其他内容。

2. 影视类节目审查要求

（1）播出授权审查

安全播出责任单位应对授权性文件进行审查，确定授权期限，在执行时应确保节目播出与授权文件规定的要求一致。

（2）拍摄、制作许可证审查

影视类节目的拍摄和制作需由广播影视行政部门审批，且获得影视节目制作许可证。

安全播出责任单位在需要时，可对影视类节目制作方的许可证等证明性文件进行资质审查，确保其依规登记备案。

（3）内容审查

安全播出责任单位应对送播的影视类节目进行内容安全审查，审查标准应严格遵守国家新闻出版广电总局对影视类节目的规定，切实保障影视节目内容的安全。如国家新闻出版广电总局于 2014 年 9 月 28 日下发《关于加强有关广播电视节目、影视剧和网络视听节目制作传播管理的通知》规定：各级广播电视播出机构不得邀请有吸毒、嫖娼等违法犯罪行为者参与制作广播电视节目；不得制作、播出以炒作演艺人员、名人明星等的违法犯罪行为为看点、噱头的广播电视节目；暂停播出有吸毒、嫖娼等违法犯罪行为者作为主创人员参与制作的电影、电视剧、各类广播电视节目以及代言的广告节目。

（三）其他类节目

1. 社教类节目

社教类节目是指通过节目内容对观众进行社会教育、文化教育的节目样式。这类节目寓教育于娱乐，寓教化于服务，寓宣传于信息、文化知识的传播之中。社教节目主要包括知识性节目、服务性节目、对象性节目、课堂教学性节目等类别。

社教类节目审核原则：

（1）社教类节目以传播知识为主要目的，应注重知识的正确性。

从节目内容、运行方式来看，电视社教节目在发展过程中还存在以下问题，需要通过节目生产过程的管理提高节目质量。一是理论节目呈现高度专业化和庸俗化现象；二是对象性节目脱离实际选不准对象，缺乏针对性；三是竞赛类节目呈现形式化和泛滥倾向；四是重评奖轻播出，节目质量不平衡；五是合作节目过多过滥，质量得不到保证。

广播电视要积极普及科学知识，传播科学思想，弘扬科学精神，致力于提高全民族科学文化素质和精神文明程度。

（2）大力营造崇尚科学进步、反对愚昧落后、抑制各种歪理邪说的良好氛围。

（3）坚持严肃认真的科学态度，贴近学科学，用科学的生产、生活实际，用科学的手段和方法来提示自然现象和事物。

2. 综艺类节目

综艺节目是通过一定的中介形式和大众参与，在相互交流中形成一种娱乐氛围的节目形态。娱乐是人本身的需要，综艺节目从人的本性出发，以轻松愉悦、富有趣味的风格，吸引着广大受众。综艺节目主要有音乐、舞蹈、戏剧、曲艺、杂技、游戏等多种表现方式。

综艺类节目审核原则：

（1）坚持正确健康的价值取向、审美取向，提高人们的审美情趣，引导人们追求真善美。

（2）传播优秀传统文化和民族文化，禁止颠覆优秀传统、恶搞英雄人物、亵渎文化经典、调侃崇高精神。不能调侃、歪批、戏说、篡改红色经典、文学名著、寓言典故。

（3）要坚持抵制拜金主义、享乐主义和极端个人主义，不得表现奢靡铺张、豪华排场、畸形感官刺激、空虚无聊、阴暗心理。不得以高额大奖刺激受众收听收看，诱发受众博彩投机心理。

（4）营造和谐向上的社会文化氛围。不得窥探、侵犯他人隐私，不得有侮辱、歧视他人的内容，不得以恶搞、整人娱乐观众，不得为追求轰动效应而迎合少数人的猎奇心理、审丑心态。

（5）弘扬符合传统美德和时代精神的道德行为规范，倡导健康的家庭观和婚恋观。

3. 体育类节目

体育类节目信号源应从有转播、播出资质的机构获取，并监测信号质量。

国家新闻出版广电总局于 2015 年 12 月 24 日下发了《关于改进体育比赛广播电视报道和转播工作的通知》，通知规定：

（1）重大的国际体育比赛，包括奥运会、亚运会和世界杯足球赛（包括预选赛），在我国境内的电视转播权统一由中央电视台负责谈判与购买，其他电台电视台不得直接购买。中央电视台在保证最大观众覆盖面的原则下，应就其他电台电视台的需要，通过协商转让特定区域内的转播权，确保重大国际体育赛事在中国境内的播出覆盖。

（2）除奥运会、亚运会和世界杯足球赛（包括预选赛）外的其他国内外各类体育赛事，各电台电视台可以本着公平、公正、公开流转的原则直接购买或转让，实现体育赛事转播权有序竞争。

（3）各电台电视台报道和转播体育比赛，要遵守有关管理规定，把握正确的舆论导向，遵守新闻报道的职业道德要求和体育比赛规则，真实、客观、公正地进行赛事报道和解说。对损害中国形象的敏感画面、音响、文字等，各电台电视台须采取必要措施加以防范。直播体育赛事需按直播节目管理要求执行。

（4）各电台电视台要本着支持体育事业产业发展、满足观众收看需要的原则，共同做好体育比赛的转播工作。凡电台电视台之间已达成转播协议的，相关单位和部门要提供必要的技术保障，确保节目信号的传输安全、畅通。

（5）体育报道和体育转播要把社会效益放在首位，将社会效益与经济效益相统一，防止只讲经济效益、该播不播的现象出现，同时也要防止哄抬转播权价格、进行恶性竞争的现象出现。

在体育的报道方面，要引导人们树立重在参与、健体强身意识，防止奖牌至上的倾向。赛事解说要尊重裁判，尊重运动员，尽力做到客观平衡。

4. 生活服务类节目

生活服务类节目是根据受众生活中的实际需求或需要提供相关知识、信息和技能帮助的节目，这类节目有着实用性、专业性、权威性和亲和性的特点，直接服务于观众的日常生活、学习和工作。

生活服务类节目审核原则：

（1）生活服务类节目要倡导积极向上、科学文明、健康美好的生活理念和生活方式。

（2）各类生活资讯须确保真实准确。

（3）弘扬艰苦奋斗、勤俭节约的作风，引导受众树立积极乐观、昂扬向上、科学理智的生活态度和生活情趣。

（四）广告类节目

《中华人民共和国广告法》规定了商品经营者或者服务提供者通过一定媒介和形式直接或者间接地介绍自己所推销的商品或者服务的商业广告活动的管理要求。

广告的商业性质能给广播电视播出机构带来经济效益，广播电视及视听新媒体覆盖宣传又能使广告主达到宣传品牌、商品并转化为消费以实现企业受益的目的。由于商业具有趋利性，广告主为追逐利益最大化，广告中会出现虚假、夸大宣传等损害消费者合法权益的内容，这极大损伤了广播电视的权威性。做好广告内容安全审查，确保广告内容真实、合法，符合社会主义精神文明建设要求，这不仅是广大人民群众切身利益的要求，也同样是广播电视安全播出的要求。

1. 相关法令对广告类内容的规定

《中华人民共和国广告法》规定：广告应当真实、合法，以健康的表现形式表达广告内容，符合社会主义精神文明建设和弘扬中华民族优秀传统文化的要求。广告不得含有虚假或者引人误解的内容，不得欺骗、误导消费者。

所谓虚假广告一般是以虚假或者引人误解的内容欺骗、误导消费者的。广告中有下列情形之一的，为虚假广告：

（1）商品或者服务不存在的。

（2）商品的性能、功能、产地、用途、质量、规格、成分、价格、生产者、有效期限、销售状况、曾获荣誉等信息，或者服务的内容、提供者、形式、质量、价格、销售状况、曾获荣誉等信息，以及与商品或者服务有关的允诺等信息与实际情况不符，对购买行为有实质性影响的。

（3）使用虚构、伪造或者无法验证的科研成果、统计资料、调查结果、文摘、引用语等信息作证明材料的。

（4）虚构使用商品或者接受服务的效果的。

（5）以虚假或者引人误解的内容欺骗、误导消费者的其他情形。

不同类别的广告审查管理的侧重点也有所不同：

表 3-11　广告审核速查表

广告类别	审查要求
广告内容通用要求	1. 广告中对商品的性能、功能、产地、用途、质量、成分、价格、生产者、有效期限、允诺等或者对服务的内容、提供者、形式、质量、价格、允诺等有表示的，应当准确、清楚、明白。 广告中表明推销的商品或者服务附带赠送的，应当明示所附带赠送商品或者服务的品种、规格、数量、期限和方式。 法律、行政法规规定广告中应当明示的内容，应当显著、清晰表示。 2. 广告不得有下列情形： （1）使用或者变相使用中华人民共和国的国旗、国歌、国徽，军旗、军歌、军徽； （2）使用或者变相使用国家机关、国家机关工作人员的名义或者形象； （3）使用"国家级"、"最高级"、"最佳"等用语； （4）损害国家的尊严或者利益，泄露国家秘密； （5）妨碍社会安定，损害社会公共利益； （6）危害人身、财产安全，泄露个人隐私； （7）妨碍社会公共秩序或者违背社会良好风尚； （8）含有淫秽、色情、赌博、迷信、恐怖、暴力的内容； （9）含有民族、种族、宗教、性别歧视的内容； （10）妨碍环境、自然资源或者文化遗产保护； （11）法律、行政法规规定禁止的其他情形。 3. 广告不得损害未成年人和残疾人的身心健康。 4. 广告内容涉及的事项需要取得行政许可的，应当与许可的内容相符合。 广告使用数据、统计资料、调查结果、文摘、引用语等引证内容的，应当真实、准确，并表明出处。引证内容有适用范围和有效期限的，应当明确表示。 5. 广告中涉及专利产品或者专利方法的，应当标明专利号和专利种类。未取得专利权的，不得在广告中谎称取得专利权。禁止使用未授予专利权的专利申请和已经终止、撤销、无效的专利作广告。 6. 广告不得贬低其他生产经营者的商品或者服务。 7. 广告应当具有可识别性，能够使消费者辨明其为广告。大众传播媒介不得以新闻报道形式变相发布广告。通过大众传播媒介发布的广告应当显著标明"广告"，与其他非广

（续表）

	告信息相区别，不得使消费者产生误解。 　　广播电台、电视台发布广告，应当遵守国务院有关部门关于时长、方式的规定，并应当对广告时长作出明显提示。
医疗、药品、医疗器械、保健食品广告	1. 麻醉药品、精神药品、医疗用毒性药品、放射性药品等特殊药品，药品类易制毒化学品，以及戒毒治疗的药品、医疗器械和治疗方法，不得作广告。 　　前款规定以外的处方药，只能在国务院卫生行政部门和国务院药品监督管理部门共同指定的医学、药学专业刊物上作广告。 　　2. 医疗、药品、医疗器械广告不得含有下列内容： 　　（1）表示功效、安全性的断言或者保证； 　　（2）说明治愈率或者有效率； 　　（3）与其他药品、医疗器械的功效和安全性或者其他医疗机构比较； 　　（4）利用广告代言人作推荐、证明； 　　（5）法律、行政法规规定禁止的其他内容。 　　药品广告的内容不得与国务院药品监督管理部门批准的说明书不一致，并应当显著标明禁忌、不良反应。处方药广告应当显著标明"本广告仅供医学药学专业人士阅读"，非处方药广告应当显著标明"请按药品说明书或者在药师指导下购买和使用"。 　　推荐给个人自用的医疗器械的广告，应当显著标明"请仔细阅读产品说明书或者在医务人员的指导下购买和使用"。医疗器械产品注册证明文件中有禁忌内容、注意事项的，广告中应当显著标明"禁忌内容或者注意事项详见说明书"。 　　3. 除医疗、药品、医疗器械广告外，禁止其他任何广告涉及疾病治疗功能，并不得使用医疗用语或者易使推销的商品与药品、医疗器械相混淆的用语。 　　4. 保健食品广告不得含有下列内容： 　　（1）表示功效、安全性的断言或者保证； 　　（2）涉及疾病预防、治疗功能； 　　（3）声称或者暗示广告商品为保障健康所必需； 　　（4）与药品、其他保健食品进行比较； 　　（5）利用广告代言人作推荐、证明； 　　（6）法律、行政法规规定禁止的其他内容； 　　（7）保健食品广告应当显著标明"本品不能代替药物"。 　　5. 广播电台、电视台、报刊音像出版单位、互联网信息服务提供者不得以介绍健康、养生知识等形式变相发布医疗、药品、医疗器械、保健食品广告。 　　6. 禁止在大众传播媒介或者公共场所发布声称全部或者部分替代母乳的婴儿乳制品、饮料和其他食品广告。
农药、兽药、饲料和饲料添加剂广告	广告中不得含有下列内容： 　　（1）表示功效、安全性的断言或者保证； 　　（2）利用科研单位、学术机构、技术推广机构、行业协会或者专业人士、用户的名义或者形象作推荐、证明； 　　（3）说明有效率； 　　（4）违反安全使用规程的文字、语言或者画面； 　　（5）法律、行政法规规定禁止的其他内容。

（续表）

烟草广告	1. 禁止在大众传播媒介或者公共场所、公共交通工具、户外发布烟草广告。禁止向未成年人发送任何形式的烟草广告。 2. 禁止利用其他商品或者服务的广告、公益广告，宣传烟草制品名称、商标、包装、装潢以及类似内容。 3. 烟草制品生产者或者销售者发布的迁址、更名、招聘等启事中，不得含有烟草制品名称、商标、包装、装潢以及类似内容。
酒类广告	酒类广告不得含有下列内容： （1）诱导、怂恿饮酒或者宣传无节制饮酒； （2）出现饮酒的动作； （3）表现驾驶车、船、飞机等活动； （4）明示或者暗示饮酒有消除紧张和焦虑、增加体力等功效。
教育、培训广告	教育、培训广告不得含有下列内容： （1）对升学、通过考试、获得学位学历或者合格证书，或者对教育、培训的效果作出明示或者暗示的保证性承诺； （2）明示或者暗示有相关考试机构或者其工作人员、考试命题人员参与教育、培训； （3）利用科研单位、学术机构、教育机构、行业协会、专业人士、受益者的名义或者形象作推荐、证明。
招商等有投资回报预期的商品或者服务广告	应当对可能存在的风险以及风险责任承担有合理提示或者警示，并不得含有下列内容： （1）对未来效果、收益或者与其相关的情况做出保证性承诺，明示或者暗示保本、无风险或者保收益等，国家另有规定的除外； （2）利用学术机构、行业协会、专业人士、受益者的名义或者形象作推荐、证明。
房地产广告	房源信息应当真实，面积应当表明为建筑面积或者套内建筑面积，并不得含有下列内容： （1）升值或者投资回报的承诺； （2）以项目到达某一具体参照物的所需时间表示项目位置； （3）违反国家有关价格管理的规定； （4）对规划或者建设中的交通、商业、文化教育设施以及其他市政条件作误导宣传。
农作物种子、林木种子、草种子、种畜禽、水产苗种和种养殖广告	关于品种名称、生产性能、生长量或者产量、品质、抗性、特殊使用价值、经济价值、适宜种植或者养殖的范围和条件等方面的表述应当真实、清楚、明白，并不得含有下列内容： （1）做科学上无法验证的断言； （2）表示功效的断言或者保证； （3）对经济效益进行分析、预测或者作保证性承诺； （4）利用科研单位、学术机构、技术推广机构、行业协会或者专业人士、用户的名义或者形象作推荐、证明。

2. 广告类节目审查

安全播出责任单位实施广告审核查验，一般的程序如下。

（1）广告承接要求

①设有专门从事广告业务的机构，配备必要的人员，具有与发布广告相适应的场所、设备，并向县级以上地方工商行政管理部门办理广告发布登记。

②按照国家有关规定，建立、健全广告业务的承接登记、审核、档案管理制度。

（2）承接登记

安全播出责任单位接受广告主提出的广告发布需求，登记广告主基本信息。

表 3-12 广告登记表（样表）

日期	客户来源	客户单位	客户姓名	联系方式	客户需求	客户关注点	双方沟通结果	记录人

（3）审查人员初审

安全播出责任单位应依法设立广告审查员，广告审查人员的职责一般包括：

①依照国家法律、法规、行政规章和国家有关规定，审查本单位设计、制作、代理、发布的广告，签署书面意见；

②负责管理本单位广告档案；

③向本单位的负责人提出改进广告审查工作的意见和建议；

④协助本单位负责人处理本单位遵守广告管理法规的相关事宜。

安全播出责任单位广告审查人员依据法律、行政法规查验有关证明文件，核对广告内容。审查完成后，广告审查人员应提出初审意见，交复审人员进行复审。

表 3-13 广告审查登记表（样表）

登记日期	客户名称	联系人及方式	广告分类	广告合同	广告审查材料记录	合法合规性评价	审查人	广告收费情况

（4）广告业务负责人复审

安全播出责任单位广告业务负责人应对广告审查人员的初审意见进行复审，并根据复审结果提出复审意见。

广告审查完成后，安全播出责任单位广告审查人员应将有关承接登记、初审、复审全部过程的记录材料进行归档，以备查验。

二、视听新媒体节目安全管理

视听新媒体以其形式丰富、互动性强、渠道广泛、覆盖率高、精准到达、性价比高、推广方便等特点，改变了信息的生产、传播、交换、消费方式，使信息传播从资源垄断向资源共享、从单向传播向互动交流的方向转变。

视听新媒体的快速发展也给安全播出带来了新的风险：

一是以互联网技术为基础的新媒体平台运营，突破了传统媒体的边界，且与互联网联系日趋紧密，信息与内容安全的风险明显增加。

二是新媒体平台建设时间不长，缺乏统一的技术标准、管理手段和运维规范，给业务监管带来了挑战。

三是技术形态发生了较大的变化，且相关事故、事件发生后处置手段不力，给原有的应急体系敲响了警钟。

（一）互联网视听节目服务管理要求

《互联网视听节目服务管理规定》对互联网视听服务单位的资质和经营范围提出了要求。互联网视听节目服务，指的是制作、编辑、集成并通过互联网向公众提供视音频节目，以及为他人提供上载传播视听节目服务的活动。按照规定要求：从事互联网视听节目服务，应当依法取得广播电影电视主管部门颁发的"信息网络传播视听节目许可证"或履行备案手续。"信息网络传播视听节目许可证"应当载明互联网视听节目服务的播出标识、名称、服务类别等事项。

从事广播电台、电视台形态服务的，还应当持有广播电视播出机构许可证；从事时政类视听新闻服务，应当持有"互联网新闻信息服务许可证"，且所播出内容应当是地（市）级以上广播电台、电视台制作、播出的节目和中央新闻单位网站登载的时政类视听新闻节目。

用于互联网视听节目服务的影视类节目和其他节目，应当符合国家有关广播影视节目的管理规定。从事主持、访谈、报道类视听服务的，还应当持有"广播电视节目制作经营许可证"和"互联网新闻信息服务许可证";从事自办网络剧(片)类服务的,还应当持有"广播电视节目制作经营许可证"。

互联网视听节目服务单位应严格遵守相关法律法规,要坚持传播有益于社会全面进步和人的全面发展、促进社会和谐的先进文化内容,坚持以社会主义核心价值体系为正确导向,弘扬社会主义道德规范和民族优秀文化传统,提供健康向上的互联网视听节目服务。

旨在加强互联网新闻信息内容管理的《互联网新闻信息服务管理规定》于2017年6月1日起施行。规定提出,通过互联网站、应用程序、论坛、博客、微博客、公众账号、即时通信工具、网络直播等形式向社会公众提供互联网新闻信息服务,应当取得互联网新闻信息服务许可,禁止未经许可或超越许可范围开展互联网新闻信息服务活动。

《规定》明确指出是根据《中华人民共和国网络安全法》《互联网信息服务管理办法》《国务院关于授权国家互联网信息办公室负责互联网信息内容管理工作的通知》制定,法律依据清楚。

《规定》重新定义了网络"新闻信息",凸显新闻信息服务的社会公共属性,因此,网络新闻信息不仅要看内容类别,还要看社会影响,涵盖了涉及社会公共事务、公共秩序、社会公共价值体系、会引发社会讨论的新闻内容,为相关规范提供了逻辑起点,也提示个人与机构在从事新闻信息服务时必须承担相应的社会责任。在此基础上,辅以对互联网新闻信息服务界定的细化,强化了规定的可操作性和可延展性。

《规定》具体列举了"境内依法设立的法人""主要负责人、总编辑是中国公民""有与服务相适应的专职新闻编辑人员、内容审核人员和技术保障人员"等六项互联网新闻信息服务者应具备的资格要求;明确了通过"互联网站、应用程序、论坛、博客、微博客、公众账号、即时通信工具、网络直播"等新媒体、新应用提供新闻服务的主体,都要纳入管理中。在禁止性规定中,不仅继续禁止外资参与设立互联网新闻信息服务单位,也明确禁止非公有资本介入互联网新闻信息采编业务。这对于当前资本介入媒体融合发展的现实具有指导意义。

《规定》明确了互联网新闻信息服务提供者应承担的社会责任,如要求设立总编辑,"对互联网新闻信息内容负总责";要求"健全信息发布审核、公共信息巡查、应急处置等信息安全管理制度,具有安全可控的技术保障措施";以及落实用户实名制、规范转载闻信息等等。

注重执法规范是新版《互联网新闻信息管理规定》的突出特点。与《互联网新闻信息管理规定》同步，《互联网信息内容管理行政执法程序规定》同时实施，该规定明确了行政执法的主体，提出加强执法队伍建设，建立健全执法人员培训、考试考核、资格管理和持证上岗制度；以行政执法办案为主线明确执法程序，全面规范管辖、立案、调查取证、约谈、听证、决定、执行等各个环节的具体程序要求；并注重保障案件当事人的合法权益。

新出台的《互联网新闻信息管理规定》第四章第 21 条明确规定"国家互联网信息办公室会同国务院电信、公安、新闻出版广电等部门建立信息共享机制，加强工作沟通和协作配合，依法开展联合执法等专项监督检查活动"，这一条款有助于有效发挥执法合力，使互联网新闻信息管理取得更好成效。

（二）视听新媒体节目审核管理

与传统媒体不同，新媒体平台的内容来源更加丰富。除了卫星收录、介质采集的数字内容以外，还包括从台内生产网、甚至互联网上获取的视音频文件，这给内容的安全带来了很大风险。为实现视听新媒体节目的安全播出，应该对所有的信号、文件来源进行安全性的检测，特别是要对通过网络传输的信源文件进行安全检测和过滤，同时要设置内容审核接口。

1. 在节目库安全管理方面

安全播出责任单位应对视听新媒体节目内容库进行严格管理，加强节目内容安全审查和技术质量审查。

（1）内容安全审查

视听新媒体节目的内容审查应符合各级广播影视行政部门所发布的相关要求和规范。节目内容的审核和管控应覆盖从节目采集到点播的全过程，确保能及时发现国家明令禁止的节目内容并阻断其传播。

《互联网视听节目服务管理规定》中规定视听新媒体节目不得含有以下内容：

①反对宪法确定的基本原则的；

②危害国家统一、主权和领土完整的；

③泄露国家秘密、危害国家安全或者损害国家荣誉和利益的；

④煽动民族仇恨、民族歧视，破坏民族团结，或者侵害民族风俗、习惯的；

⑤宣扬邪教、迷信的；

⑥扰乱社会秩序，破坏社会稳定的；

⑦诱导未成年人违法犯罪和渲染暴力、色情、赌博、恐怖活动的；

⑧侮辱或者诽谤他人，侵害公民个人隐私等他人合法权益的；

⑨危害社会公德，损害民族优秀文化传统的；

⑩有关法律、行政法规和国家规定禁止的其他内容。

2017年6月30日，为规范网络视听节目内容审核工作，服务网络视听节目创作，促进网络视听节目行业健康发展，中国网络视听节目服务协会发布了《网络视听节目内容审核通则》，其中：

《通则》第二条明确规定了网络视听节目具体包内容，主要包括：（1）网络剧、微电影、网络电影、影视类动画片、纪录片；（2）文艺、娱乐、科技、财经、体育、教育等专业类网络视听节目；（3）其他网络原创视听节目。

《通则》第四条规定了内容审核的定义，即指从事互联网视听节目服务相关单位在播出网络视听节目前，对拟播出的视听节目作品和用于宣传、介绍作品等目的而制作的图文及视频内容的审核。具体审核要素包括：政治导向、价值导向和审美导向；情节、画面、台词、歌曲、音效、人物、字幕等。

《通则》第五条对审核原则做了详实的规定：

第一是先审后播原则。互联网视听节目服务相关单位应建立内容播前审核制度、审核意见留存制度及工作程序，配备与业务发展需要相适应的审核员，及相应的审看设施。互联网视听节目服务相关单位播出的网络视听节目必须经过审核员审核认定。

第二是审核到位原则 。具体包括：

（1）审核员审核节目时应完整审看包括片头片尾在内的全部内容，不得快进和遗漏，每部网络剧、微电影、网络电影、影视类动画片、纪录片应由不少于三人的审核员审核，每期（条）专业类网络视听节目应由不少于两人的审核员审核。

（2）审核员应客观、公正地提出书面的节目审核意见，审核意见应明确指出需要修改的问题、是否同意播出，并说明理由。

（3）审核员应具有高度的社会责任感、较高的文化修养、良好的职业道德，熟悉国家相关法律法规、方针政策；审核员应经过节目内容审核业务培训，考核通过后从事节目内容审核工作。

《通则》第六条规定了审核导向要求，要求互联网视听节目服务相关单位应坚持正确的政治方向，围绕中心，服务大局，坚持"二为"方向和"双百"方针，努力传播体现当代中国价值观念、体现中华文化精神、反映中国人审美追求，思想性、艺术性、观赏性有机统一的优秀作品。（1）坚持以人民为中心的创作导向，把人民作为表现的主体，展示奋斗人生，刻画最美人物，反映人民心声，为人民抒写、为人民抒情、为人民抒怀，把满足人民精神文化需求作为出发点和落脚点；（2）坚持以社会主义核心价值观为引领，大力弘扬革命文化和社会主义先进文化，大力弘扬以爱国主义为核心的民族精神和以改革创新为核心的时代精神，歌唱祖国、赞美英雄、讴歌时代，引导人民树立和坚持正确的历史观、民族观、国家观、文化观；（3）坚持以现实题材为主，贴近实际、贴近生活、贴近群众，记录时代发展和社会进步；（4）大力弘扬中国优秀传统文化。以史为鉴、传承文明，激励中华儿女自尊、自信、自强。深入阐发讲仁爱、重民本、守诚信、崇正义、尚和合、求大同等核心思想理念；（5）弘扬真善美，传播正能量。牢记社会责任，持续颂扬自强不息、敬业乐群、扶危济困、见义勇为、孝老爱亲等传统美德，引导人们增强道德判断力和道德荣誉感；（6）努力讲好中国故事，弘扬中国精神，凝聚中国力量，为实现中华民族伟大复兴的中国梦作出贡献；（7）坚持把社会效益放在首位，努力传播既能在思想上、艺术上取得成功，又能在市场上受到欢迎，社会效益和经济效益相统一的作品；（8）牢固树立精品意识，下大力气提升品质，提高原创能力，努力传播思想精深、艺术精湛、制作精良的优秀作品。在剧情设计上要弘扬正气、伸张正义、传播真善美、鞭笞假恶丑，体现积善成德、明德惟馨的道德导向。

除此之外，《通则》针对节目内容审核标准也作了详细规定，列出了8条完全禁止内容，以及10条须裁剪、删除的内容，如恶搞英雄内容须删除等。《通则》的出台，对于规范网络视听节目审核操作，净化网络环境，保障网络视听节目播出安全有积极作用。

（2）技术质量审查

对视听新媒体节目的技术质量进行审查，一般采用人工和自动相结合的技术审核手段。技术审核中发现黑场、彩条、静帧、彩场、色彩丢失、静音等故障，应及时进行分析并采取措施进行处理。

（3）完整性检验

视听新媒体的节目库应该具有恢复机制，并定期对节目文件进行完整性校验。恢复机制，就是当节目文件丢失、损坏时，可以采用相应的方法进行恢复，常用的恢复机制是节目备份。各视听新媒体平台应根据实际情况具体采用如近线、离线以及公有云等不同备份方式进行节目备份，同时要保证时效性能及时满足节目生产发布的需求。

2. 播出安全环节风险控制

视听新媒体节目安全管理除了要做好内容和技术审查之外，应建立有效的播出审核机制，保障节目内容和技术质量的安全。

（1）先审后播

视听新媒体节目服务单位要按照"谁办网谁负责"的原则，切实履行主体职责，坚守社会责任，建立和完善本单位视听节目内容审核流程，严把视听节目播出关，所有节目一律先审后播。不同播出资质的视听新媒体节目服务单位应进行不同程度的审核把关：

①具有网络剧播出资质的互联网视听节目服务单位播放网络剧、微电影、网络电影、影视类动画片、纪录片等视听节目，应组织 3 名以上审核员进行内容审核，审核一致通过后由本单位内容管理负责人复核、签发。所有审核通过的网络剧、微电影、网络电影、影视类动画片、纪录片，都应在节目片头标注审核单位编制的审核序列号。

②具有专业类视听节目播出资质的视听新媒体节目服务单位播放文艺、娱乐、科技、财经、体育、教育等专业类视听节目，应组织 2 名以上审核员进行内容审核，审核一致通过后由本单位内容管理负责人复核、签发。

③视听新媒体节目服务单位转发上传视听节目，视同为该单位自制视听节目，由该单位按照同样要求先审后播。同时，视听新媒体节目服务单位应对向网站上传视听节目的个人和机构核实真实身份信息。

（2）节目上下线审核

互联网视听节目上下线审核要求：

①节目上下线过程中应配置人工审核环节，完成内容审核和技术审核后方可正常上线；节目下线需要审核对应的 EPG 内容结构以及用户租用期限的影响后，方可进行下线。节目上下线必须具备日志记录、审计功能，对已上线的节目应进行监看、监控。

②对新上线的节目内容，应通过不同型号、版本和权限的终端进行验证。

③节目重新发布需重新入库上线时，应再次进行内容审核和技术审核，通过后方可再度设置上线。

（三）从事不同业务的风险管理

1. 交互式网络电视（IPTV）

国际电信联盟对 IPTV 给出的定义是："IPTV 是指通过可控、可管理、安全传送并具有质量保证（QoS）的无线或有线 IP 网络，提供包含视频、音频（包括语音）、文本、图形和数据等业务在内的多媒体业务。其中，接收终端包括电视机、掌上电脑、手机、移动电视及其他类似终端。"我国现阶段指的 IPTV 是通过可控、可管理、安全传送并具有质量保证（QoS）的有线 IP 网络提供基于电视终端的多媒体业务。其中的有线 IP 网络可以是电信宽带网，也可以是五类线网络或经过 IP 化改造的有线电视网。

IPTV 是网络技术与电视传播相结合的产物，是数字化、网络化发展的必然结果。与传统有线或无线网络传送节目不同，IPTV 系统通过宽带网向顾客提供高质量的交互式电视节目和视频内容，其本质是一个多媒体、多业务的服务平台，它融合了传统的广播电视业务、互联网上的多种应用以及新兴的通信业务，并通过机顶盒将这些业务集成呈现给用户。IPTV 除了传统电视的直播服务功能外，还具备视频点播、视频时移、双向互动、分众传播等功能。

在我国，IPTV 建设过程中，相继形成了广电主导、与电信分工合作的"上海模式"，广电自己运营的"杭州模式"等模式，其中"上海模式"是我国 IP 电视的主流模式，其基本宗旨是"广电主导、分工负责、优势互补"，运作模式是"跨体制、跨区域、跨行业"，技术特点是"可管、可控、可发现"。"上海模式"已经形成了较为完备的产业链，基本的产业链包括系统设备制造商（含视频服务器及各种网络设备）、终端设备制造商、增值服务提供商（SP）、内容（版权）提供商（CP）、牌照运营商（内容集成运营商）、网络运营商、用户等。其中牌照运营商（内容集成运营商）、网络运营商和用户是 IP 电视产业链中三个关键环节。

IPTV 技术架构中包含 IPTV 集成播控平台、IPTV 内容服务平台。其中，IPTV 集成播控平台是核心服务平台，是对节目内容从播出端到用户端实行管理的播控系统，包括节目内容统一集成和播出控制、电子节目指南、用户端、计费、版权等管理子系统。IPTV 内容服务平台，是指将节目包装成频道或点播节目库形式的编辑与播出系统，接入到 IPTV 集成播控平台供电视机终端用户点播。IPTV 在安全播出风险比较明显，主要集中在四个环节：

一是海量的节目内容集成后，节目内容的监测、信息反馈、信息处理难度增大；

二是由于当前 IPTV 集成平台正处于规划建设、上下级整合阶段，IPTV 分平台与集成播控总平台之间有效对接存在冲突；

三是地方集成播控分平台私自与本地网络运营商合作，未经集成播控总平台监管，私自提供内容服务；

四是设备生产商与网络运营商合作绕过两级播控平台，提供互联网视听节目服务。

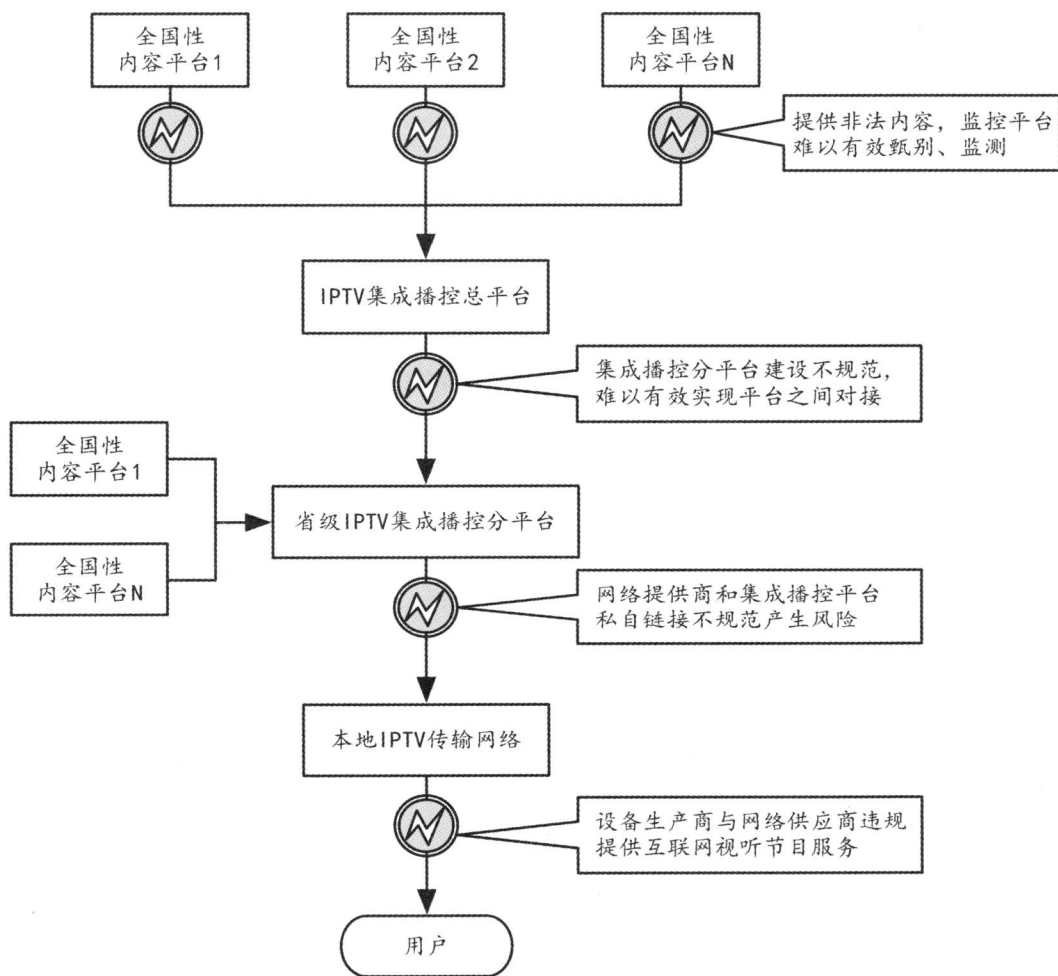

图 3-13 IPTV 集成播控平台风险分析图

2. 网络广播电视

网络广播电视是指采用 IP 协议、通过互联网传输数据、以个人电脑为终端的音视频传播业务。当前的网络广播电视不仅包括狭义的网络广播、网络电视，还延伸包含了音视频分享网站（播客）、音视频搜索、P2P 视频服务等。网络广播电视和 IPTV 的本质区别在于前者运行在公网上，后者则运行在专网上。网络广播电视充分体现了互联网业务特征，其管理政策也体现了互联网业务的管理特色。

通常来讲，网络广播电视包括网络广播、网络电视。网络广播是音频内容在互联网上的传播形态，也叫网络音频，其细分形态有网络音乐及各种网络语言类节目等。网络广播占用带宽资源较少，在互联网商业领域很快得到广泛应用，如网络音乐就是目前最大的互联网应用。

网络电视是视频内容在互联网上的传播形态，也叫网络视频，占用宽带资源大，成熟时间相对较晚。网络广播电视由具备视听运营资质的各类网站运营。这些网站大致可分为商业门户网站、商业垂直网站、媒体类网站以及网络广播电视台。在商业门户类网站中，不论是新闻门户还是游戏娱乐门户，都已经开办网络音视频服务，如新浪网、搜狐网、腾讯网等。商业垂直网站是指专门经营网络音视频业务的网站，如酷6网、优酷网、PPTV等。媒体类网站指报纸、广播、电视等传统媒体机构开办的网站，如人民网、中国广播网、金鹰网等。网络电台是专营音频业务的网站，通常拥有专门的网络直播主持人，有的还具有多渠道发布能力，如中国广播网的银河网络电台。网络电视台是具有强大内容制作、集成、发布能力的综合性网络视频媒体，是更高层次的视频网站，如中国网络电视台、安徽网络电视台等。

网络广播电视内容的发布都由音视频网站进行，但根据内容来源不同可以分为独立平台发布和共享平台发布。前者指各类常见的视频网站，一般都是发布自制节目或者购买版权节目；后者称为视频分享网站，也叫播客，主要发布用户上传的短视频节目，如美国的YouTube、中国的酷6网和优酷网等。随着网络广播电视的发展，这两类网站的区别渐趋模糊，普通的视频网站也提供视频分享业务，如中国网络电视台的爱西柚频道；视频分享网站也在发布自购版权的长视频节目，如土豆网等。

网络广播电视在客户端的播放方式主要有三种：在线直播、在线点播和下载播放。在线直播类似于传统广播电视台的直播服务，用户登录相关网站，即可看到与电台、电视台节目同步的音视频。在线点播是指按用户需要可随时点播观看的音视频节目，是网络广播电视的特色观看方式。下载播放是指将相关节目下载到电脑硬盘后播放的一种方式。随着网络环境的改善，在线收看成为主流收看方式。

随着互联网功能的不断创新，用户收看网络广播电视的路径也在不断丰富。首先，网民可直接通过登录域名进入相关网站，选择观看内容。其次，可通过视频搜索提供路径，找到自己想看的内容。再次，可通过下载网站提供的特定客户端软件直接进入相关网站观看内容，如PPTV、PPS等P2P公司的客户端。最后，还可以通过社交网站平台上好友推荐的路径观看大家关注的内容或者特定内容，如人人网平台上的视频推荐等。网络广播电视的概念分类下表：

表 3-14 网络广播电视概念分类表

业务形态	运营主体	发布方式	播放方式	接收路径
网络广播 网络电视	网络广播电视台 媒体网站 门户网站 垂直网站	对平台发布 共享平台发布 （播客）	在线直播 在线点播 下载播放	通过域名直接进入 通过搜索进入 通过客户端进入 通过社交平台进入

　　网络广播和网络电视的发展几乎同步，但是由于只限于音频服务，网络广播并没有充分发挥网络多媒体的传播优势，其发展空间受到一定限制。网络电视相比之下，已经形成了规模化的产业链。其产业链由内容提供商、网络平台运营商、分销渠道、广告主、用户等要素构成。其中，网络平台运营商是整个产业链的核心环节，其内容服务的多样性和吸引力决定着这一平台能否得到网民的认同和接受，网民的数量又决定着这一平台能否吸引广告主的参与，形成成熟的盈利模式，得以长时间维持下去。网络运营商的成败得失是整个网络电视发展的风向标。电信运营商与分销渠道是联系网络平台运营商和用户的纽带，决定用户能否取得比较好的消费体验。

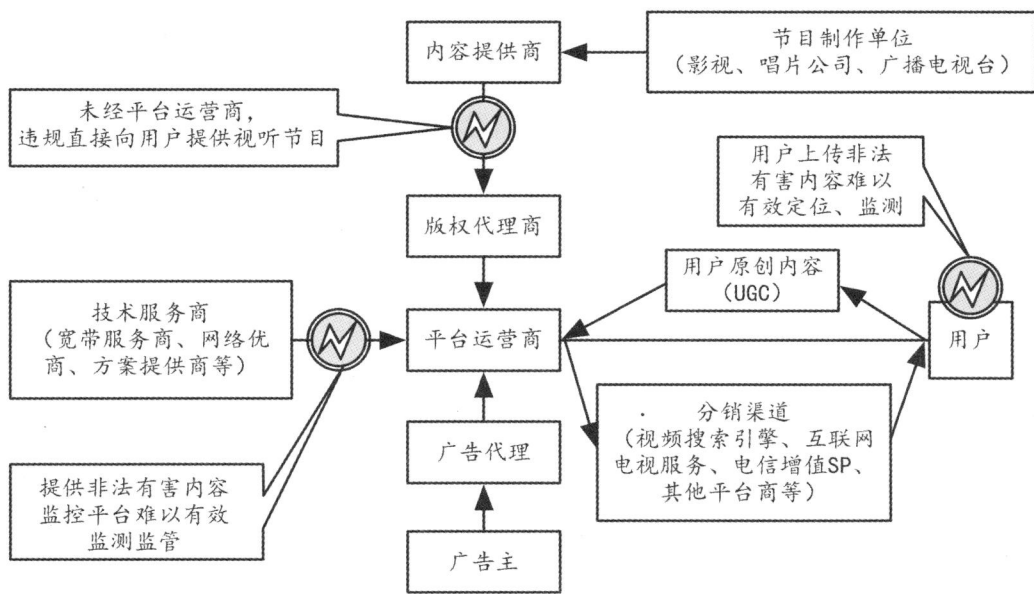

图 3-14 网络电视产业链安全播出风险分析图

网络电视产业链中主要隐含三方面的安全播出风险：一是内容提供商未经平台运营商内容集成平台直接向互联网用户提供视听节目，致使节目内容脱离有效监管；二是平台运营商对集成内容缺乏严格审核，加之监管海量内容难度较大，导致节目内容的安全性难以有效保障；三是大量 IP 地址不固定、身份隐蔽的用户上传视听节目内容不合规，技术监管难度大，内容安全难以保证。

3. 互联网电视

一般而言，互联网电视是以互联网一体机或有上网功能的电视机顶盒为终端，以公共互联网为传播介质，以虚拟专网为传输通道，为观众提供直播、点播、回放及其他互动应用功能的 IPTV 媒介。根据我国的实际情况，互联网电视以公共互联网为传输介质，以绑定了特定编号的电视一体机为输出终端，并经由国家广播影视行政部门批准的集成播控平台向全国范围内的用户提供视音频等多媒体内容及其他相关增值业务的服务。互联网电视与 IPTV 的主要区别在于前者运行在基于公网上的虚拟专网上，后者运行在城域网性质的专网上。

2010 年，国家层面对于互联网电视的发展方式做出重大调整，促使互联网电视的产业链结构发生变化，形成以集成播控平台为核心，包括内容服务平台运营商、集成播控平台运营商、网络提供商和终端厂商等四个环节在内的产业链结构，由此带动上下游产业和外围产业共同发展。

其中，集成播控平台运营商，负责互联网电视集成播控平台建设和运营，同时也可直接提供互联网电视内容服务。集成播控平台运营商通过其集成播控平台，组织和管理自有或第三方的节目服务平台，把电视节目、视音频内容、互联网业务和各项增值业务传送并呈现给最终用户。集成播控平台运营商需具备电视内容的运营经验和管理能力，能够整合产业链上下游的企业和资源，同时能够促进产业链各方的良性竞争，保证各方利益，共同推动产业协调发展。

内容服务平台运营商，作为互联网电视服务内容的提供主体，不仅负责节目的制作、编辑和播出控制，也负责节目内容的合作、生产厂商的协调管理以及对用户需求做出响应。内容服务平台运营商面向最终用户提供全方位内容服务，包括以直播、点播、下载等形式播出的视音频节目服务、互动服务、增值服务、互联网信息服务、电子商务服务等。内容服务平台系统向上对接集成播控平台系统，形成对节目的两级管理架构，共同完成节目内容端到端的管理。内容服务平台运营商在数量上要多于集成播控平台运营商，以确保内容提供多样性和受众收视利益，促进良性竞争。

集成播控平台运营商是内容服务平台的自然主体，直接向用户提供基本视听业务、各项互联网业务和增值业务。网络运营商，负责互联网电视业务的公共互联网提供宽带接入。我国的宽带接入网络主要由电信运营商、有线电视网络运营商和部分独立互联网介入服务提供商提供；我国的公共互联网络主要由电信运营商运营，其他网络运营商以互联穿透（IP Transit）或对等连接（Peering）的方式与互联网骨干网相连接。电信运营商和其他网络运营商，是互联网电视产业链里不可或缺的重要组成部分。物理网络的带宽、服务质量、稳定性和安全性等指标客观上制约着互联网电视的服务能力、服务水平和成本。

电信和网络运营商在互联网电视服务中并不直接参与服务和收费，而是通过基本的宽带接入服务，以及采取宽带接入提速或服务捆绑打包的形式，提供间接的网络承载和支持服务。终端生产商，即生产具备互联网电视功能的电视机及其他形态终端的家用电器和消费电子产品厂商。其在生产 LCD、LED 或等离子显示（PDP）技术的高清电视机的同时，通过增加多媒体处理器和其他支持网络及存储设备的硬件，支持互联网电视音视频播放功能、互联网业务功能以及其他增值业务功能，实现互联网电视服务。

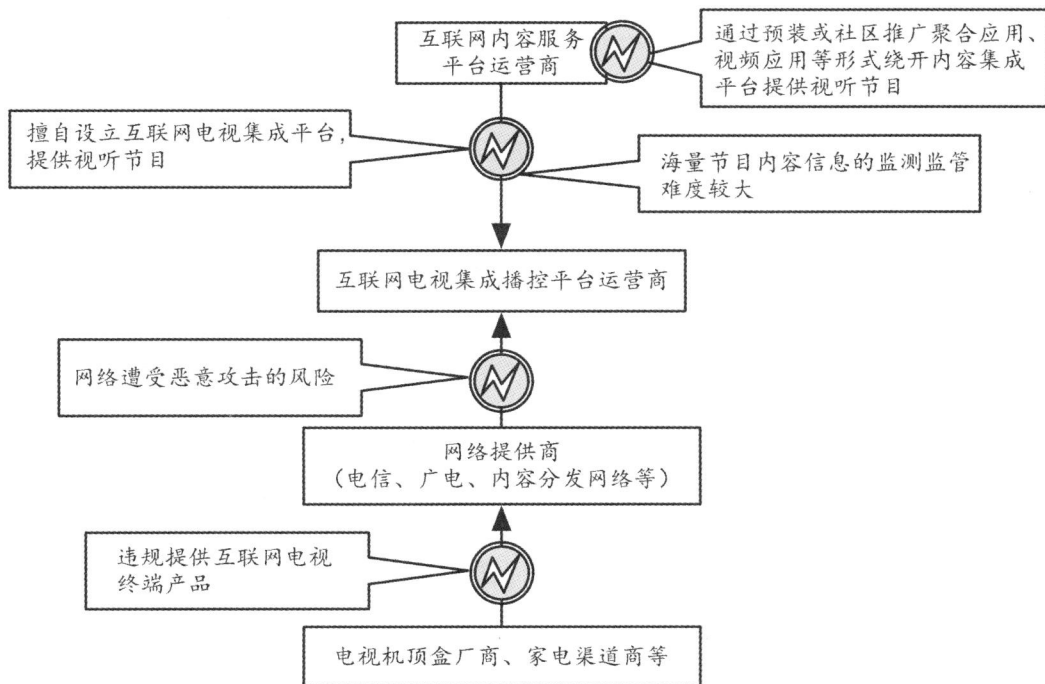

图 3-15 互联网电视产业链安全播出风险分析图

分析互联网电视产业链蕴含的安全播出风险，主要集中在五个方面：

一是一些机构擅自设立互联网电视集成平台，脱离监管视线，违法提供视听节目。

二是集成平台、传输链路和接收终端接入互联网后，由于接口的开放性，可能受到来自网络的恶意攻击，节目内容和用户信息的安全性将受到打击。

三是终端厂商未获得国家统一的序列号向市场推出互联网电视终端产品，私自提供非法网站链接，致使不法内容迅速扩散。

四是内容集成平台海量的视听节目，对违法信息的监测识别以及监管提出了很高的要求。

五是一些视频应用、聚合应用绕开互联网电视集成播控平台，在终端通过预装、社区推广等方式直接向用户提供互联网视听节目服务，导致大量违规、有害内容进入电视等问题。

4. 手机电视

手机电视是指利用移动通信网传送、通过手机观看流媒体视频业务的电视服务。广义的手机电视还包括基于广播网、通过手机观看的以移动多媒体广播电视业务。本书为便于分析，将手机电视与移动多媒体广播电视分开论述。手机电视亦具有可管、可控特性，也实行牌照管理方式，牌照由广电行政部门颁发，移动通信部门需要与拥有内容集成服务牌照的机构合作才能展开手机电视业务。

手机电视的传输和接受主要有两种实现方式：一是公网模式，即通过移动互联网下载或者浏览视听网站上的视频内容。目前，互联网上有许多网站提供手机播放的视频内容，用户可通过电脑浏览，下载至手机观看，或者用手机通过移动互联网络直接浏览和下载。这一方式也被称为手机视频。二是专网模式，即利用移动通信网络和流媒体技术，以集成播控平台为中心，按照生产制作、内容包装、集成播控、传输分发的流程向手机用户提供视听内容的下载和在线观看。

从产业链来看，公网模式手机电视的产业链结构相对简单，主要包括内容服务商、移动通信网络运营商、用户。内容服务商可以避开移动通信网的管控，直接向手机用户提供服务。移动网络运营商仅提供通道服务，靠收取流量费支撑网络运行成本。目前，内容服务商只要提供应用程序商店分发客户端软件供用户下载安装，用户可一键接入手机电视内容服务。这一模式产业链结构环节少，但内容服务商收费比较困难，内容安全隐患较大。专网模式手机电视产业链比较复杂，一般包括内容生产商、内容服务商、内容集成播控运营商、增值业务提供商、移动通信网络运营商、系统设备提供商、广告商、终端厂商、用户等环节构成。其中，内容生产、内容服务、内容集成播控、移动通信网络、用户是手机电视产业链中的五个关键环节。整体来看，专网模式手机电视产业链盈利模式比较清晰，内容全也有保障，但产业链较长，各环节协调难度较大。主要存在三方面的风险：一是内容服务商绕过集成播控平台通过视频应用、微信、微博等客户端程序等方式违规直接向用户提供服务；二是海量的网络视听节目内容对内容的信息监测和甄别处理提出挑战；三是不法分子利用网络接口的开放性对集成平台、客户端等实施恶意攻击。

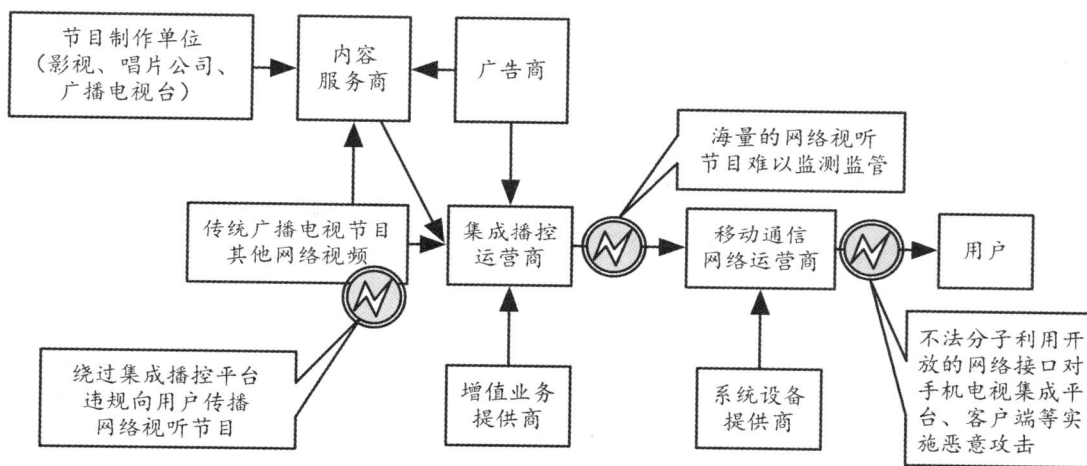

图 3-16 手机电视产业链安全播出风险分析图

5. 移动多媒体广播电视

移动多媒体广播电视是指通过新一代数字广播技术（在我国主要是指广电自主研发的 CMMB 技术），向各种七英寸以下的移动终端提供电视业务的服务，相比手机电视，移动多媒体广播电视拥有图像清晰度高、流畅度与用户数量无关、整体运营成本低等优势，但缺少了手机电视重要的互动性特点。不过在运营商和终端商的协作下，移动多媒体电视和手机电视可以实现同一终端并存，从而实现优势互补、共同发展。

国家新闻出版广电总局已经建立全国统一运营的移动多媒体广播电视运营体制，网络建设、内容制作、终端研发等进展迅速、业务稳步推进。2009 年 9 月，经国家工商行政管理局和国家广电总局批准，中广传播集团有限公司在北京组建，负责全国移动多媒体广播电视项目的投资、建设和运营。按照"统一管理、统一标准、统一建设、统一运营"

的基本原则，中广传播集团与 31 个省（区、市）广电单位签订了合作框架协议，组建了省级运营公司，并按照现代企业制度的要求，完善了内部法人治理结构。

2009 年 3 月 22 日，中广传播集团与中国移动正式签订合作协议，共同推进具有 CMMB 功能的 TD-SCDMA 手机发展，各省级移动多媒体广播电视运营主体与同级的中国移动通信运营主体在技术和市场层面进行了对接。

2010 年年底，覆盖全国的移动多媒体广播电视网络体系已经形成，与此同时，网络的运行维护已经纳入广播电视安全播出管理体系。按照安全播出要求，构建中央、省、地市、台站四级体系架构，优化故障处理流程，建立完善管理制度，严密监控覆盖网运维指标、覆盖指标及故障率，保证全网的安全播出和运行管理。移动多媒体广播电视业务运营支撑系统融合了业务支撑系统和运营支撑系统，它由网络管理、系统管理、计费、结算、营业、账务和客户服务等部分组成，是一个综合性的业务运营和管理平台。

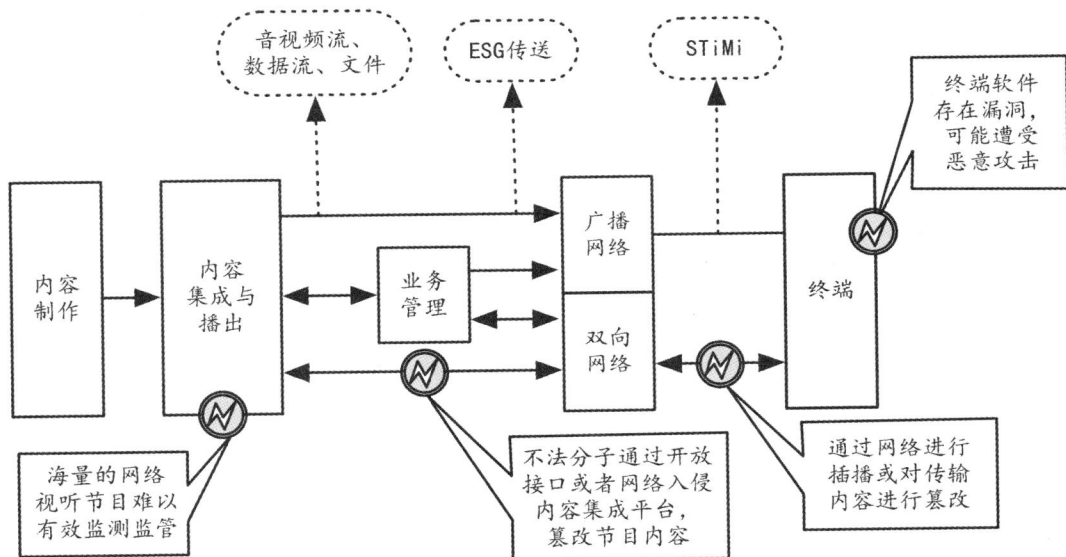

图 3-17 移动多媒体广播电视业务架构安全播出风险分析图

分析其业务架构主要存在四方面的风险：

一是内容制作及集成平台对内容安全审核不严，导致非法内容进入，同时加之海量的网络视听节目内容，对监管的要求更高，容易出现监管监测漏洞。

二是不法分子通过网络接口的开放性对内容集成平台和业务管理等系统进行入侵，节目安全受到威胁。

三是通过双向网络或者广播网的开放性进行节目插播拦截甚至篡改，传输安全风险增大。

四是客户端系统可能存在漏洞，导致终端安全受到恶意攻击或者信息泄露。

6. 公共视听载体

公共视听载体播放视听节目服务是指通过广播电视网、互联网及其他信息网络在车载、楼宇、机场、车站、商场、银行、医院及户外等公共载体上播放视听节目的服务。根据相关规定，采用人工更换硬盘（CF 卡、DVD）方式，在公共交通工具、楼宇内及户外设置的广告发布平台，只限于播放广告内容，不得播放新闻和其他各类视听节目。本书所讨论的公共视听载体不仅包括广电行政部门管理的公共视听载体播放节目服务，也包含了公共场所的广告服务平台。

公共视听载体因终端呈现场所、播放内容（业务）的不同，呈现不同的表现形态。从终端呈现场所来看，分为三类形态：

一是运行在移动公交工具内部，主要在公交车、地铁、城铁等，外加少量长途列车、出租车，这类形态被称为车载移动电视。

二是运行在室内固定场所，重点是在写字楼、政府办公楼以及卖场内部，也包括医院、候车室、候机室、银行营业厅、邮政局、连锁餐饮场所等专业场所，这类形态被称为室内固定场所电视（也称为楼宇电视或城市电视）。

三是运行在户外固定场所，主要是以户外大屏幕的形式呈现，还包括少数公交站电子站牌，被称为户外大屏幕电视，简称户外大屏幕。

这三类形态是业界比较公认的划分方式。从播放内容来看，公共视听载体主要有两种形态：

一是全广告形态。这种模式民营公共视听载体占有绝大多数，主要是一些知名品牌广告、商务研讨会、展览会等，多面向高端人群。

二是广播影视节目和广告穿插播放的形态。节目包括新闻资讯、娱乐短片、生活指南、公益宣传片、交通信息等，国有公共视听载体以此模式为主。这两种形态是政府监管的主要对象。

公共视听载体的技术实现方式主要有以下五类：

一是通过地面数字广播电视网络传输播放。采用这类技术方式需要拥有无线频率资源，主要是广电系统的移动电视采用，如上海移动电视、北广传媒移动电视、北广传媒城市电视等。

二是通过有线广播电视网络传输播放。如北广城市电视公司的户外大屏幕业务，就是租用歌华有线专用数据网，实现分屏控制播出的。

三是通过互联网络传输播放。主要是通过以太网或者Wi-Fi网传输，定点下载播放，如巴士在线就是采用此种模式。

四是采用人工更换硬盘（以及CF卡、DVD存储器）方式播放。其硬件设施具有定时开关功能，并配有无线同步追踪技术，保证同步运行，以分众传媒为代表的一批民营公司多用此类技术。

五是采用泄漏电缆技术播放，用于地铁移动电视实时播出，如北广传媒地铁电视。

当前，随着移动互联技术的发展，基于互联网传输播放的车载Wi-Fi运营平台具有一定的代表性，是当前公共视听载体行业发展的重要方向。在这里作为重点进行分析，其安全播出方面存在四方面的风险：

一是海量的视听节目、广告等内容在云数据中心集成，加之运营主体多，对其监管存在一定的难度，容易脱离掌控。

二是由于云数据中心基于互联网传播的特点，接口开放，易受到不法分子攻击。

三是数据传输过程中，由于传输网络的开放性，节目内容易受到不法分子的拦截、插播甚至篡改。

四是移动终端通过Wi-Fi网络接收信号，如出现系统漏洞，终端面临着被攻击、窃取信息的风险。

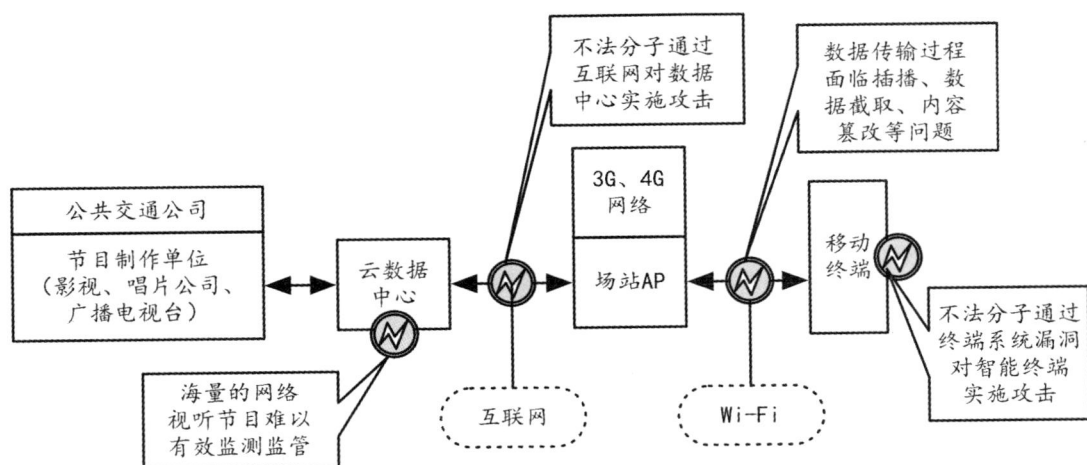

图3-18 基于互联网传输播放的车载Wi-Fi运营平台安全播出风险分析图

三、境外节目引进安全管理

境外电视节目指供电视台播出的境外影视剧及其他境外电视节目。境外影视剧主要包括境外电影和电视剧（电视动画片），其他境外电视节目主要包括教育、科学、文化等其他各类电视节目。

引进、播出境外电视节目，有利于促进中外广播电视交流，增进对世界各民族优秀文化的了解，满足人民群众精神文化生活的需要。

（一）境外节目引进的总体要求

引进境外电视节目时应严格遵守相关规定，切实把握节目导向和格调，确保内容健康、制作精良。在《境外电视节目引进、播出管理规定》明确规定：引进境外电视节目中不得载有：

①反对中国宪法确定的基本原则的；

②危害中国国家统一、主权和领土完整的；

③泄露中国国家秘密、危害中国国家安全或者损害中国荣誉和利益的；

④煽动中国民族仇恨、民族歧视，破坏中国民族团结，或者侵害中国民族风俗、习惯的；

⑤宣扬邪教、迷信的；

⑥扰乱中国社会秩序，破坏中国社会稳定的；

⑦宣扬淫秽、赌博、暴力或者教唆犯罪的；

⑧侮辱或者诽谤他人，侵害他人合法权益的；

⑨危害中国社会公德或者中国民族优秀文化传统的；

⑩其他违反中国法律、法规、规章规定的内容。

广播电视播出单位引进境外节目时应依规定向相关部门申请批准许可，《广播电视管理条例》中规定：

①用于广播电台、电视台播放的境外电影、电视剧，必须经国务院广播影视行政部门审查批准。用于广播电台、电视台播放的境外其他广播电视节目，必须经国务院广播影视行政部门或者其授权的机构审查批准。

②广播电台、电视台以卫星等传输方式进口、转播境外广播电视节目，必须经国务院广播影视行政部门批准。

（二）境外节目引进的流程

引进节目审批流程会因引进节目的不同而有差异：

1. 引进境外影视剧

（1）引进立项。具有引进资质的播出单位引进影视剧应先申请立项。在规定的时间，即每年1月和7月的1日至10日，填写"引进剧立项规划申报表"，并报省级广播影视行政部门初审后报总局审批。

（2）引进报审。立项通过后，引进单位应向省级广播影视行政部门提交引进合同（中外文）、版权证明（中外文）、供片机构资质证明等材料，认真填写"引进境外影视剧申请表"，并报省级广播影视行政部门初审后报总局审批。

（3）引进境外影视类节目经审查同意后获得"电视剧发行许可证"、"电视动画片发行许可证"。

2. 引进其他境外电视节目

具有引进资质的播出单位引进其他境外电视节目时可直接提交引进节目的相关材料进行报审。

（1）以卫星传送方式引进其他境外电视节目由省级广播影视行政部门负责初审，广电总局负责终审。节目引进单位向省级广播影视行政部门提交"引进其他境外电视节目申请表"、引进合同（中外文）、版权证明等材料。

（2）非以卫星传送方式引进其他境外电视节目由省级广播影视行政部门负责审批工作。如果题材涉及重大、敏感内容的，由省级广播影视行政部门报广电总局审批。节目引进单位向省级广电部门提交"引进其他境外电视节目申请表"、引进单位对节目内容的审查意见、引进合同（中外文）、版权证明等材料。

（3）以卫星传送方式引进其他境外电视节目获批后，应办理"接收卫星传送的电视节目许可证"等相关手续；非以卫星传送方式引进其他境外电视节目获批后会发放相关批准文件。

表 3-15 引进节目审核表（样表）

供片单位：　　　　　　　　　　　　　报送日期：　　年　月　日

序号	节目名称	时长	集数	备注
1				
2				
经手人	引进节目部门负责人		主管领导	

（三）境外节目播出安全管理

安全播出责任单位在播出境外电视节目时，应严格审查节目的相关许可文件。对于没有申请获批的境外电视节目，安全播出责任单位不得播出。

1. 境外影视剧播出管理

（1）安全播出责任单位在播出境外影视剧时须认真审核相关手续和批准文件，并在片头标明发行许可证编号，没有发行许可证的引进片不得播出。

（2）安全播出责任单位应依规定合理安排引进节目的播出时段和播出时间，境外影视剧不得在黄金时段（19:00—22:00）播出，且各电视频道每天播出的境外影视剧，不得超过该频道当天影视剧总播出时间的 25%。

（3）安全播出责任单位申报并获得总局批准引进的境外影视剧必须在本台进行首播，首播之后才可以再次发行在其他电视频道播出。

（4）安全播出责任单位应严格遵守相关规定，不得以栏目短剧或介绍境外影视剧的形式变相完整播出未经广电总局审批并获得发行许可证的境外影视剧。且应严格限制栏目短剧及资讯类节目中境外影视剧的时长：每期栏目中插播境外影视剧的时长不得超过 3 分钟，累计使用境外影视剧片段的时间不得超过 10 分钟；介绍境外影视剧的资讯类栏目，使用境外影视剧片段时长不得超过 1 分钟。

2. 其他境外电视节目播出管理

（1）安全播出责任单位应按照规定限制其他境外节目的播出时间，各电视频道每天播出的其他境外电视节目，不得超过该频道当天总播出时间的 15%。

（2）安全播出责任单位对于经批准引进的其他境外电视节目，应当重新包装、编辑，不得直接作为栏目在固定时段播出。

（3）其他境外电视节目播出时不得出现境外频道台标或相关文字的画面，不得出现宣传境外媒体频道的广告等类似内容。

表 3-16 引进节目接收单（样表）

供片单位		供片日期	年　月　日
供片单位经手人		引进节目经手人	
序号	节目名称	节目版权信息	备注

四、媒资安全管理

媒资管理，是指对素材、节目、文稿等节目内容资产的管理，其主要包含媒资接收、媒资编目、媒资介质存储及媒资调用等管理内容。媒资的安全，首先源于媒资管理系统的安全，因此，媒资管理人员应按信息安全管理要求，定期对媒资管理系统进行维护，并定期对媒资进行检索查询，以了解媒资存储情况。

（一）媒资接收

节目内容生产、引进部门应根据媒资管理规范要求及时向媒资库或媒资管理系统提交媒资，只有经过内容审核和技术审核合格的资料，才可提交媒资库进行归档管理，媒资归档时，应按编目要求规范操作题名、责任者、制作日期等著录项。

（二）媒资编目、编号

媒资编目、编号管理是媒资管理的核心内容，是媒资调取再利用的关键。其编目、编号是媒资管理的基础，是检索的入口，编目或编号质量将直接影响媒资检索质量，应根据媒资类型进行科学分类，分层管理，将媒资分成节目、片断、镜头等层次。其中，节目层是以节目或播放的完整音视频内容为管理对象，片段层是以节目中内容和表现形式自成一体的视音频段为管理对象，主要包括：节目片头、节目串联、节目片断、节目片花、商业广告、节目片尾、空镜、节目预告等。而镜头层则是指一次连续拍摄所组成的音视频段。

媒资管理部门应按照《广播电视节目资料分类法》对媒资进行分类，以实现广播电视节目资料编目工作的规范化。

（三）媒资介质存储

媒资介质的正确储存及对其储存信息风险管理至关重要。其中，媒资介质的正确储存是指媒资介质的存放环境安全，满足其储存条件要求。为确保媒资数据的完整，媒资管理人员应按照信息安全管理要求，定期对存储介质的完整性及可用性进行检查。媒资介质储存信息管理主要是对媒资的库存、出入库、调借用、经手人等信息的管理。其中，库存信息主要包括媒资介质的库存数量、完好度及在媒资库中的位置或路径等；出入库信息主要包括媒资介质的购入、自制、调借用、归还等媒资介质进出库的所有信息。在媒资介质信息管理中，媒资介质的库存、入库、调借用、出库的每个环节均应详细记录经手人、审批人信息等。对其储存信息应做全面的跟踪记录，以方便及时查找或获取所需媒资介质。

为确保媒资介质或数据的持续有效性，媒资管理人员应根据节目运行情况，对媒资介质或数据进行适时更新，更新的内容应满足节目应用要求，且内容完整，适用性强。与之对应的储存信息应同时更新，严格做到二者随时保持一致。

（四）媒资调用

应根据调用单位和不同类型的媒资，设置不同的调用权限和审批流程控制。如单位内部部门调用媒资时，一般应分别由媒资使用部门负责人及媒资管理部门负责人审核同意后，方可办理。而外单位调用媒资时，则需要单位内部对接的人员根据外单位需要提交申请，经过申请部门负责人、主管领导审批通过后，方可办理。

第二节 信号源安全管理

广播电视节目的顺利播出靠的是节目信号源的安全输出，安全播出责任单位要保证广播电视节目信号源的不间断，保证信号传输的质量，就必须做好广播电视信号源的安全管理工作。

安全播出责任单位应根据《广播电视安全播出管理规定》及其专业实施细则和本单位对应的安全播出保障等级，做好技术系统配置达标工作。要求：

①信号源应有备份。信源分配链路应具备冗余，各分配环节关键设备应根据节目重要程度进行规划。

②主备信号源应灵活切换。重要信号源介入应采用至少两路不同物理路由或不同传输方式的链路，且能够满足主备信号源间自动、手动切换和应急跳接。

③应根据情况使用信号源。如为保证直播信号传输稳定可靠，直播分系统网络应采用独立的网络及传输链路，以实现组播与单播有效分离，避免相互干扰。

光纤、卫星、微波是广播电视三种不同的信号源传输技术手段。卫星、微波是无线传输，光纤是有线传输；卫星是空间传输，光纤、微波是地面传输，三者都被广播电视传输网所采用，各有优缺点。光纤、卫星、微波已形成了业务合理分配、互联互通、互为备份、安全可靠的广播电视传输网。对于三种不同的信号源，安全管理重点也有所不同。

一、光纤传输

光纤传输，即以光导纤维为介质进行的数据、信号传输。光纤传输因其具有容量大、跨度大、安全性好、信号稳定、覆盖广泛的特点而被广电行业广泛使用。

影响广播电视光纤信号安全传输的因素有很多，一是传输过程中的信号衰减问题，二是光缆的建设运维问题。

光纤本身具备的长距离、高带宽、高频率的传输特点，可以使传输距离大大增加。但是在光纤传输过程中，光波信号会由于光的漫射作用而产生能量衰耗，造成远程传输的信号强度衰减，一旦衰减过度就会造成信号失真，甚至强度过弱而无法接收信号，这需要安装光纤中继设备，通过中继设备中转信号来提高强度，从而增加传输距离。

光纤一般使用光缆进行传输，而光缆设施的建设维护势必成为影响光纤传输安全的重要问题。安全播出责任单位应合理设计光缆布线，实现信号全面覆盖的同时降低铺设成本，同时，加强对机房的建设管理，重视光缆的基础维护，以确保光纤传输的安全。

光纤线路受外部环境干扰影响大，特别是发生中断后，安全播出责任单位应当启用应急预案，由线路维护管理部门根据机房测试仪表配备情况明确需要实施调纤、抢修的路段，再由调度部门组织进行调纤、抢修。在确认主用系统或通道存在故障，同时又有备用系统或通道的情况下，由机房启动应急处理程序，最终排除故障。

二、卫星传输

与光纤传输相比，卫星传输是利用卫星作为中继站一点对多点的无线传输，一般不受地理条件限制，并且兼具传输距离远、覆盖面大、传输质量高、容量大、经济和社会效益高等优点，因此卫星传输信号的手段被广泛使用。

卫星传输系统由卫星和卫星转发器、地面站（包括上行站和接收站）、监控管理系统、跟踪遥测及指令分系统组成。卫星转发器由天线分系统、通信系统组成。卫星转发器与地面站用于信号传输，跟踪遥测、监测分系统用于卫星的监控，保障卫星传输的正常运转。

传输的主要问题及应对方法：

（1）"日凌"现象。由于地球的公转，每年的春分、秋分时节前后，卫星会处于太阳和地球的中间而成一直线。此时卫星系统的地面站因正对太阳，在接收卫星信号时会受到强大的太阳噪声影响，从而导致卫星传输信号质量降低甚至完全被噪声覆盖，即"日凌"现象。"日凌"现象跟季节和地面站所处位置有关,同时也受地面站和卫星的相对位置影响。

为了减小"日凌"的干扰时间,卫星地面站可适当增大接收天线口径,同时在必要时可采用其他信号传输方式,如用光纤、微波传输信号等作为有效信号源,以克服"日凌"造成的中断。广播影视行政部门也会根据日凌情况做好调度工作。

示例:

关于发布×××年春季卫星"日凌"时间的通知

××××年×月×日至×月×日,用于我国广播电视节目传输覆盖的卫星将进入"日凌"期,届时卫星广播电视节目接收将受到"日凌"影响。请各安全播出责任单位登录总局网站查阅本地"日凌"具体时间,并加强节目监测,做好信号源备份和应急准备工作,确保日凌期间的安全播出。

表3-17 ××××年春季卫星"日凌"起止时间表(样表)

卫星	频段和接收天线口径	全国最早起止日期	全国最早起止时间	全国最晚截止日期

(2)大气对流层的吸收衰减。卫星信号的传输需要经过大气对流层,对流层中的雨雪会对卫星信号进行吸收和散射,从而造成信号强度衰减。信号衰减的程度因信号频率、雨雪的大小及信号穿过雨雪区的路程长短而不同。

为减少对流层对信号的衰减影响,可在信号受损之后进行信号补偿,增强信号强度,也可在信号衰减之前增强信号强度,使信号在衰减时仍能处于正常的强度范围内。

防雷接地保护。卫星接收天线常安装在室外开阔地带,受到雷击将会损坏高频头和卫星接收机。应在天线规定范围内架设避雷针或安装防雷网,同时卫星接收机也应加装相应的防雷保护器,这样可最大限度地防止雷电对接收设备的破坏。

三、微波传输

微波是指频率300MHz—300GHz范围内的电磁波,微波通信是利用微波携带信息,通过电波进行传输的一种通信方式。

随着科技的发展，数字微波因其传输容量大、传输质量高、抗干扰能力强、保密性强、投资少建设快、适应性强等特点而逐步取代模拟微波，成为广播电视普遍采用的信号传输方式。

一条数字微波通信线路由终端站、中继站、再生中继站、终点站及电波的传输空间构成。终端站的任务是将复用设备送来的基带信号，调制到微波频率上并发射出去；反之，是将收到的微波信号解调出基带信号送往无线发射台，送到电视发射机激励器调制，再通过功率放大器放大，由发射天线辐射出去。线路中间的中继站的作用是完成微波信号的转发和分路。

微波在传输过程中，主要会受到大气环境、地形地势、建筑物的折射和绕射等影响，导致信号衰落和失真，甚至中断。大气的对流层和不均匀分布会对微波信号产生散射，造成传输能量损耗，影响信号质量。

影响微波传输信号质量的因素要根据具体情况进行具体处理，主要方式是通过改变微波传输的线路或者增高天线来改变传输的特性。

第三节 日常业务安全管理

在广播电视及视听新媒体节目安全播出活动中，任何不规范的业务行为，都可能影响播出系统的稳定运行，甚至造成重大事故，因此，做好广播电视及视听新媒体日常业务的安全管理显得尤为重要。

日常业务的安全管理主要包括安全播出责任单位对日常业务的调度和业务处理，内容涉及不同专业的业务计划管理、业务变更管理，以及播出、传输、覆盖业务的操作处理等。

一、日常业务调度

日常业务调度，在本书中指的是安全播出责任单位对广播电视及视听新媒体各业务进行的组织、协调和指挥工作，涉及业务的计划管理、业务的变更以及停播停传管理。

日常业务调度具有很强的连续性，需要安全播出责任单位对本单位业务进行周密的组织、协调、指挥和控制；日常业务调度对时间要求严格，安全播出责任单位应能及时了解各种情况，并准确传达、汇报、处理；日常业务调度具有权威性，安全播出责任单位各部门必须坚决执行调度指示和调度命令。

日常业务调度对安全播出工作有重要的影响，做好日常业务调度工作一般应遵循如下原则：

①计划性原则，做好各项工作的计划管理。

②严肃性原则，对各项调度命令、指令必须严肃、认真、坚决执行。

③集中性原则，各部门、各环节必须服从调度的统一指挥。

④准确性原则，各类信息、数据必须真实、准确。

⑤及时性原则，信息反馈要快速，问题解决处理要快。

⑥求实性原则，必须深入现场了解第一手信息，掌握第一手资料。

⑦预见性原则，对业务变化实行超前预控。

⑧灵活性原则，在一定的权限范围内对相关工作和计划进行适度调整。

⑨全面性原则，调度工作必须统筹安排、全面部署。

⑩群众性原则，不仅是调度部门参与，需要多部门合作完成。

（一）业务计划管理

业务计划管理是对广播电视节目播出、传输、覆盖各项工作的安排。

1. 广播电视及视听新媒体节目编排

节目编排是广播电视播出机构按照受众的收听（视）规律和频道（栏目）定位的要求，把各类节目按照时间顺序进行系统的排列和组合，并形成节目播出排期表的过程。不同的节目编排会影响到广播电视节目系统效应的发挥，安全播出责任单位在节目编排中应不断优化编排结构，打造节目组合优势，提升整体传播效果，最大限度地稳定现有受众和争取潜在的受众群。

（1）节目编排的原则与方式

节目编排应以频道定位为基础，以受众收听（视）规律和喜好为重要参考，坚持：

①提高黄金时段的收听（视）率与开发非黄金时段收听（视）率相结合。

②满足普遍受众需求与满足特定受众需求相结合。

③节目播出合分结合、适度重播的原则。

节目的编排应以本单位的节目收视率为基准进行科学调整。目前我国广播电视的节目编排大体有四种结构方式。

一是传统线性顺序编排，各节目之间缺乏内在联系。

二是传统及板块混合式编排，即基本保持传统线性节目编排方式，同时划出部分时段用以开办板块节目。

三是亚板块式节目编排，即把播出时间划分若干比较小的时间单位，再设置针对不同受众及不同内容的节目。

四是大板块式组合，是将广播电视播出时间，按受众的收听收视习惯划分为若干个大的时间段，根据不同受众在不同时段的接受习惯、接受兴趣，在不同的时段安排不同的板块式节目。

为最优配置广播电视节目资源，安全播出责任单位应动态了解各时段广播电视节目的收听（视）情况，根据受众收听（视）节目的习惯及节目的定位，编排年度节目运行表。运行表编制完成后应经编排部门审核后，报主管领导审批，作为阶段性节目编排的重要依据。

表 3-18 节目运行表（样表）

播出时间与 节目时段安排	周一	周二	周三	周四	周五	周六	周日

广播电视节目播出机构应由专人依据年度节目运行表编排节目串联单，节目串联单应严格履行审核、审批手续，再发送至播出部门，杜绝错播、漏播、停播等责任事故。

表 3-19 ×××电视台某频道日节目串联单（样表）

日期：

时间	节目名称	素材名称	是否首播	时长（时分秒）	备注

（2）广告的编排

广告编排作为广播电视播出编排的一部分，是提升整体收听收视率，实现经营性收入的关键之一。广告编排不仅要充分照顾受众的习惯和需求，维持并发展与广告主的战略伙伴关系，同时也要塑造媒体自身良好的品牌形象。充分运用广告编排策略，提高广告排兵布阵的技术，尽力构建一个良好的广告环境。广告编排受到节目因素（节目类型、内容质量、时间长度等）、媒体因素（节目制作能力、节目存量）等诸多因素的影响。

依据《广播电视广告播出管理办法》的规定，广播电视广告播出应当合理编排。其中，商业广告应当控制总量、均衡配置。广播电视广告播出不得影响广播电视节目的完整性。除在节目自然段的间歇外，不得随意插播广告。

表 3-20 ××电视台××频道广告段位表（样表）

时段	播出时间	节目名称	段位	时长	备注

2. 有线传输业务工作计划

有线传输单位应根据工作需要制订详细的年度总前端、分前端设备切换计划，制定好工作方案，履行相关审核、审批手续，做好业务链上下游的沟通和协调工作。

表 3-21 总前端设备切换计划（样表）

起止时间	切换类型	切换任务	预计中断时长	影响范围预判	操作人员	备注

有线传输单位应根据工作需要制订不同系统、设备的运维工作计划，确定每个系统相关设备维护周期、维护时间以及维护的项目、内容、标准，将工作任务落实到具体的部门、班组。

表 3-22 设备运维工作计划（样表）

系统名称	设备名称	维护周期	计划维护时间	维护项目	维护内容	维护部门

3. 卫星传输与无线覆盖工作计划

卫星广播电视地球站主管部门应每年制订信号传输工作计划，确定不同时间段接收的节目源、传输的节目数量及其名称、传输方式、传输技术参数等。

根据卫星广播电视业务发展和传输覆盖需求，卫星广播电视转星调整应提前下发通知，明确转星调整截止时间、涉及的卫星编号、卫星名称及其频段、传输的节目名称，转发器号等信息，以及下行频率、下行极化方式、符号率等技术参数。

表 3-23 ×××号卫星（××度）节目接收技术参数（样表）

序号	节目名称	转发器号	下行频率（MHz）	下行极化方式	FEC	符号率(MS/s)

表 3-24 卫星接收设施调整参数表（样表）

序号	城市	经度	纬度	×××号（×××度）			
				朝南偏角	仰角	极化角	方位角

广播电视无线发射台站应结合广播电视发线发射工作任务，制订全年设备运行工作计划。

表 3-25 ×××无线发射台站工作计划（样表）

日期范围	频道／频率	发射设备名称	日期（星期）							开关机时间
			一	二	三	四	五	六	日	

（二）业务变更管理

1. 业务变更概述

广播电视及视听新媒体的业务变更是指因业务内外部环境发生变化，节目播出方式、传输覆盖方式、播出技术参数等需要发生变更，以更好地适应业务要求。

安全播出责任单位应识别任何对广播电视安全播出有影响的工作事项，变更的信息应确定有关人员进行评审。安全播出责任单位应对活动的变更进行系统策划，明确变更活动的全过程控制要求，以便有计划地、系统地进行落实变更工作。

广播电视业务的变更应严格遵守相关规定，不得随意进行操作，确保变更顺利进行。业务变更前后应对系统进行评估测试，以保障广播电视安全播出。

2. 业务变更流程

（1）变更风险评价。安全播出责任单位应在变更前辨识业务变更存在的风险，评价变更及其变更后的潜在后果，制定可行的控制措施。在变更过程中若出现紧急突发事件，应考虑如何响应并进行风险应对。

（2）变更审批。安全播出责任单位应制定业务变更管理制度，包括业务变更的启动条件、业务变更前的各项准备措施、业务变更的检查确认规定等。播出方式、传输覆盖方式、播出技术参数等的变更，应报广播影视行政部门审批。

（3）关联单位的信息传递。对业务变更可能影响到其他安全播出责任单位时，应将信息及时传递至相关单位，必要时应得到广播影视行政主管部门的批准。批准变更的，审批部门应同时将批复意见抄送广播电视监测机构、指挥调度机构，申请单位应在变更前通知相关单位及用户。

（4）变更后的控制。变更后应进行测试，测试通过后方可投入运行。应及时修改技术系统图等技术资料，妥善保存变更前后相关档案。

3. 不同专业部门的变更实施

（1）广播电视播出机构业务变更

广播电视播出机构业务变更比较有代表性的是广播电视节目播出的变更，有如下几种情况：

①节目调整

节目编排部门（一般为总编室）需要临时调整播出节目时，应书面通知相关部门。涉及整个节目串联单做调整的，应提前24小时书面通知播出部门；特殊情况下，节目编排部门请示安全播出责任单位负责人同意后，由节目编排部门实施。节目调整较大时，节目编排部门应需与技术部门沟通后实施，其他部门无权更改正常播出的节目。

节目编排管理人员对"节目串联单"修改后要加强节目的审核，有关部门对修改后的节目单和入库节目要核查到位，播出前对播出工作站的播出节目单要重点核查。对于因播出单修改而无把握的，应提请技术维护人员予以协助。若节目调整操作时间过紧或实现的技术难度过大威胁到安全播出的，节目编排部门与技术部门共同研究实施方案，并做好应急准备。

②节目延长

本单位制作的节目遇有延长一般在节目编排时给予充分考虑。转播的节目，如新闻联播时间延长，在接收到延长指令后，按照节目延长相关应急预案进行控制，确保完整地播出节目。节目编排后，原则上不临时延长节目时间和变更节目编排，如确需延长或变更节目时，应经节目编排部门审核，报安全播出责任单位负责人批准后实施。

③节目插播

重要时政插播由本单位主管领导签字确认后，在保障安全播出的前提下，由技术部门予以协助实施。重大自然灾害、重大疫情、战争等突发事件的插播，由本单位主管领导直接请示安全播出责任单位主要负责人同意后实施。插播实施过程中，需节目编排部门领导现场指挥，直至插播工作结束正常节目开始。

节目进行变更应由安全播出责任单位节目编排部门下达节目变更文件，相关部门收到文件后，组织有关人员核查，如发现疑问立即与节目编排部门核对。核对无误后，应指定专人修改节目单并核对节目。

从节目编排、下达到信息接收，安全播出责任单位应制定分级确认审核制度，各环节均应有责任人检查、复核并签字，同时形成节目变更单。

表 3-26 节目变更单（样表）

年　月　日

播出时间	播出时长	原节目名称	替换的节目名称	调整原因	审核人	审批人

（2）台标变更

台标是代表广播电台、电视台品牌形象的图形标识，可以由图案、汉字、数字或字母组合而成，并要与其他机构已使用的标识有明显区别。

国家新闻出版广电总局发出《关于做好广播电视播出机构台标管理有关事项的通知》，要求省级以上广播电台、电视台（含教育电视台）变更台标，需按照《广播电视管理条例》和《广播电台电视台审批管理办法》有关规定，报国家新闻出版广电总局审批。

地市级、县级电台、电视台（含教育电视台）变更台标无须审批。但变更台标后，需在 10 个工作日内报本级新闻出版广电行政部门，并逐级报至省级新闻出版广电行政部门备案。

省级以上广播电台、电视台（含教育电视台）变更台标需按《广播电台电视台审批管理办法》的要求，提交：①申请书。②拟变更的台名、台标、呼号及其设计彩色样稿、创意简述和电子文稿。因行政区划变更的，须提交国务院关于变更行政区划的批准文件复印件。③因其他原因变更台名、台标、呼号的，申请书中应充分说明变更的理由。

示例：

关于××电视台变更台标的请示

×××广电局：

××电视台是××××××（电视台基本情况介绍）。

一直以来，×××××××××（介绍当地广播电视现状），为了×××××××××（变更台名、台标的理由），我单位拟变更××××电视台的台名、台标。

专此请示。

附件：1. 申请书；2. 拟变更的台标及其设计彩色样稿、创意简述和电子文稿。

表3-27 ×××电视台变更台标申请表（样表）

申请单位	申请单位（播出机构）名称		（盖章）			
	地址					
	联系人姓名		办公电话		传真	
	手机号码		电子邮箱		邮编	
申请事项	变更内容	□台名□台标□台呼号□频道名称□频道标识□频道呼号 （请选择打"√"）				
	原来		拟变更为			
申请理由						
须提交的申请材料	一、申请书。 二、拟变更台标、频道标识的需提供台标、频道标识的设计彩色样稿、创意简述和电子文稿。因行政区划变更的，须提交国务院关于变更行政区划的批准文件复印件。 三、因其他原因变更台名、台标、呼号的，申请书中应充分说明变更的理由。 四、申请表一式六份。					

（续表）

申请人承诺	
1. 本申请表填写的所有内容真实、准确，如有不实，愿意承担由此产生的一切后果； 2. 本台将严格遵守国家广播电视有关的法律、法规。 申请单位（盖章） 年　月　日	
市级广播电视行政管理部门审核意见： 盖章　　　年　月　日	省级广播电视行政管理部门审核意见： 盖章　　　年　月　日
备注：	

（3）广播电视传输覆盖业务变更

广播电视信号主要通过光纤、卫星、微波、地面无线等方式进行传输覆盖，其节目传输技术参数（传输通道号、传输流参数等）发生变更时，应及时做好变更调度管理，满足传输覆盖需求，这不仅是日常业务调度工作的基本要求，更是安全播出工作的基本要求。

《广播电台电视台审批管理办法》和《广播电视无线传输覆盖管理办法》均对传输覆盖业务的变更做了规定。

广播电视信号传输覆盖业务变更涉及多个部门、单位的，由提出业务变更单位与之进行商榷。传输覆盖业务中的有关单位，应制定切实可行的技术方案，绘制准确的技术和施工图纸，签字确认后，上报主管部门审核。主管部门接到上报后应及时组织相关的专业技术人员进行充分、科学的论证，提出书面意见，报领导批准后方可实施。

在广播电视信号传输覆盖业务变更经批准后，由主管部门书面通知有关部门、单位。有关部门、单位要将变更后新的工作任务，及时下达到值班人员和检修人员，提出值班和检修要求，防止责任事故的发生。

业务变更后应先进行安全运行测试，测试通过后方可投入运行。应及时修改播出系统图等技术资料，妥善保存变更前后相关档案。

《广播电台电视台审批管理办法》对申请以卫星方式传输节目做了规定：副省级城市以上广播影视行政部门或经批准的广播影视集团（总台）设立的广播电台、电视台可以按照国家广播电视事业、产业建设和技术发展规划，申请利用卫星方式传输本台广播电视节目。申请时应提交的申请材料有：①申请书。②可行性报告。报告应载明以卫星方式传输广播电视节目的理由、人力资源、资金保障及来源、场地和设备、节目频道设置规划（含频道定位、栏目设置）、运营规划。③节目审查和管理制度。④安全传输与播出方案、技术方案。⑤本级人民政府批准文件。⑥筹备计划。

示例：

表 3-28 变更传输覆盖范围、方式、技术参数申请表（样表）

申请单位信息	单位名称				单位性质	
	通信地址				邮政编码	
	法人代表		电话		单位级别	
	上级主管部门				电话	
	联系人		职务		电话	E-mail
	单位成立时间		证照名称		证照编号	
原传输覆盖范围、方式、技术参数	传输覆盖范围					
	传送方式	干线网传输（　　　）；分配网接入（　　　）；				
	主要技术参数					
	干线网填写	干线网总长				
		连接分配网数				
		联网覆盖用户总数				
	干线网填写	干线网总长				
		连接分配网数				
		联网覆盖用户总数				
	分配网填写	网络带宽				
		用户数量	覆盖户数			
			开通户数			
			付费电视订户数			
		基本收视维护费				
	传送内容					
申请传输覆盖范围、方式、技术参数	传输覆盖范围					
	传送方式	干线网传输（　　　）；分配网接入（　　　）；				
	主要技术参数					
	干线网填写	干线网总长				
		连接分配网数				
		联网覆盖用户总数				
	分配网填写	网络带宽				
		用户数量	覆盖户数			
			开通户数			
			付费电视订户数			

（续表）

	基本收视维护费	
传送内容		
变更理由及对广电传输覆盖网的影响		
对技术参数使用的建议、设计文件及技术评估		
地市广电管理部门审查意见	签章： 　　年　月　日	
省广电局审核意见	签章： 　　年　月　日	
广电总局审批意见	签章： 　　年　月　日	

（三）临时停播停传管理

临时停播停传是指安全播出责任单位因技术系统更新改造、维护检修、设施迁移等原因而暂时停止播出、传输、覆盖业务。

安全播出责任单位对技术系统定期进行例行检修需要临时停播停传的，应当将停播停传时间报省、自治区、直辖市以上人民政府广播影视行政部门备案；其他临时停播停传进行检修、施工的，应当按照国务院广播影视行政部门的有关规定报请批准。

临时停播停传要依照规定程序向相关部门申请备案，申请批准后方可停播停传。期间安全播出责任单位应做好停播停传前后的各项工作，保障安全播出的顺利进行。

1. 临时停播停传前准备工作

申请临时停传停播前，申请单位应进行系统策划，确定停传停播项目、原因、影响范围、时间段、停传停播期间的管理手段及应急措施，并组织人员对策划结果进行评审。

申请临时停播停传前应识别停播停传可能影响的上下游业务关联单位，应做好与相关单位和部门的沟通协调，将停播停传事由、停播停传的时间、影响的范围等信息采取有效方式及时传递至业务关联单位，对可能产生的风险进行评估，减少因停播停传对业务关联单位造成的影响。

停播停传之前应按照各专业细则要求做好设备保护工作，并建立与市政、电信、电力、公安、安全、街道等相关单位的协调和安全防范机制。

2. 临时停播停传的申报管理

申请停播停传涉及总局直属单位的，以及节目播出影响范围涉及全国或者跨省的，应提前 5 个以上工作日逐级报至总局批准，其他临时停播的申请程序、管理要求按省级广播影视行政部门规定执行。

临时停播停传申请材料应说明申请原因、起止日期和时间、涉及的节目、影响范围、操作方案、应急措施等。

3. 临时停播停传批准后管理

临时停播停传被批准后，申请单位应在操作前通知广播电视播出业务链的相关播出单位。做好安排工作之后，按照规定进行临时停播停传，完成对技术系统的检修及其他工作。

二、日常业务处理

广播电视日常业务处理主要是安全播出责任单位对播出、传输、覆盖等具体业务活动的操作管理，涉及对参与业务活动的六个因素的管理：人、技术系统、操作方法、运行环境、输入的节目源或信号源以及输出信号的管理、过程风险控制情况的检查。由于业务不同，存在的风险及其控制措施也不相同。

（一）广播电视播出业务安全管理

安全播出责任单位应严格按照节目播出管理要求，对节目送播、节目上载、播出单编审等环节进行管理，对各环节的输入、输出提出明确管理控制要求。严格按照播出流程审核节目，确保节目按播出串联单顺序正确播出。

安全播出责任单位应做好节目播出前和播出期间的安全管理工作，对各环节进行风险预控，保障制播业务的安全运行。

表 3-29 节目播出审查流程单（样表）

栏目名称	播出日期	制作	编务	值班主编	终审	技术审查	值班调度	上传监督	上传时间

1. 节目播前管理

（1）节目送播安全管理

①送播节目应执行严格的审片制度以确保播出的内容符合宣传要求及制作技术规范。应坚持由编辑和制片人分别完成节目自查和节目初审，由部门负责人进行复审，主管领导负责节目终审的三级审片制度，要坚持节目重播重审、逢播必审制度。

②送播节目应通过技术审查和内容审查，应与节目编排内容相符。应明确规定节目送达播出部门的截止时间，以避免延误播出，除新闻外，送播的节目应至少提前一天完成上载，新闻节目应在播前规定的时间内送到播出部门，确保新闻及时播出。

③送播节目应建立专项管理机制，安排专人负责送播，节目送播应办理交接手续，交接双方应填写临时送播手续。节目一旦送播，任何人不得擅自取走或修改。特别重要的节目应有备份送播手段。

④节目管理人员应核查节目的播出信息，如磁带类的节目的磁带编号，硬盘节目的节目编码，同时应做好节目送播记录，并将节目按播出顺序存放指定位置，对于有问题或者不能按时送播的节目应及时协调解决。

⑤送播节目应该统一规范，标识清晰明确，编号应具有唯一性。交接时要认真核实，对照节目单核对节目信息，如节目名称、时长、起止画面等，认真审核节目播出手续中的笔迹签字，一般节目须有制作人员、责编人员、栏目负责人签字。节目送达时应处于节目播出的片头位置，不符合节目播出标准的拒绝接收。

示例：

表3-30 节目时长与送播时间一览表（样表）

节目名称	责任科室	首播时间	规定时长	时长允许范围	播出方式	送播截止时间
××新闻	新闻部	18：30	20（分）	20±2（分）	日播（周一至周日）	17：50

（2）播前技术安全审查

播前技术审查主要是检测节目的技术指标是否符合播出质量标准，为保证广播电视和视听新媒体安全播出，安全播出责任单位应对待播节目进行技术审核。

节目技术审查一般采取自动审查与人工复审相结合的方式。一般先进行自动技审，自动审查选出有问题的节目再由人工复审。人工复审一是可以对自动技审发现的问题进行核实，二是对视音频做出主观评价和判断。审核完毕后，应及时做好人工复审记录。

1）技术审核内容

①节目画面的技术审核

技术审核主要包括：节目画面、构图审核；节目字幕审核；涉及人物访谈内容时，应加注人物介绍且采用同期声字幕；节目选用的资料、图片等素材画面应清楚，历史资料、图片要进行再加工；节目中使用的引用资料和图片，应在资料和图片的合理位置注明来源、作者等说明信息；同一节目中说明信息字幕，其位置、字体属性应保持一致。

节目的视频信号与画面质量应满足以下要求：稳定性、清晰度、信噪比、色调、视频电平、磁迹要求。视频记录要求重放图像画面稳定，无丢帧、加帧，无跳动、闪烁和变色，画面清晰，色彩自然。

②节目声音的技术审核

内容主要包括：声音质量应满足 GB/T14919 中的数字音频信号要求。声音校准信号应符合 GY/T192 规定；声音效果无异常起伏、明显失真、明显噪声和断点等异常现象；声音响度与节目内容相适应；声音与画面无明显不同步现象。

示例：

表 3-31 节目技审记录表（样表）

序号	节目名称	集数	节目编号	送审日期	制作部门	制作人员	技审人员	技审日期	技审结论	备注

2）不同提交形式的技术审核

①提交的节目主要检测信号中视音频故障及信号质量、超标等问题，如视频音频信号中的黑场、静帧、彩场、彩条、声音过高或过低、声音中断、亮度峰值电平超标、复合视频幅度超标等故障，对故障点以时码的形式进行精确定位。对于系统发现的故障应

记录开始时间码、故障类型、持续时间等信息记录。

不同的节目应参考相应的技审标准：模拟节目应符合《电视节目带技术质量检验方法》（GY/T120）；数字节目带应符合《标准清晰度数字电视录像磁带录制规范》（GY/T223）；高清晰度节目带参照《数字电视图像质量主观评价方法》（GY/T134）有关内容执行。

示例：

表 3-32 技审检测指标设置表

检测内容	故障指标
视频中断	1 帧
音频中断	声音电平＜－50dBFS，持续 2 秒
彩条	1 帧
静帧	1 帧
黑场	1 帧
彩场	1 帧
音频电平过低	－50dBFS ＜声音电平＜－38dBFS，持续 2 秒
音频电平过高	声音电平＞－9dBFS，持续 4 秒

②以文件形式提交的节目主要进行素材文件检测管理，分析被检素材的每一帧视频和音频信号，并将解析出的数据与相关标准进行对比，从而确定被检素材中是否含有黑场、彩条、静音等技术问题，对有问题的地方做好标记点，并将信息记录到播出数据库。

③采用硬盘播出方式的电视中心应有头尾检测环节，对入库的节目文件进行可播性检测。

（3）播前内容安全管理

播前内容安全管理主要是对广播电视节目播出前和播出期间的节目名称，电视剧集数、内容，广告内容，节目时长、播出频道、起始画面和结束画面，台标、呼号等内容进行安全审查。

1）电视剧播前管理

播出机构在播出电视剧前，应对电视剧进行播前安全审查，主要审查电视剧的许可资质和电视剧内容。待播电视剧应取得发行许可证，播出时应确定在每集的片首和片尾均标明相应的电视剧发行许可证编号。

播出机构对电视剧的播出内容的审查标准应符合相关规定，要严格控制以真实再现手法表现案件的纪实电视专题节目的播出，涉案剧播出时段应以发行许可证上所标明的时段为准进行。播出电视剧时应保持其完整性，且不得侵害相关著作权人的合法权益。

播出境外影视剧应严格遵守境外电视节目的相关管理规定。

2）广告播前管理

依据《广播电视广告播出管理办法》规定，播出电视商业广告时不得隐匿台标和频道标识。安全播出责任单位不得受广告投放等方式干预、影响广播电视节目的正常播出。安全播出责任单位应当合理编排广告播出，商业广告应当控制总量、均衡配置。

广告播出不得影响广播电视节目的完整性。除在节目自然段的间歇外，不得随意插播广告。在电影、电视剧中插播商业广告，应当对广告时长进行提示。

除电影、电视剧剧场或者节目（栏目）冠名标识外，播出单位禁止播出任何形式的挂角广告。

转播、传输广播电视节目时应保证被转播、传输节目的完整性。不得替换、遮盖所转播、传输节目中的广告；不得以飞播字幕、叠加字幕、挂角广告等任何形式插播自行组织的广告。

3）字幕播前管理

各级广播电视管理部门和电视播出机构必须高度重视电视节目字幕播出管理工作，切实加强电视节目字幕播出管理。将控制电视节目字幕错别字指标纳入工作绩效考核。要配备专门人员，加强电视节目字幕的校对和把关，使电视节目字幕的校对把关程序化、制度化。

审查字幕时应注意：

①语言文字的规范性。避免出现错别字、滥用词语。其中滥用词语一般包括：误用词语，曲解词语的本来含义；滥用网络词汇；滥用外来词及缩略词汇。

②表现形式的规范性。影视字幕在荧屏停留的时间应符合受众的收视规律。字幕在屏幕出现的位置避免相互遮挡，如滚动字幕之间的遮挡、台标遮挡、屏幕左下角与右下角相关信息的遮挡。

③字幕的大小和色彩设计的规范性，应遵循节目的内容和定位。

4）台标、呼号播出管理

台标作为电视台（频道）的独特标志，是宣传电视台（频道）形象的重要手段，提示受众选择频道和防止节目非法复制，在播出设置上应以不干扰观众收看节目为原则。

节目播出时，台标须在屏幕左上角标出。节目正常播出结束后，应持续传送台标，可叠加测试图或其他可视信号，不应传送临时交换节目、素材等。

不同级别的电视播出机构应根据频道定位和覆盖特点的不同，对频道标识和呼号按以下原则调整设置：

①对上星传输的电视综合频道，频道标识由台标和地域名称（缩写）组成，频道呼号由地域名和"卫视"组成。对上星传输的电视专业频道，频道标识由台标（或频道专用标识图案）和特定的专业频道名称（简称）组成，频道呼号由特定的专业频道名称（简称）和"卫视"组成。

②对非上星传输的电视频道，频道标识由台标、台名（简称）和频道名称（简称、序号）组成，频道呼号由台名和频道名称（简称）组成。

③市（地）、县（市）广播电视台，在公共频道预留时段插播自办电视节目时，须在屏幕左上角打出台标并按总局批准的呼号播出。

2. 节目播出管理

广播电视节目的播出方式主要有：

（1）录播

录播是广播电视节目在编辑制作完成后，经内容审核和技术审核合格后，上载播出系统再播出的一种节目形态。因其在播出前有相对严格的内容审核和技术审核环节，且有相对足够的时间用来发现节目缺陷并予以相应补救或改正，播出的安全性能够得到保障，因此录播成为广播电视媒体最常采用的一种节目播出形式。

（2）直播

直播是不经过预先录音或录像将事件现场情况、演播室播讲或表演同步播出的广播电视传播形式。对于大型社会事件的直播来说，往往题材具有重大性和多样性，报道多角度、全方位，可灵活运用丰富的背景材料，应用先进的技术手段。

直播节目一般没有较多的时间进行技术和内容的审核，因此安全播出有较大的风险。为保障直播节目的安全播出，一般应做好直播报批审核工作和直播安全保障工作。

1）直播管理要求

直播节目应严格遵守规定要求，禁止涉及政治性、敏感性话题。对于有群众参与的直播节目，应经当地广播影视行政部门批准并报上级广播影视行政部门备案。节目单位要对报批节目和栏目负责，并对参与嘉宾进行了解。

群众参与的广播电视直播节目包括：听众、观众通过热线电话等形式参与的电台、电视台的直播节目；听众、观众现场参与的广播电视直播节目；现场转播其他部门的有听众、观众参与的节目。

广播电视台开设群众参与的直播节目必须符合：①具备"延时装置"、"储存电话"等技术保障设施；②具有较高政策水平、熟练掌握有关操作技能的相对固定的编播人员，广播电台、电视台应指定现场负责人员；③广播电视台的导播、主持人等必须经过培训，持证上岗，主持人和导播应至少提前 15 分钟到岗，做好播出前的各项准备工作，编播人员必须具有中级以上的专业技术职务；④应建立比较完善的节目操作程序和管理规定，播出中应规范操作，熟悉应急操作流程，应制定应对紧急突发情况的应急预案。

2）直播流程安全管理

直播准备阶段要制定好直播方案，对直播各环节做出规定，并制定相应应急措施和紧急备播方案，应急措施和备播方案应经过演练，确保切实可行。

直播前要做好设备检查、测试和人员准备工作。硬件设备应做好系统备份，做好现场系统的搭配和调制，使设备处于正常运行状态；检查设备电量，确保供电设备运转情况正常；做好音频信号测试（包括声画同步测试）和延时器的检测工作，并核对开播时间、播出长度等。

直播前发现设备有故障的，应及时修复或更换设备。系统有异常应及时抢修，并向上级报告，必要时经批准可采用备播方案。直播中系统发生故障，应启动应急方案采取措施尽量缩短劣播或停播时间，必要时可采取备播方案，同时报告上级负责人。

节目部门应有专门人员负责直播现场和播控中心的协调，并负责节目的调整。现场直播过程中各环节应监看、监听直播主备信号，确保直播信号安全、顺利送播，一旦遇到突发情况立即启动应急预案。

大型和重要现场直播需由主管领导负责组织协调，部署现场直播的宣传、技术方案和节目调整等事宜。应确定技术总指挥，负责技术保障方案和应急预案的落实。

3）互联网直播管理

互联网直播，是基于互联网，以视频、音频、图文等形式向公众持续发布实时信息的活动。互联网直播作为一种新型传播形式迅猛发展，但部分直播平台传播色情、暴力、谣言、诈骗等信息，违背社会主义核心价值观，特别是给青少年身心健康带来不良影响。还有的平台缺乏相关资质，违规开展新闻信息直播，扰乱正常传播秩序。为此，国家出台了《互联网直播服务管理规定》，对互联网直播服务进行规范。

互联网直播服务提供者，在提供直播服务时，应当遵守法律法规，坚持正确导向，大力弘扬社会主义核心价值观，培育积极健康、向上向善的网络文化，维护良好的网络生态，维护国家利益和公共利益，为广大网民、特别是青少年成长营造风清气正的网络空间。

①互联网直播服务提供单位应对直播内容依法监管，杜绝利用直播从事危害国家安全、破坏社会稳定、扰乱社会秩序、侵犯他人合法权益、传播淫秽色情等法律法规禁止的活动的行为，以及利用互联网直播服务制作、复制、发布、传播法律法规禁止的信息内容的行为。

②互联网直播服务提供单位，提供互联网新闻信息服务的应当依法取得互联网新闻信息服务资质，并在许可范围内开展互联网新闻信息服务。互联网直播服务提供单位应对互联网新闻信息直播服务及其互动内容实施先审后发管理。

互联网新闻信息直播服务应当设立总编辑，新闻信息应当真实准确、客观公正。转载新闻信息应当完整准确，不得歪曲新闻信息内容，并在显著位置注明来源，保证新闻信息来源可追溯。

③互联网直播服务提供者应积极落实企业主体责任，建立健全各项管理制度，配备与服务规模相适应的专业人员，具备即时阻断互联网直播的技术能力。互联网直播服务提供者应当建立直播内容审核平台，根据互联网直播的内容类别、用户规模对直播实施分级分类管理，建立互联网直播发布者信用等级管理体系，建立黑名单管理制度。

应配备相应管理人员加强对评论、弹幕等直播互动环节的实时管理，对图文、视频、音频等直播内容加注或播报平台标识信息。

（3）转播

转播是广播电台、电视台通过有线、无线或卫星播送其他广播电台、电视台播出的广播电视节目。

①转播方案管理

转播的节目按照上级通知或根据相关要求确定转播方案。自定转播节目必须经过主管领导批准后方可进行转播，转播过程中遇有突发情况，按照应急预案执行。

技术部门应根据转播详细需求制定完善可行的转播保障方案和应急预案，重大转播的保障方案和应急预案还应报上级部门审批，并事先对节目部门和技术部门相关岗位人员进行培训和应急演练，明确转播信号源的应急顺序。保障方案至少应包括组织构架、岗位职责、工作要求、系统路由图、各部门联系方式、报告制度等。应急预案则应包括系统各环节发生突发故障时应急措施等。

②转播前检查、流程

转播前的准备工作主要包括以下几项内容：

广播中心、电视中心应根据实际情况，制定涵盖节目和技术两方面的整体转播流程，节目部门和技术部门则根据整体流程分别制定各自的工作流程。

实际操作中，转播其他频道或其他台的节目时，应报请相关各级主管部门的批准，改变原播出形式的转播节目应同时报请相关各级主管部门的批准。

外场转播时，各转播点应提前和播控中心确认时钟；单边连线时，应事先完成相应的通话测试等项目检查。

③转播中安全管理

转播中央或省卫视节目时，必须具备多种接收手段，且各信号源必须接到切换开关上，保证随时切换。转播中的安全管理主要包括以下几项内容：

在转播节目时，由于情况比较复杂，突发问题较多，为确保安全播出，需要节目部门与技术部门的通力合作。节目部门应指定专人在播控中心负责辅助节目内容把关和节目切换衔接工作。

符合延时器使用条件的转播节目必须全程开启延时器。广播电台、电视台应结合实际，制定延时器使用规范，明确规定延时器的使用条件、延时方式、延时时长、节目部门和技术的应急职责等。

（二）广播电视有线传输业务安全管理

广播电视有线传输业务主要负责信号传输工作，分为光缆传输干线网和有线广播电视网。

1. 光缆传输干线网

（1）建立日常巡视机制

为防止光缆传输设备、线路存在隐患造成故障，安全播出责任单位应建立日常巡视机制，定期巡视设备和光缆线路，发现问题及时处理。

光缆线路的日常巡视实施工作应由线路维护站负责，确定巡视周期和频次，遇到特殊情况时，如光缆线路地处施工地段、恶劣天气之后、重要保障期间或动土较多的季节等，应增加光缆线路巡视次数。

日常巡视内容应至少包括三项内容，一是光缆、管道、杆路及附属设施（标识、拉线、人手孔、地线等）等的预检预修；二是检查线路附近有无动土或施工等可能危及光缆安全的异常情况；三是检查标石、标志牌和宣传牌有无丢失、损坏或倾斜等情况。巡视中发现问题或安全隐患应及时处理并做好记录，若为重大问题时，应及时上报。无法立即处理的，则应列入维修保养计划，并尽快处理解决。

（2）落实光缆线路安全防护措施

为确保光缆线路安全，稳定地传输广播电视节目信号，安全播出责任单位应对存在安全播出风险隐患的环节或事件予以关注，并制定落实相应的安全防护措施。落实光缆线路的安全防护措施，应至少包括以下内容：

①当光缆线路沿线有新建铁路、公路等影响光缆线路安全的施工时，应实施盯防，并根据现场情况增加标志牌、宣传牌，会同建设和施工部门，共同制定并采取改变路由或其他合适的保护措施。

②光缆线路附近设立电杆、铁塔、植树、盖房或建加油站等建筑物时，应与光缆线路保持一定间隔距离，并符合光缆传输干线网运行维护规程规定要求。

③光缆线路的防雷设施应按规定的周期进行测试和检修，对曾遭受雷击的地段，应进行认真分析，并采取有效的防雷技术措施。地面上的各种防雷接地装置应在每次雷雨后进行检查，发现损坏应及时修复或更换。在雷雨季节到来之前，应测试其接地电阻。当接地电阻不符合要求时，应及时处理、整治。

④应采取防止和排除光缆线路路由上积存的污水、垃圾等腐蚀性物质的措施。直埋线路附近的有腐蚀性建筑物，其间隔距离应符合《光缆传输干线网运行维护规程》规定的要求。

⑤挖掘、更动直埋线路时，应同时检查并记录光缆外护层完整性的情况，发现有白蚁、老鼠等危害直埋线路的迹象时，应及时采取防治措施。

⑥光缆线路（无金属光缆除外）与强电线路、电气化铁路或地下电气设备平行接近、交叉跨越时，应符合计算确定的间隔距离要求，并采取有效的防护措施。

（3）加强光缆线路护线宣传及联络制度，建立安全联防机制

由于光缆线路地域广涉及相关部门较多，因此，安全播出责任单位应加强光缆线路沿线的护线宣传及与相关的单位的联络协调工作。凡光缆线路经过的村庄、工厂、机关、居民区、学校等复杂地段均应书写醒目标语进行护线宣传工作。

各级运行维护部门应与线路沿线相关部门经常联系，及时掌握其施工动向，对光缆

线路存在安全隐患时应及时协调处理。与当地公安、安全及其他电信运营商建立联防机制，定期进行工作交流和通报情况，共同做好光缆线路的安全防护工作。

光缆干线网运营机构应将光缆线路路由报广播影视行政部门、相关城市规划管理部门备案，并积极向国家新闻出版广电总局和省级广播影视行政部门通报安全防范工作。

（4）建立施工盯防制度

随着国家基础建设的加速，各类施工司空见惯，对光缆线路及附属设置造成诸多威胁。尤其城区的光缆线路，由于受空间因素影响，更是险象环生。因此，对施工特殊地段派专人进行盯防，已变得势在必行，成为确保光缆线路安全的必要手段。落实施工盯防制度应至少包括以下内容：

①对施工单位进行宣传，提醒相关人员注意光缆安全，现场应有醒目的宣传标语并注明联络方式，大型机械醒目位置上应张贴宣传单。

②与施工单位签订施工安全协议，将"施工安全通知书"送达施工单位，经其签收确认后，方可施工。

③在施工现场，应采用加密标识、设置安全警戒线、立标志牌等措施。

④在安全警戒线内需要施工的，应与施工单位协调，采取安全方式施工。

⑤要准备好车辆、仪表等相关抢修备品备件，随时进行故障抢修。

⑥施工现场实行"三盯"管理，即：盯紧、盯死、盯到底。"三盯"人员应于每天开工前到达现场，施工期间要不断巡视，每天要等到施工人员完全撤离施工现场，确认停工后方可离开现场，施工关键时期要求 24 小时在现场盯防。发现威胁光缆线路安全的施工行为，应及时制止，制止不了时应及时上报，线路维护站的管理人员应对"三盯"现场进行必要抽查和记录。

2. 有线广播电视网运行管理

有线电视设施是有线广播电视网安全运行的基础，因此，安全播出责任单位应按照国家有关法律法规做好有线电视设施的安全防护管理工作。

（1）有线广播电视网的安全防护管理范围主要指前端和分前端机房设施，主要包括：

①各种信号源接收、传输设备及其室外设施。其中，室外设施主要包括：各种天线、馈线、杆塔、防雷接地装置等。

②各种信号处理设备、控制设备及其室外设施。其中，室外设施主要包括光端机、交换机、放大器、分支分配器、线路供电器、不间断电源、防雷接地装置等。

③光缆、电缆及其辅助设施。其中，辅助设施主要包括光缆接续盒、各类接插件、

各种交叉保护装置、防雷接地装置、器件箱、挂钩、拉线、警示标示牌等。

④架空杆路、地埋管道、直埋线路及其辅助设施。其中，辅助设施主要包括杆塔、吊线、拉线、地锚、孔井、井盖、子管、警示标示牌、标识等。

（2）有线电视设施的安全防护管理措施，主要包括以下几方面内容：

①采取安全防护技术措施，加强技术系统维护

为确保有线广播电视网的安全稳定运行，安全播出责任单位应按照《有线广播电视系统运行维护规程》要求，对其机房、光缆传输干线及电缆分配网等技术系统制定安全防护措施，加强人、物及环境管理，以有效减少人为、环境等不利因素影响而引发的安全播出事故。同时，为确保其性能稳定、可靠运行，安全播出责任单位应对技术系统加强日常检查和维护工作。遇到线路附近有施工时，应进行适当的线路防护和宣传工作。

②加强立法宣传工作，依法保护有线广播电视设施

《有线广播电视系统运行维护规程》中明确规定，安全播出责任单位应根据国务院《广播电视设施保护条例》《广播电视管理条例》及有关法律法规，结合当地实际，协同当地人大、政府，制定广播电视网络设施保护的地方性法规，明确各类损坏、破坏、盗窃等行为的处置办法。并采取各种形式，积极宣传广播电视网络设施保护的法律法规。

对已公布实施的相关法律、法规，应做贯彻落实工作，加强培训学习、加大宣传力度、落实设施保护责任、强化协调配合，运用各种法律手段保护有线电视设施的安全。如设立举报电话和信箱，鼓励对损坏、侵犯、破坏等危害的行为进行举报，对有重要贡献的单位和个人应给予奖励。加强稽查力度，对破坏有线电视设施的行为，经核实后，报送行政执法部门并协助查处。对严重破坏有线电视设施的行为，应报送司法机关处理。

③建立安全联防和盯防机制

安全播出责任单位应与公安、工商、建设、规划、市政、电信、电力、交通等有关部门经常联系，密切配合，各司其职，共同做好有线广播电视设施的安全防护工作。遇有其他单位在有线电视设施附近架设、迁移、拆除其他线路，或建筑、运输、水利、农田等作业时，应有专人负责与施工或作业单位协调，并对施工现场做好"三盯"管理。

（三）广播电视无线传输覆盖业务安全管理

广播电视无线传输覆盖业务是利用无线传输覆盖网传送广播电视节目信号的活动。广播电视无线传输覆盖网包括广播电视发射台、转播台、差转台、收转台（站）、微波站、节目传送台（站）、广播电视卫星、卫星地球站、监测台（站）等部分。

利用地面无线、微波、卫星等方式从事广播电视节目传输覆盖业务的，须按规定领

取《广播电视节目传送业务经营许可证(无线)》，持证单位应当按照许可证载明的事项(如实施传输覆盖业务的方式、主体，传输覆盖的节目内容，传输覆盖的范围、技术手段、工作频段等内容)从事广播电视无线传输覆盖业务。

1. 卫星广播电视地球站管理

卫星广播电视地球站是利用人造地球同步卫星转发电视节目信号，供受众或传输单位接收的广播电视传播方式。因其具有通信容量大、覆盖面广、便于多址连接、不受地理条件限制、建网灵活、信道稳定等优点，已成为我国广播电视传输的重要手段之一。

卫星广播电视地球站一般由天馈线系统、上行系统、监测和监控系统等组成。其中天馈线系统是广播电视地球站的核心，也是最重要组成部分。其功能主要包括对卫星的高精度跟踪、高效率地发射与低损耗地接收广播电视节目信号，并保持节目信号质量。上行系统是卫星广播电视地球站的主要组成部分，其功能在于将广播电台、电视台传来的节目信号进行处理、放大、发射等。

卫星广播电视地球站的主要业务环节，主要有运行管理、节目加扰流和清流切换管理及监测管理等。

（1）运行管理

卫星广播电视地球站的运行工作管理，主要是针对上行系统和天馈线系统等技术系统的正常运行，对风险薄弱环节进行的控制管理，概括卫星广播地球站的运行工作管理，主要包括以下几方面内容：

①技术系统工作状态控制

转发器的工作状态应尽量接近饱和，单一载波占用全转发器时应保证转发器工作在饱和状态，多载波共用转发器时应保证转发器工作在最小输出功率回退点。没有特殊要求时，转发器工作点应保持不变，对卫星地球站标定功率进行调整，其实质是调整转发器的工作状态，故标定功率的操作应报国家新闻出版广电总局批准。为避免其他非法信号占用转发器，地球站应保持载波连续发送，以保证转发器本站频点不空置。

为确保最强上行能力，各卫星地球站应将最大功率高功放和最高增益天线作为主用上行系统。主用上行系统的主备高功放均应接入自动功率控制系统，且主备高功放功率应保持一致。除系统检修、日凌、雨雪衰、协调降功率等特殊情况外，自动功率提升系统应工作于自动状态。

②电磁环境保护管理

由于电磁环境对卫星地球站的播出运行、监测监控均会造成影响，扰乱正常的播出秩序，因此，卫星地球站发现电磁干扰迹象时，应立即联系有关部门排查，并根据《广播电视设施保护条例》采取措施，确保正常的电磁环境，确保卫星地球站的正常运行。

③切换管理

由于地球站的系统切换、设备切换等操作常常会造成接收闪断、监测系统告警，为了保证对卫星地球站运行状态的正确判断，运行中需要进行主备设备或播出系统手动切换时，应提前报国家新闻出版广电总局批准，应急处置时可先操作后报告。

④运行工作要求防护管理

随着城市发展进程的加速，地面电磁信号和空中航线频率等对卫星地球站的干扰也变得日益严重，这些干扰对卫星地球站接收信号及监测系统的正常运行存在着极大的不利影响，往往造成信号中断、监测系统告警等异常，因此，各卫星地球站应采取减少干扰信号措施，如加装滤波器、异地接收监看等措施，以保证对本站运行状况的准确判断。

（2）节目加扰流和清流切换管理

节目加扰系统，其功能是对广播电视信号进行加扰，以实现对接收用户的权限限制。当卫星地球站的主备复用加扰系统输出加密节目均出现异常时，应将加密流切换为清流播出。待节目清流播出稳定后，安全播出责任单位应开展故障排查工作，并将有关情况通报相关单位和广播电视监测监管部门。

卫星传输远端加密系统故障排除且恢复正常后，应通过 CA 加密系统运行部门的确认，同时向广播电视监测监管部门申请节目清流切回加密流的操作时间。恢复操作批准后，应提前通报 CA 加密系统运行部门和节目落地管理部门，由节目落地管理部门提前通知终端用户。

（3）监测、监控管理

卫星地球站应对重要节点信号进行视音频实时监听监看，重要节点信号包括所有播出节目源信号、上行链路主要播出环节信号、本站节目上行播出天线接收的信号及 3 米以下（含）小口径天线接收的信号、同转发器电视节目的接收信号。采用录音、录像或者记录码流等方式对信号源、上行自环信号及上行播出天线接收的本站节目信号质量进行记录。

2. 无线发射转播站管理

无线发射台必须遵循《无线发射台运行维护规程》要求，并按照广播影视行政部门批准的运行参数发射广播电视节目，且发射信号应达到"三满"要求，即：满时间、满功率、满调制。

发射系统的安全播出责任一般由无线发射台承担。广播中心、电视中心建有发射系统需要自行承担安全播出责任的，必须具备相应的发射台安全播出保障能力，并遵守统一的安全播出运行管理规定。广播中心、电视中心委托发射台运行维护其发射设备的，应按无线发射台实施细则要求落实安全播出责任归属和运行指标要求，明确双方的安全播出责任和义务，并签订有效协议，报当地广播影视行政部门备案。

（1）运行管理

设备运行中发生下列紧急情况之一时，由部门负责人决定关机处理并向主管报告。

①不关机将危及人身安全时。

②出现异常情况，如不关机处理将造成政治影响，导致事态扩大或造成重大经济损失时。

③设备出现异态，导致播出质量下降达到停播界限，非关机无法处理时。

④因节目源信号中断或质量下降到停播界限，并经相关部门证实短时间无法修复时。

⑤发生自然或人为灾害危及设备安全必须关机处理时。

播出结束时间已到，但节目尚未终了，值班人员应按下列规定处理：

①播音员或字幕预告节目将延长或延长播出时间而不影响下一节目的播出，应推迟关机时间，直至节目播出结束。

②对内、对外节目合用的发射设备遇到节目延长时，应保持对外节目的完整；对内实验合用发射设备遇到节目延长时，应保持对内节目的完整。

（2）无人值守站管理

国家新闻出版广电总局鼓励各级无线发射台应用智能制造等先进技术，提高其工作效率，降低技术系统运行成本。但由于各级无线发射台播出责任、覆盖影响范围的不同，难以形成统一的无人值守站设置标准，为了避免在未达标情况下的盲目建设，因此《无线发射转播台实施细则》中明确规定，需要将无线发射台设置为无人值守站的，应报请省级以上广播影视行政部门批准。凡涉及中央直属单位，或涉及中央投资的无线发射台均应报国务院广播影视行政部门批准。其他则由省级广播影视行政部门批准。

无线发射台应明确发射机的运行时刻、播出节目、指配频率或频道、载波或同步顶功率、天线特性和节目信号源等信息，由值班人员核对运行图表、操作卡片，按照运行要求、运行技术指标进行过程控制，做好工作记录。

（3）代播和备份设备管理

对于代播任务的发射设备，应备齐代播所需的操作卡片或预置操作程序，操作卡片或预置操作程序应经自查、复查并经技术主管核准后待用。台际代播由运行主管部门主持，要求代播和承担代播的发射台均应按指令操作，操作完成后向主持人员报告，确认正常后，代播操作方告完成。代播操作期间，应有专人负责监听、监视和操作正常运行的其他设备，并对代播操作进行监护。

对于专用备份发射设备的频率或频段，节目源信号等应与主机一致并定期开机检验，当备机的载波或同步顶功率与主机相同时，宜交替运行，主备机应设互锁装置避免同步干扰。

表 3-33　广播电视发射机运行技术指标

指标	标准文件
广播电视发射机的频率容限	GB/T 12572-2008 《无线电发射设备参数通用要求和测量方法》
广播电视发射机 杂散发射功率电平的限值	GB/T 12572-2008 《无线电发射设备参数通用要求和测量方法》
广播电视发射机必要带宽	GB/T 12572-2008 《无线电发射设备参数通用要求和测量方法》
广播电视发射台用的电气设备	GY/T 59-1989 《广播电视中心和台、站电气设备大修、交接和预防性试验技术要求》
电视发射台用的 图像监视器等视频设备	GY/T 107-1992 《电视中心播控系统维护规程》

3. 微波站运行管理

微波传输电路是广播电视节目传送的重要手段之一，在广播电视技术体系中，微波传输电路常被用作向几个甚至几十个发射台、有线电视前端传送多套广播电视节目，而支线微波传输电路，则常作为重要节目的短距离传输通道。微波传输电路在广播电视节目传送中具有涉及面广、影响大的特点。因此，安全播出责任单位应对微波传输电路的节目传送环节进行控制管理。

节目传送起止的时间、以及节目变动传送起止的时间、重要节目的传送，均由微波总站根据上级主管部门的批复，通知各站执行，其他任何单位或个人均无权通知变动。各微波站只准传送总站通知的正传和回传节目，未经总站的批准，任何站不准插入节目。各站微波设备必须 24 小时开机，在正式传送节目前半小时，由微波首站联系和传送试机信号。有回传节目的微波站应提前向微波总站提出申请，批准后按规定时间和顺序，由首站和有关微波站执行，各站不得随意变动或占用回传通道。

（四）各业务处理的值班、交接班管理

广播电视播出业务具有连续不间断的特点，必须做好机房和设备系统的管理工作，建立良好的值班和交接班制度对安全播出尤为重要。

1. 值班管理

安全播出责任单位的值班管理主要是指机房值班。机房存放了广播电视重要设备系统，应制定严格而详细的值班制度，对值班内容作出详细规定，值班人员应严格按照值班细则进行安全操作。

（1）值班人员职责

①值班人员在值班期间对全部设备正常运行和机房安全负责。

②值班期间应严格按照规定、操作规程管理设备运行。

③值班人员必须熟练掌握基本的操作流程和故障处理方法。

④值班人员应时刻保持设备和机房的整洁，维护机房的正常工作秩序，严禁无关人员进入机房。

⑤值班人员应认真填写值班日志，及时记录值班期间发生的各项事宜和处理过程。

表 3-34 值班日志（样表）

班次		值班时间	起	月 日 时	天气温度湿度		交班班长	
值班人			止	月 日 时			接班班长	
时间		记 事					签名	
交接事宜								

（2）不同专业部门值班要求

由于不同专业在值班期间关注的重点不同，应确定值班期间主要工作，如：

卫星地球站值班人员应熟悉本站的系统构成和本站设备的主要参数，熟练掌握应急处理程序。

值班人员要认真监视本站的上下行信号，首发频谱，定时查询计算机自动测试记录，准确掌握设备的运行状态。

有线电视广播网值班人员要做好网络维护值班工作，要熟悉网络线路和设备，掌握常见故障分析和处理办法以及安全作业规范。接受抢修任务后，应迅速到达故障现场，及时排除故障。必须配备一定数量的备件，并保证工程抢修车辆、维修工具和仪器仪表的完好。

广播电视光缆传输干线网的中心站值班人员应有 2 人以上 24 小时值班，节点站应做到 24 小时有人值守。

示例：

×××机房值班管理规定

一、值班人员职责

1. 在值班过程中值班人员要树立对单位财产高度负责的精神。值班人员值班时要全天候保持手机畅通，以便于联系。

2. 遵守值班纪律，按时交接班，值班人员交班后需将《值班记录》交付接班人。

3. 值班人员要坚守岗位，有事须先请假，以便安排临时代替人员，并于回来后予以补班。不得出现脱岗、离岗现象。按要求填写《值班记录》。

4. 值班人员值班期间应根据值班任务的要求，对所负责的区域技术系统正常运行和机房安全负责。做到勤巡视、勤检查。在规定的时间内加强巡视，认真检查相关设备设施情况，做好防盗、防火、防灾等工作。尤其加强对重点部位的巡检。

5. 值班期间值班人员不得喝酒和聚众娱乐，不得带无关的人员入岗。

6. 接待来宾外松内紧、热情招呼，具有高度警惕性，善于鉴别来人意图，要守口如瓶，不能随便乱说。

7. 遇到紧急事件，首先要冷静，敢于负责并做好记录，一方面大胆采取应急措施，以免贻误；另一方面及时汇报主管领导或和公安部门报警。

8. 要认真处理好当班事宜，并记好值班日志，妥善保管、处置好来文来电、重要来访，严格做到事事有登记，件件有着落。

9. 要认真接好电话，并做好记录办理工作。电话三次无人接听，视为值班人员脱岗。

10. 保持好环境卫生，确保清洁。

二、工作要求

1. 值班人员在接听电话时要做到文明亲切，记录信息后要认真核对，确认无误后再终止通话。在写电话记录时要做到字迹工整，用词准确。

2. 值班日记要按要求写清值班时间、值班人员、事项内容等。

3. 随时监看、监听所负责的节目，发现问题妥善处理。值班期间发现超出职责权限的情况，应立即与有关部门联络并妥善处理。

4. 值班过程中设备发生故障，应首先判断出故障的部位，采取有效措施，尽量减少停播时间。

5. 信息传达要做到内容清楚，范围准确。即该传到哪里就准确无误地传到哪里，不能随意扩大或缩小传递的范围。

6. 值班人员应注意严格执行保密规定。

7. 值班人员由于其他原因不能值班的，应先行请假或请其他人员代替并报领导批准。

8. 每天下班前进行交接班。交接时要把当天未处理完的事项详细记在值班日记上，并须向接班人交代清楚。

2. 交接班管理

交接班制度应符合安全播出责任单位各部门、各岗位的实际情况，做到制度明确，责任清楚，程序合理。

交接班人员进行交接班时必须做到严肃认真、责任分明，严格按照规定的交接班流程和内容进行。

（1）交接班流程

交接班的项目应符合本部门和岗位的实际情况和要求，一般包括：

①交班人员应向接班人员详细说明机房技术系统、设备的运行情况，操作参数变动情况，曾发现的异常及处理情况。

②交、接班人员应一起对设备运行、工具、仪器仪表、备件、图纸、环境卫生等项目进行逐项交接检查。

③接班人员要阅读值班记录，查询监控记录，对交班人员的说明情况进行核实。

④交接班完成后，交接双方应在交接清单和值班记录上签名以示负责。交班人员应在接班人员签字确认后方可离岗。

（2）交接班注意事项

交接班人员应按照排班顺序和时间要求准时完成交接，交接人员和时间发生变化应报相关部门领导进行批准，不得私自更改。

交接班时正在抢修的故障由当班人员继续完成，不得交接。交接班过程中发生故障或异态，由交班人主持处理，接班人员应听从其指挥，待处理完毕或告一段落后再行交接。

示例：

×××电视台交接班管理规定

第一条　交接班前岗位值班人员必须提前到岗。交班前半小时，值班人员应将管辖的设备系统进行全面检查，确保设备运行安全、稳定、可靠。

第二条　检查将要播出的节目情况，查阅值班记录。认真检查设备工作情况，查看信号、时钟运行情况。做好节目播出的交接核对工作，各种日志记录整理完毕，检查当班期间应完成的工作内容。

第三条　所进行中的工作未完成操作不交班，接班人员未到岗不交班，设备存在故障未妥善处理不交班，工作未交代清楚不交班。因交班人员未对接班人员交接清楚而造成的事故，由交班人员负责。

第四条　交班人员主动与接班人员进行交接，详细描述当班工作情况和设备运行状态，重点对存在的不安全因素或特殊情况进行说明。

第五条　交班时，必须严格履行交接班手续，在值班日志上签字确认。交接班完毕后，全部责任由接班人员负责。交班人员应将值班期间的情况向接班人员全面、清楚交代。交班时，交班人员应虚心听取接班人员对本班工作情况的询问和意见，并应进行详细解答。对于设备异常运行所采取的对策及注意事项，除书面交代外，双方应到现场交代清楚。

第六条　接班时，接班人员如下情况遵循"四不接"原则，即岗位检查不合格不接班，交班者不在不接班，重要操作问题没操作完不接班，设备存在问题未解决不接班。

第七条　接班人员接收工具、钥匙、各种记录等;确认设备卫生、公共卫生清洁情况。

第四节　重要保障期安全管理

安全保障期是保障工作在重要节假日（如元旦、春节、"五一"、国庆等国家规定重要节日）、国家重要会议（如全国"两会"、APEC 会议）、重要赛事（如奥运会）或由上级广播影视行政部门确定的保障工作周期，从而加强特殊时期的广播电视安全播出保障工作。

安全播出责任单位应针对重要保障期制定具体的安全播出保障方案，做好重要保障期前的准备工作和重要保障期间的管理工作，确保重要保障期间的安全播出。

一、重要保障期准备工作

安全播出责任单位应在重要保障期前及时做好动员部署、业务协调、安全防范等各项准备工作，并根据实际情况制定具有针对性的重要保障期预案。

1. 动员部署

重要保障期前，安全播出责任单位应成立安全播出工作指挥小组，对重要保障期的安全播出工作做出调度安排，并在发生安全播出事故后及时启动应急预案进行处理。

安全播出责任单位积极组织安全播出相关人员学习安全播出操作规范，克服麻痹松懈思想，提高安全播出责任意识。应对重要保障期间的具体工作进行详细安排和布置，明确相关人员的工作目标、职责、权限等，切实把安全防范工作落到实处。

2. 业务协调

安全播出责任单位应结合本单位业务的实际情况，积极协调电力供应、线路传输、通信联络、设备生产商及系统集成商等相关单位或部门，为安全播出工作提供保障支持。

在重要保障期间如有合作单位参与广播电视制播、传输、覆盖工作的，安全播出责任单位应与合作单位签订安全责任书，并建立协同机制。如与技术系统维护单位签订维护协议，安排现场技术人员提供现场技术服务。

3. 安全防范

安全播出责任单位应根据其业务特点和实际情况制定安全播出风险排查方案，对广播电视制播、传输、覆盖的技术系统开展全面的检修和测试工作。如应做好保障期间的用电安全工作，对用电设施进行检查维护，切实做好供电安全风险管控，确保重要保障期间用电和设备安全稳定运行；做好线路巡线工作，增加巡检人员和次数，确保信号传输的安全；对备品备件、应急工具等进行全面检查并及时补充。

加强对广播、电视节目制作机房和播出机房的监控力度，能有效确保节目的制作和播出安全。

4. 重要保障期方案

为实现重要保障期阶段性安全播出管理目标，应明确与安全播出有关职能和层次的职责和权限，确定重要保障期开展的各项工作内容及其要求，制定重要保障期方案，方案应包括重要保障期前的准备、重要保障期间的播出、传输、覆盖，以及相关技术系统维护等保障措施和突发事故、事件的应急处理等内容。重要保障期方案制定后应当报广播影视行政部门备案。

在实施方案过程中，应根据内外部环境的变化对方案内容进行动态修订，确保方案能满足重要保障期安全播出工作实际要求。方案内容的相关变更修订应严格履行必要的审核、审批程序。

示例：

×××电视台重要保障期方案

一、组织机构及职责

广播电视中心设立安全播出应急处置指挥小组，台长任组长，分管副台长任副组长，技术播出部及相关部门负责人为成员。指挥小组要认真落实安全播出各项工作措施，做到人员保障、制度保障、设备保障、车辆保障、方案保障。在重要安全保障期，指挥小组成员要亲临一线指挥，排查管理薄弱环节，不留任何死角。组长全面负责突发事件安全播出应急处置的领导、协调工作，根据事件处置情况，在规定时间内向上级汇报。副组长根据职责分工，按照应急预案，组织分管部门开展工作。小组各位成员，应组织本部门工作人员认真学习方案，全面细化落实，切实做好预警预防和应急处置各项工作。

二、预警和预防

1. 风险信息的收集

加强情报信息工作，办公室要与消防、公安等有关部门建立信息通报制度，及时获取危害广播电视安全播出的信息动态，及时做好防范工作；技术播出部在安全播出重要保障期要特别注意来自上级广电部门值班电话的信息，特别注意接听群众举报电话。

2. 风险预防

（1）预防警戒工作。在安全播出重要保障期内，各部门应加强预防警戒工作，强化各项预防和保障措施。

①加强单位安全保卫工作，严格门卫值班制度，对进出的人员及车辆，按要求做好查询登记工作。

②加强从业人员的政审，加强一线工作人员的教育培训，重点是安全播出基本知识、基本流程、基本技能，提高应对突发事件的能力。

③严格重播重审制度，着重把好审片和播出带流转环节。

④播出信号频道必须做好应急信号的热备份工作。

⑤加强线路巡查，加强值机值班。值班须 24 小时值守，重要岗位配备双人，并做好电话接听记录工作。

⑥重要播出时段，电视台各岗位值班人员，要做到"眼不离屏，耳不离音"。

⑦广播电视播出、制作、传输机房严格人员进出管理，无关人员一律不得进入。

（2）技术保障工作。加强安全播出、传输、监测等技术保障工作，确保系统设施稳定可靠，确保广播电视节目安全优质播出传输。

（3）资源准备工作。技术播出部根据工作需要，合理安排值班人员，配置设备器材，常用工具应统一放置，紧急情况时方便随时取用。定期检查 UPS 电源，及时保养，确保应急时供电设备启动、切换、运行的可靠有效。

（4）通信保障工作。所有人员手机 24 小时开机，确保调度指令畅通。

三、安全播出应急处置程序

安全播出突发事件发生后，立即启动应急方案。

1. 安全播出应急处置步骤

（1）发生有线插播、无线发射时：

中心接到有插播事件发生的电话时，接听员必须按以下程序操作：①问清非法信号（图像、声音）的简要情况。②详细记录报告人姓名、联系电话、事发地址。③立即通知技术人员赶赴现场处置。④立刻报告安全播出应急处置指挥小组组长或副组长及相关负责人。

技术人员接到通知后：①立即携带必要工具赶赴现场。②在赶赴现场的同时，立即向公安机关 110 报警，告知其事发地点和简要情况，请公安机关出警协助。③到达现场以后，迅速查明信号源，采取一切手段（包括切断光接收机、放大器电源、剪断主干电缆等），第一时间切断插播源。

④保护现场，配合公安人员侦查。

（2）发生播出信号受到攻击时：①立即切断非法信号源，极端情况下关闭所有播出信号。②立即启用相应的电视备份信号和备份设备，按规定调整节目播出安排。③以最快的速度查明事件原因，并迅速组织技术力量进行抢修。

2. 报告

安全播出突发事件发生后，相关部门必须将事件的发生处置情况在 1 小时内书面上报指挥小组，报告应包括下列内容：事件发生的时间、地点、频道、节目，事件原因、性质、处置过程、影响范围、造成的损失，防范改进措施等内容。安全播出应急处置指挥小组在接到报告后，必须及时向市委市政府和市局报告。

二、重要保障期间的管理

1. 人员管理

重要保障期间，安全播出指挥小组应做好各环节各人员的安全管理工作，将安全播出切实落实到个人。

重要保障期间，安全播出指挥小组和安全播出负责人员要保持 24 小时通讯畅通，并做到严阵以待，随时应对和处置突发性、灾难性和破坏性事件。机房值班人员应严格遵守值班时间，坚守值班岗位，做好值班记录，严禁擅离职守。尤其要加强技术值班工作，加强对节目源的安全监控。

2. 节目管理

重要保障期间，广播电视节目要严格遵守宣传纪律和管理规定，切实把好舆论导向关。要严格执行节目内容的重播重审制度，做到审查到位、制度到位、延时器到位，杜绝任何安全隐患。全面落实信号源接收、传输备份方案，按规定确保重要保障期间广播电视节目的安全播出。

3. 施工管理

重要保障期间，禁止施工，如禁止例行检修工作，禁止 IPTV 集成播控平台、网络广播电视台的远程方式操作等。因技术系统存在故障或其他情况必须进行检修或操作的，在检修、操作过程中可能会造成广播电视节目停播停传的，应在检修或操作前报省、自治区、直辖市以上广播影视行政部门批准后方可进行。

因重要保障期取消例行检修的时段，节目播出单位应预先进行节目安排和节目单核查工作，以有效避免造成节目空播。

4. 事故管理

重要保障期间，一旦发生播出事故，应立即采取措施对事故进行处理，减轻事故损害，及时将事故起止时间、分类、起因和责任人员姓名上报安全播出指挥部。

广播电视及视听新媒体重点时段和重要节目播出期间，主管领导应当现场指挥，在人员、设施等方面给予保障，做好重点区域、重点部位的防范和应急准备工作。

不同专业的安全播出责任单位在重要保障期的管理重点不同，应结合专业要求及本单位具体情况做好风险的预防和风险应对工作。如某广播电视发射台在重要保障期间：

（1）准备工作

①对发射设备进行检查，根据检查结果采取相应的维护措施。②用稳定、可靠的器件取代设备上超寿命使用的贵重或可靠性较差的器件。③备足处理故障和检修所需并经检验合格的器材、仪表和工具，并放置在便于存取和使用的地点。④巡视发射台场地及其环境，采取措施确保室外设备和环境不会遭到损坏。⑤与有关单位联系，要求确保重要保障期间的水电供应和节目传输及通讯联络的畅通。

（2）重要保障期间工作

①加强值班和本台监测工作。②暂停除值班工作以外的一切工作。必须进行的检修和测试，应经技术主管批准，并加强监护和复查。③无人值班的机房和变电站等处临时派遣值班人员巡视、监视和监听设备的运行情况。④加强对室外设备的巡视，制止可能危及设备正常运行的意外事件。⑤技术主管应掌握播出动态，采取措施防患于未然。一旦发生停播，应立即将停播起止时间、事故分类、事故起因和责任人员姓名报运行主管部门。

第五节 应急安全管理

广播电视安全播出工作从制播、传输、覆盖面临来自各层面的风险，一旦发生安全播出事故，就会造成严重的影响。安全播出责任单位应建立合理有效的应急管理机制，突发事件发生时能通过启动应急预案，对事件进行科学分析，有效整合社会各方面的资源，及时制定有效的应对措施，尽快消除负面影响或将影响降至最低。

一、应急体制建设

1. 组织架构

安全播出应急管理的组织架构是在确定范围内建立统一的应急管理指挥机制。安全播出责任单位应在单位内部成立应急管理指挥小组，管理指挥小组应分工明确，相互协作，提升应急管理水平。良好的组织架构能为安全播出应急管理提供有效的组织保障。

2. 规范化建设

应急管理应制定高效的管理规范和科学技术标准。高效的管理规范使各单位、各岗位在紧急情况下能够统一指挥，对人员、物资等资源进行有效调度，也使应急管理流程、档案文件、指令术语等高度一致，提高应急管理的高效性。安全播出责任应制定统一的技术标准规范，对各岗位的技术要求提供统一科学的指导，确保应急安全管理中各岗位能严格按照技术标准进行管理，提高应急管理效率。

3. 应急管理队伍建设

应急管理队伍是应急管理从预防准备到应对恢复整个过程中的核心统筹指挥力量，是应急管理的实际执行者，管理队伍应对预防、风险过程进行统筹、规划和管理，以减少突发事件对安全播出造成的不利影响和损失。因此，管理队伍不仅需要具备危机意识，对风险时刻保持警惕，同时应具备应对事件事故的专业技能。

应急管理队伍应合理建设，应满足各环节的应急管理需求，良好的管理队伍最重要的特点是专职化的团队开展建设性的工作，模块化的职能分工应对复杂多变的情境，专家团队提供技术指导和管理决策支持。这样组成的应急管理队伍能最大限度地发挥其功效。

应急管理队伍的任务是做好隐患排查整改，加强信息报告和预警，加强先期处置和协调处置，协助做好事件事故应对，加强宣传教育和培训。

二、应急信息系统建设

1. 加强新技术的应用

安全播出责任单位应及时采用先进的广播电视及视听新媒体监视监测技术手段，不断提高预测预警能力，使应急管理实现早发现、早预防、早处置，为有效组织、快速反应、高效运转提供有力技术支持，应不断升级完善应急管理信息系统，让新技术、新应用服务于应急管理，不断提升应急管理信息系统的综合能力。

安全播出管理部门应给现场工作人员配备先进的现场通信技术设备，加强信息沟通，确保应急管理指挥命令能及时传达，处理措施能迅速落实到位，从而降低突发事件给安全播出带来的影响。

2. 加强资源共享

各级安全播出管理部门之间应逐步建立互联互通的技术平台，实现资源数据共享，从而保障资源数据的全面和准确，以提升决策指挥的科学性和处置突发事件的效率。同时安全播出应急部门应该加强与应急办、气象等系统外部门的资源共享，获取各自需要的信息，提高应急预警能力和应急联动能力。

三、构建切实可行的应急预案体系

应急预案是快速而正确应对安全播出工作中可能发生的各种突发事件，确保安全播出的重要保障措施。

（一）应急预案的关键点

预案与实际应急工作脱节是广电单位应急管理工作中最为典型的问题，因而建立切实可行的应急预案体系是应急管理工作的重要内容。对广电安全播出而言，要建立切实可行的应急预案体系，须抓住以下七个关键点。

1. 建立与相关应急预案的紧密关联关系

广电单位要按照《广播电视安全播出管理规定》《中华人民共和国突发事件应对法》《国家网络安全事件应急预案》等文件的要求，建立安全播出应急总体框架，明确应急预案重点内容，并在组织机构、工作流程、资源共享等与国家预案实现无缝对接，并为下级预案预留对接的接口。

2. 建立保障对象目录并明确其安全保障目标

要梳理本区域内的重要信息系统和关键信息基础设施，评估并明确重点保障对象清单和相应的安全保障目标。此外，还要深入分析保障对象的重要资产，形成资产脆弱性列表和面临的安全威胁。

3. 建立完善的组织机构和人员队伍

要根据安全事件应急工作开展的需要，建立起能够满足决策指挥、资源协调、态势分析、专业处置、信息披露、外围保障等在内的组织机构和人员队伍。特别是在网络安全事件应急处置方面，要建立能够处置包括网页篡改、数据破坏、恶意代码、拒绝服务等典型类型网络安全事件的专业覆盖全面的专业技术团队和专家团队。

4. 加强应急相关基础设施建设

应急处置对于专业工具和设备设施的依赖性较高，安全播出责任单位应做好充分准备。如网络安全事件应急处置要建立包括应急指挥、监测预警、态势分析、威胁管理、灾难备份、应急资源、工具装备和技术研究在内的一系列网络安全基础设备设施，以支撑各项工作的高效有序开展。

5. 建立分层次的应急预案文件体系

在综合以上工作的基础上，建立分层次的综合管理预案、技术处置预案、作业指导书、过程记录等文档体系。其中作业指导书为各项具体工作的指导性文件，例如各种专用设备设施工具和各个软件系统的操作手册、各项具体应急处置工作的操作指南等。

6. 加强对应急预案的演练

要定期对已发布实施的网络安全事件应急预案开展演练，特别是开展实战演练。通过应急演练确保应急指挥和处置相关人员熟知自身的职责和工作的流程、确保应急工具和装备处于可用状态、确保应急预案规定的工作流程具有良好的可操作性。

7. 加强后期的监督检查

要结合安全检查工作，对本区域内各部门安全播出应急管理相关工作开展情况进行检查，检查并督促各部门按要求做好相关工作。

（二）应急预案的制定流程

1. 应急预案的制定

应针对技术系统的特点和本单位实际情况，制定突发故障应急处理措施和突发事件应急预案，包括供配电故障应急预案、播出重要环节故障应急预案、非法破坏事件应急预案、网络安全应急预案、自然灾害应急预案、防暴恐应急预案以及其他突发事件应急预案等，并报广播影视行政部门备案。

系统设备故障应急预案必须明确先应急处理恢复正常播出，再汇报和故障排查的原则，应包含可能出现的故障现象及相关应急处置和操作步骤等内容。

供配电故障应急预案、播出重要环节故障应急预案，应针对系统存在的薄弱环节和播出链路中的重点部位，借鉴本单位和相关单位的经验教训，提出应对故障的思路、方法和程序，设置相关备份设施，并提出应准备的器材和人员培训要点。

防非法干扰事件应急处理预案必须明确先立即切断非法信号、切换正常的信号源，后上报相关领导和部门的原则，应包括预案启动条件、采取的措施、确认非法信号排除后，及时恢复正常播出等内容。

防重大突发事件应急处理预案必须明确应首先保证人身安全，其次避免设备损毁的原则，应包含预案启动条件、应急联动协调机制、保障、报告措施及后期处理等。

自然灾害及其他突发事件应急预案，应针对本地区可能发生的自然灾害和突发事件的特点和种类，提出应对措施。本单位无法解决的，应协调有关单位共同实施。

安全播出责任单位应根据实际情况及时修订应急预案和流程，定期对相关人员进行培训并组织演练。

应急预案制定的内容应考虑：

①潜在紧急情况和区域的识别；②应急期间人员所采取行动的细节；③控制措施，明确现场人员的工作步骤；④应急期间要起到具体响应作用的人员的职责、权限和责任；⑤应急响应的必要信息（如：路线图、应急响应设备的确定和位置、设备设施的位置及操作要求、应急响应提供者的联系信息等）；⑥与应急服务机构的接口和沟通要求，与员工、法规机构和其他相关方的沟通。

2. 应急预案评审

应急预案管理应遵循统一规划、分类指导、分级负责、逐级监督、属地管理为主的原则。应急预案编制完成后，安全播出责任单位应在广泛征求意见的基础上，对应急预案进行评审。评审的主要流程是：

①评审准备。成立应急预案评审工作组，落实参加评审的单位或人员，将应急预案及有关资料在评审前送达参加评审的单位或人员。

②组织评审。评审工作应由安全播出责任单位主要负责人或主管安全播出责任单位的负责人主持，参加应急预案评审人员应符合国家规定要求。应急预案评审工作组讨论并提出会议评审意见。

③修订完善。安全播出责任单位应认真分析研究评审意见，按照评审意见对应急预案进行修订和完善。评审意见要求重新组织评审的，安全播出责任单位应组织有关部门对应急预案重新进行评审。

④批准印发。安全播出责任单位的应急预案经评审或论证，符合要求后签发。

应急预案评审应坚持实事求是的工作原则，从以下七个方面进行评审：

①合法性。符合有关法律、法规、规章和标准，以及有关部门和上级单位规范性文件要求。

②完整性。具备国家规定的各项要素。

③针对性。紧密结合本单位有关安全播出风险的辨识与风险分析。

④实用性。切合本单位工作实际，与安全播出事故应急处置能力相适应。

⑤科学性。组织体系、信息报送和处置方案等内容科学合理。

⑥操作性。应急响应程序和保障措施等内容切实可行。

⑦衔接性。综合、专项应急预案和现场处置方案形成体系，并与相关部门或单位应急预案相互衔接。

3. 应急预案的培训

安全播出责任单位要制定应急预案培训制度和计划。培训制度应包括培训目标、培训时间及地点、培训对象、培训内容、培训方式、方法、培训考核、管理措施等。

制订的培训计划应包括：

①上级及有关单位的规定和要求。

②联络步骤。公布内外部具体联络的方法和程序等。

③应急指挥者、参与者的责任、义务。对应急组织中有特殊要求的人员，须经过相应的培训教育，特别是应急组织的关键人员，也应具备处理紧急情况和突发事件的能力要求。

④指挥中心地点、组织机构。指挥中心设于何处，联系电话和方法，组织机构的设置及人员组成、分工等。

⑤可能条件下的事故演习。应急响应演习中需要注意的事项。

⑥紧急情况或突发事件发生后，职能部门须按规定负责事故的调查、处理和统计逐一上报。

⑦工作人员培训完后要进行考核，由责任单位制定考核内容、考核程序、考核评定标准等。

4. 应急准备与预演

（1）应急准备

①人力准备

"人力准备"是在突发事件发生后执行抢险、援助、救护等任务的队伍，目的是保证在危机发生时"有人可用"。安全播出责任单位应定期对应急预案涉及的相关人员进行培训并组织演练，提高人员的操作能力。

②资金准备

"资金准备"是安全播出责任单位根据自身实际情况，通过财政拨款或者设立专项资金等方式，保障突发事件应对工作的经费、包括预防、准备、监测、预警、处置、救援等各个阶段所需经费的保障。

③物资准备

"物资准备"是安全播出责任单位对物资实际的储备，以及在应急物资监管、生产、储备、调拨和紧急配送体系上的建设。应急管理处置突发事件的不确定性要求日常后勤保障必须充分、充足，只有做好常态情况下的准备，在突发事件来临时才能有备无患。确定和评审其应急响应设备和物质需求，定期检查和测试设备，以确保在紧急状态下能够运行。对应急反应所需的设施定期评价和保养，使之处于完好状态。

④通信保障

"通信保障"即对应急通信系统的保障，其措施包括完善通信网，建立有线与无线相结合、基础网络与机动通信系统相配合的应急通信系统等，其目的在于确保突发事件应对工作的通信畅通。

⑤知识、技能准备

"知识、技能准备"是安全播出责任单位开展的应急知识的宣传普及活动、应急演练活动，以及对应急工作人员的专门训练活动。

（2）应急演练

安全播出责任单位应测试应急预案，并让有关的相关方适当参与其中，通过测试证实预案的适宜性、充分性和有效性。

安全播出责任单位应制定演练方案。内容包括目的、步骤、时间安排、参与人员职责、演练过程的安排、结果总结等内容。

表3-35 有线电视网络安全传输、演练检查记录（样表）

检查类型：　　　　　　　　　　　□重要保障期　　　　□临时检查

部　　　门		检查日期	
事发地点		事发时间	
到场时间		处置时间	
结束时间		事故类别	□破坏 □插播 □信号中断
演练内容	1. 网络安全传输责任书 □ 2. 网络安全传输预案 □ 3. 抢修车辆、工具、仪器仪表、梯子、脚扣是否完好齐全 □ 4. 抢修器材是否充足齐全 □		

（续表）

5. 通讯是否通畅 □ 6. 是否20分钟到达处置现场 □ 7. 处置时间程序是否达到处置要求 □	
演练情况总结 （成绩与不足）	
检查人签字	被检查部门 负责人签字

示例：

×××广播电视台安全播出应急预案演练方案

为确保重大安全播出期间的广播电视安全播出，由技术播出部组织播出、发射及有关岗位的工作人员开展安全播出应急预案模拟实战演练。使相关人员了解设备的性能并能熟练操作，在遇到信号出现中断情况下，及时处理。从而提高工作人员的应急处理能力。特制定安全播出演练实施方案。

一、演练步骤

1. 让值机人员了解设备的性能、信号源的流程图并熟练运用。

2. 熟悉模拟演练信号中断或出现信号质量差时处理问题的步骤。

3. 进行模拟演练。

二、演练安排

1. 演练时间：

××××年×月××日下午×点

2. 演练内容：

演练包括熟悉操作设备运行情况及出现紧急情况下处理问题的能力。

三、管理人员职责

安全播出应急演练要有组织、有计划的安排。技术播出部主任及技术人员在演练中起着重要作用。部室领导及其技术人员要预先做好部署，做好分工。既要确保演练顺利进行，又要通过演练提高值班人员的问题应急处理能力。既要使值班人员能力得到加强，也要防止在演练过程中出现的意外情况。

管理人员及其技术人员应做到：

1. 明确责任，负起责任。演练开始前把各个岗位的人员安排到位。

总指挥：

副总指挥：

各部室相关人员安排：

电视台机房：全体电视台机房值班人员。

电台机房：全体电台机房值班人员。

2. 要严肃，要把这次演练当作直播出现的情况对待。

3. 及时纠正演练中出现的不正规操作方式。

4. 当发现意外事故时，要及时做出处理。

5. 演练结束时，要恢复原来的设备流程，检查设备的运行情况。

四、演练过程

（一）电视台机房

1. ××频道的发射信号突然出现中断，中央一套无信号输出。值班人员发现后马上检查光缆及卫星信号源，发现光缆信号中断，而卫星信号正常。（切换器安全播出正常状态是：主输出信号是2路即光缆信号，3路为卫星信号，应设为预监状态。）用切换器上的SW键进行一键切换，使输出信号正常。然后联系有线机房询问光缆信号情况，并及时汇报处理。

2. ××频道播出画面出现静止现象。值班人员发现主播机监视画面静止，马上启动备播机，按播出键把信号抢过来，用备播机播出，并立即检查主播机出现故障的原因，及时修复。

3. 在转省新闻联播时，切换器2路上的×××卫星无信号，信号中断。（正常状态是主输出为2路输出，备份信号为3路，是调制信号源调到省台）发现后检查预监信号，如果正常就直接一键切换。判断为卫星接收机故障。如果两个均无信号，先用中一信号垫播。暴露出的问题是省台信号没有。整改方法是：有线台信号调为省台信号，作为备用源。当中××以及×××卫星中任一卫星信号出现故障时都能保证省台信号的正常播出。

4. ×××频道发射监视信号出现信号质量下降，值班人员检查发现前台监视信号正常，马上检查发射机。发现激励器故障灯亮，发射机输出功率下降。备用激励器没有自动上功率，按两次ALC上键，使激励器输出信号恢复正常播出。检修主激励器并上报。

（二）电台机房

在播出时，信号中断，检查发现是信号源故障。值班员用内设切换器调为中央1信号源垫播。做好记录，及时上报。

五、演练结束

当所有项目演练结束后，检查各演练项目的恢复情况。确保信号正常后，可以宣布演练结束。总指挥主题发言，查找问题，总结经验，要求不断提高值班人员的应急演练效果。通过演练，使值班人员的应急处理能力得到进一步的加强。

5. 应急响应

安全播出责任单位应遵循分级响应原则，根据不同等级的事件事故制定不同等级的应急相应方案。方案包括现场初始应对措施、应急响应、应急结束、应急关闭、应急联系方式等内容。

（1）应急响应处置原则

发生安全播出突发事件时，安全播出责任单位应当遵循下列处置原则：

①播出、传输、发射、接收的广播电视节目信号受到侵扰或者发现异常信号时，应当立即切断异常信号传播，并在可能的情况下倒换正常信号。

②若发现无线信号受到干扰时，应当立即报请所在地人民政府无线电管理部门排查干扰。

③发生危及人身安全或者设施安全的突发事件时，应当在保证人身安全、设施安全的情况下，采取措施尽快恢复播出。

④恢复节目信号播出时，应当遵循"先中央、后地方；先公益、后付费"的原则。

（2）应急响应处置级别

从发生级别来说，广播电视安全播出突发事件分为特别重大（特大）、重大、较大三级。安全播出责任单位要主动识别、评价潜在的紧急状况，识别应急响应需求（包括应急设备需求），制定应急准备和响应，以便防止和减少相关的安全播出不良后果。

事故发生后，安全播出责任单位必须及时按相关操作规程所规定进行紧急处理，同时按规定要求向上级汇报。在紧急状态下，安全播出责任单位应当服从广播影视行政部门对应急资源的统一调配，确保重要节目安全播出。

发现广播电视节目中含有法律、行政法规禁止内容的，应当立即采取措施予以消除或者停止播出、传输、覆盖，保存有关记录，并向广播影视行政主管部门报告。

（3）应急响应人员

值班人员应负责节目播出环节中的各种突发故障及信号源异常情况的监督和应急处

置。因此，值班人员应熟练掌握各种突发事故、事件的应急预案以及所有信号源的入端口位置，以便在紧急处置时，能够做到熟练掌握、快速反应、准确处置。

6. 应急保障

应急管理处置突发事件的不确定性要求日常后勤保障必须充分、充足，只有做好常态情况下的准备，在突发事件来临时才能有备无患。安全播出责任单位应制定应急保障方案、保障措施。

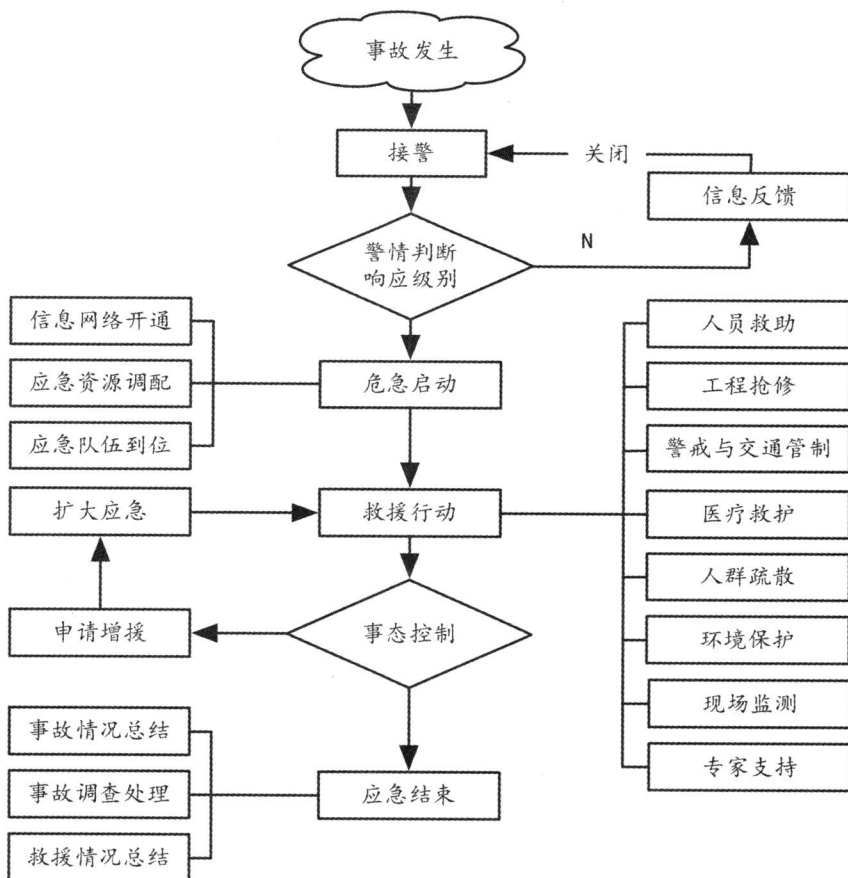

图 3-19 应急响应流程图

III 资源管理

本部分从广播电视及视听新媒体安全播出资源管理的角度，详细阐述在技术系统维护、项目建设、设备外购和服务外包、人员、资金，以及工作环境等方面的安全播出管理实践，为安全播出责任单位提供操作指导。

安全播出责任单位应识别开展广播电视及视听新媒体制播、传输、覆盖业务所需的内外部资源，对资源进行有效利用、合理配置，为安全播出创造良好的资源条件。

第一节 技术系统管理

一、技术系统基础管理

（一）技术系统概述

技术系统是指与广播电视及视听新媒体安全播出有关的系统、设备、线路及其附属设施的统称，主要包括：播出、传输、发射系统以及相关监测、监控系统，相关供配电系统，相关附属设施。

1. 电视中心技术系统，是与安全播出有关的系统、设备、线路及其附属设施的统称，包括播出系统、新闻及直转播系统、总控系统、卫星新闻采集系统、节目集成平台以及相关监测、监控系统，相关供配电系统，相关附属设施（含机房以及机房内空调、消防、防雷接地、应急照明等）。

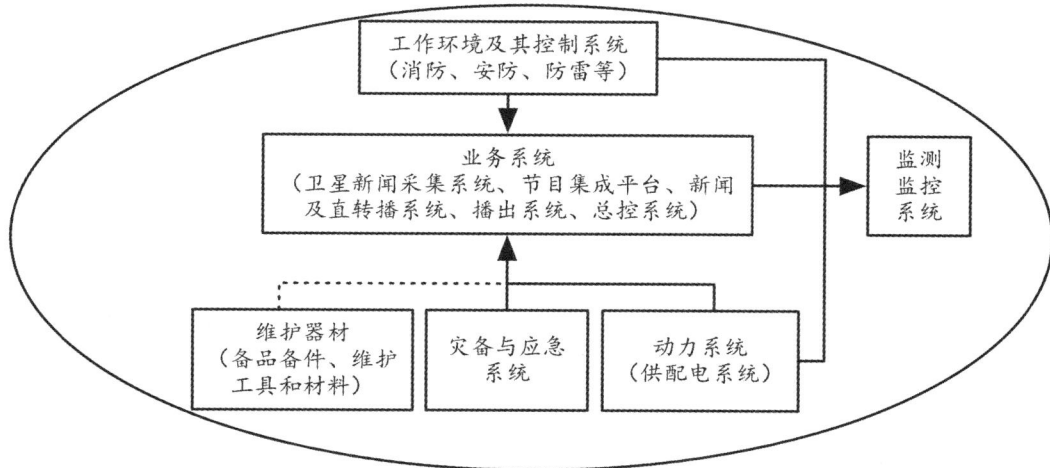

图 3-20 电视中心技术系统示意图

2. 广播中心技术系统，是与安全播出有关的系统、设备、线路及其附属设施的统称，包括制播网络系统、直播室系统、总控系统、现场直播系统以及相关监测、监控系统，相关供配电系统，相关附属设施（含机房以及机房内部空调、消防、防雷接地、应急照明等）。

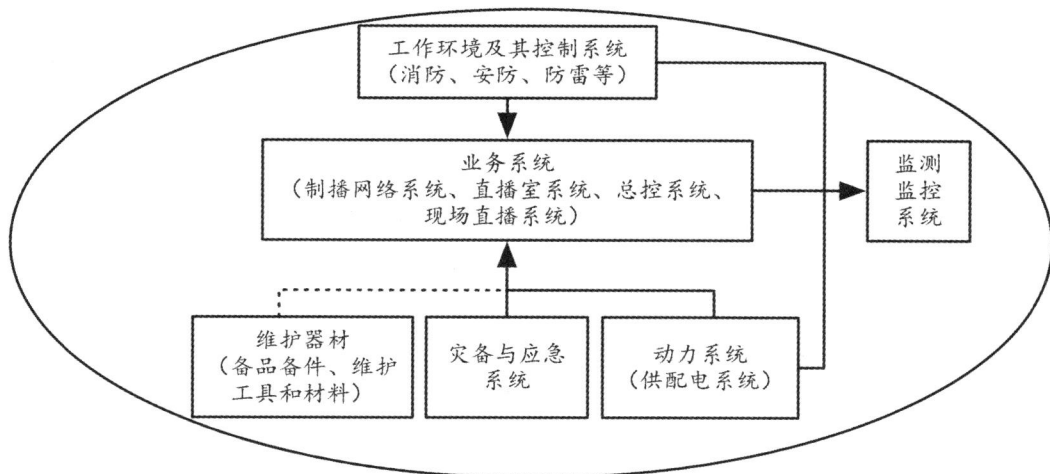

图 3-21 广播中心技术系统示意图

3. 卫星广播电视地球站技术系统，是与安全播出有关的系统、设备、线路及其附属设施的统称，包括信号源系统、上行系统、天馈线系统，以及相关监测、监控系统，相关供配电系统，相关附属设施（含机房以及机房内空调、消防、防雷接地、应急照明等）。

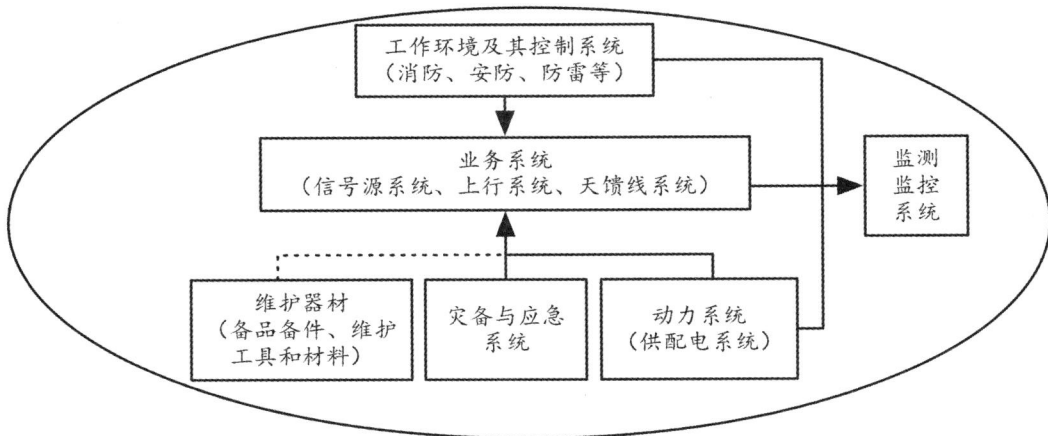

图 3-22 卫星广播电视地球站技术系统示意图

4. 光缆传输干线网技术系统，是与安全播出有关的系统、设备、线路及其附属设施的统称，包括基础网络系统、广播电视业务系统以及相关监测、监控系统，相关供配电系统，相关附属设施（含机房以及机房内空调、消防、防雷接地、应急照明、光电缆所在杆路、管道等）。

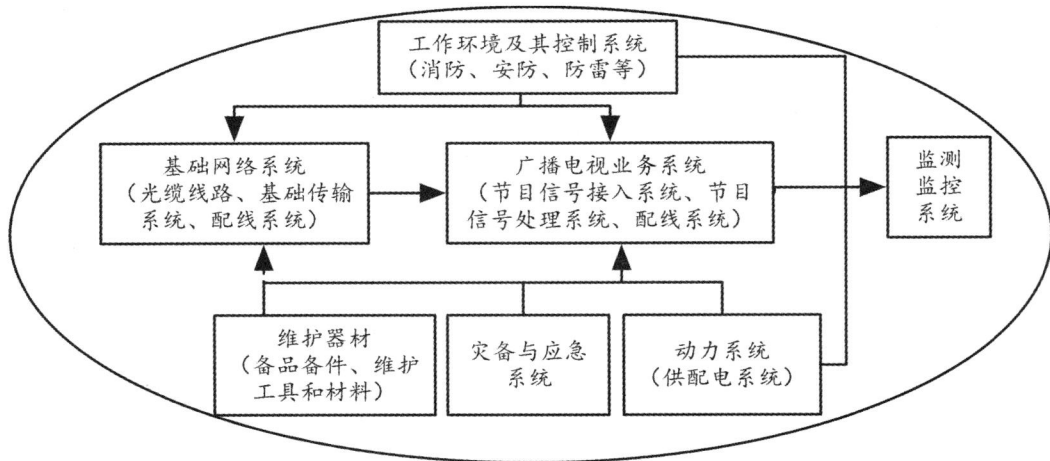

图 3-23 光缆传输干线网技术系统示意图

5. 有线广播电视网技术系统，是与安全播出有关的系统、设备、线路及其附属设施的统称，包括前端、有线分配网，以及相关监测、监控系统，相关供配电系统，相关附属设施(含机房以及机房内空调、消防、防雷接地、应急照明、光电缆所在杆路、管道等)。

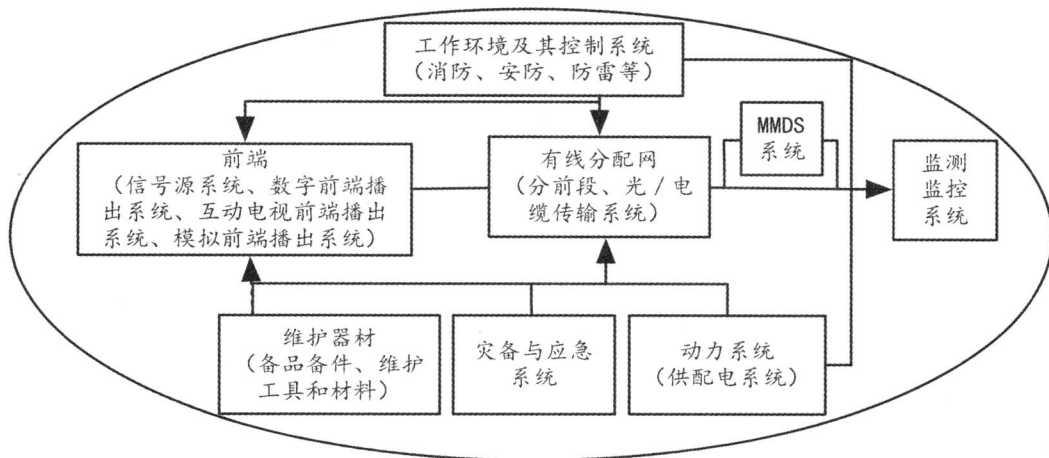

图 3-24 有线广播电视网技术系统示意图

6. 无线发射转播台技术系统，是与安全播出有关的系统、设备、线路及其附属设施的统称，包括信号源系统、发射系统，以及相关监测、监控系统，相关供配电系统，相关附属设施（含机房以及机房内空调、消防、防雷接地、天线所在塔桅、应急照明等）。

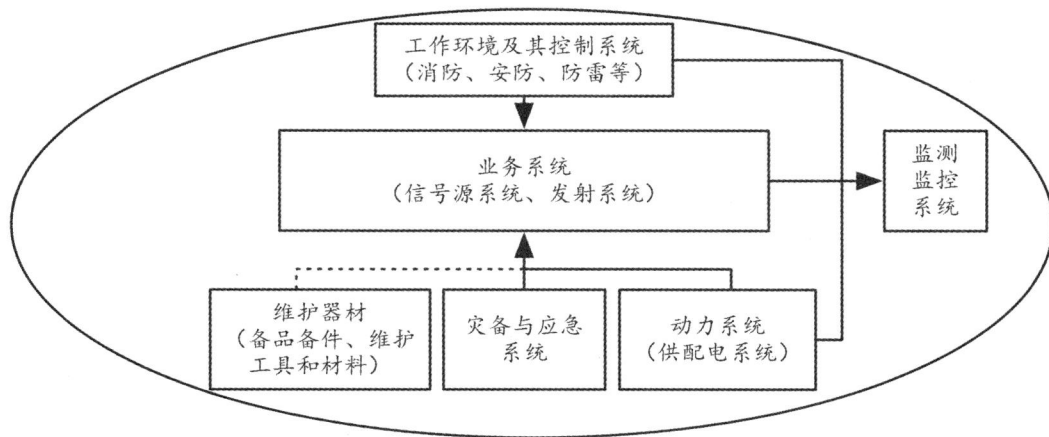

图 3-25 无线发射转播台技术系统示意图

7. 微波传输电路技术系统，是微波站与安全传输有关的系统、设备、线路及其附属设施的统称，包括微波传输网络系统、信号源系统，以及监测、监控系统，相关供配电系统，相关附属设施（含机房以及机房内空调、消防、防雷接地、应急照明、天线所在桅塔等）。

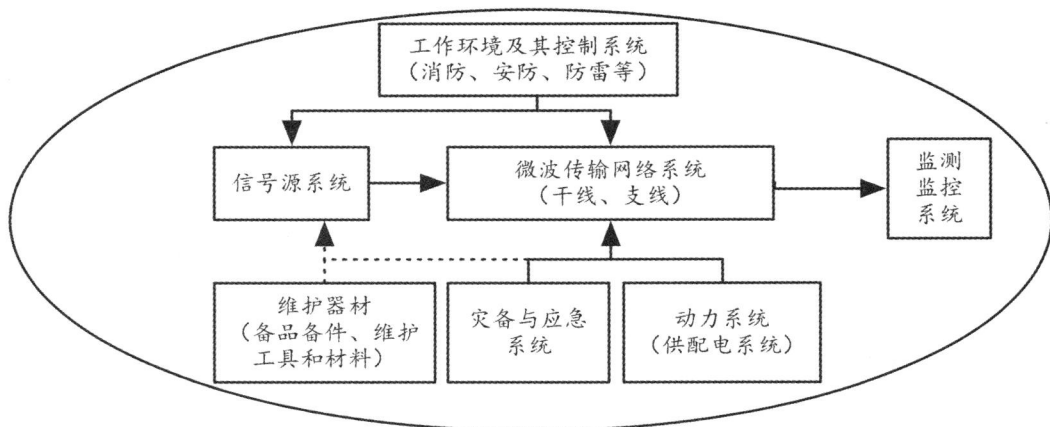

图 3-26 微波传输电路技术系统示意图

8. IPTV 集成播控平台技术系统，主要包括节目内容统一集成和播出控制、电子节目指南（EPG）、用户端、计费、版权以及增值服务、安全管理等技术子系统。

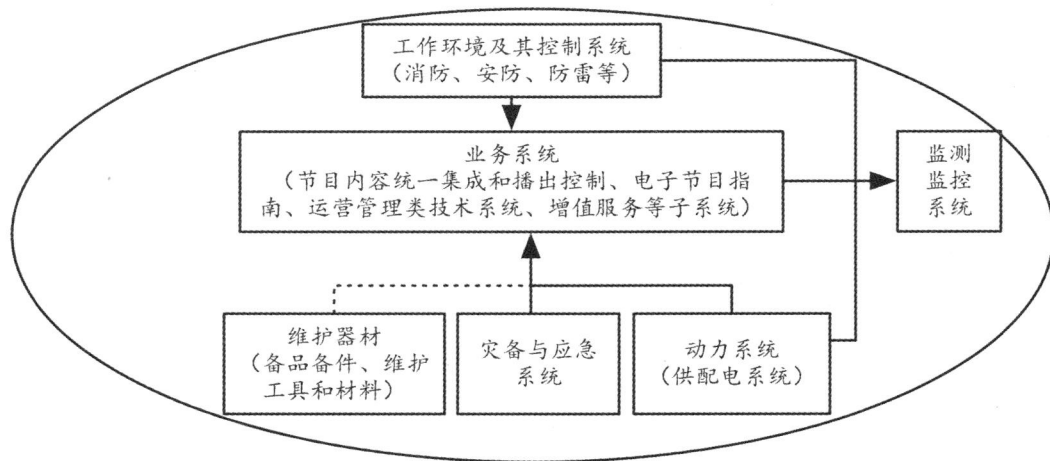

图 3-27 IPTV 集成播控平台技术系统示意图

9. 网络广播电视台技术系统，由信源采集、内容生产、内容发布、增值服务、传输分发网络、业务运营管理、安全管理、监控辅助等子系统构成。

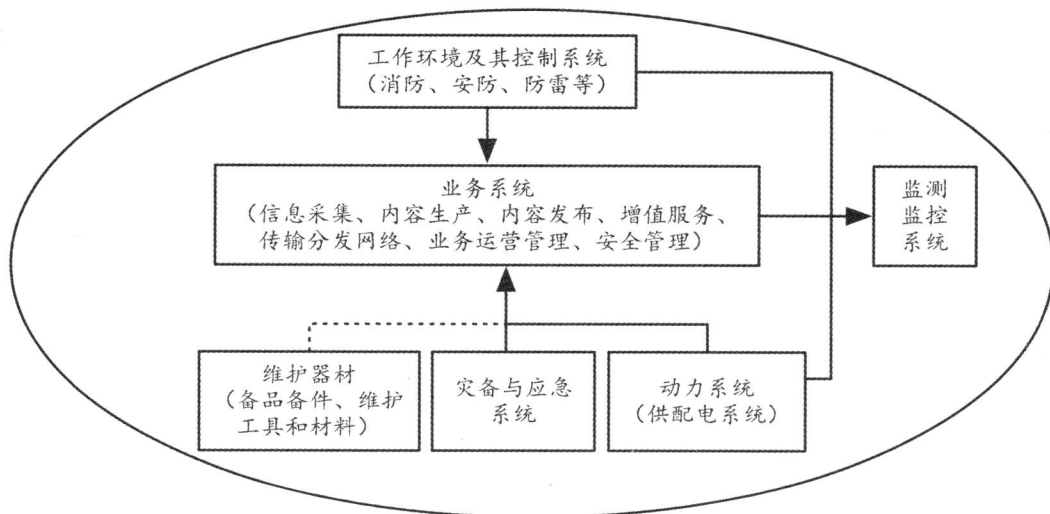

图 3-28 网络广播电视台技术系统示意图

上述技术系统中提到的监测监控系统，是对本单位业务系统、辅助系统运行状态进行集中监视、监测和控制的系统。监测监控系统可帮助技术人员及时、准确判断、处理和分析设备故障，大大缩短故障时间，降低故障发生概率，提高工作效率。

上述技术系统中提到的供配电系统，是确保技术系统运行的基础保障。由于供电的重要性，在《广播电视安全播出管理规定》各实施细则中均对供配电系统的基础配置、维护等做了详细的规定。

附属设施主要包括机房以及机房内空调、消防、防雷接地、应急照明，以及光缆、电缆所在杆路、管道，天线所在桅塔等相关基础设施。安全播出责任单位应做好附属设施的维护检修工作，为安全播出创造良好的运行条件。

（二）技术系统分级保障管理

安全播出责任单位的业务因覆盖范围而有差别，根据技术系统配置、覆盖范围和影响程度实行分级保障管理。

表 3-36 安全播出保障等级一览表

专业		安全播出保障等级		
		一级	二级	三级
电视中心		省级以上电视台（不含付费电视频道）及其他播出上星节目（不含付费电视频道）的电视中心。播出上星付费电视频道播出机构的播出系统、总控系统。	副省级城市和省会城市电视台、节目覆盖全省或跨省、跨地区的非上星付费电视频道播出机构。播出上星付费电视频道播出机构的播出系统、总控系统以外的其他系统。	地市、县级电视中心及其他非上星付费电视频道播出机构。
广播中心		省级以上广播电台及其他播出上星节目的广播中心。	副省级城市和省会城市广播电台、节目覆盖全省或跨省、跨地区的非上星付费广播频率播出机构。	地市、县级广播中心及其他非上星付费广播频率播出机构。
无线发射转播台		中央直属发射台、位于省会城市的省直属发射台、省会城市和计划单列市所属发射台。	其他省直属发射台、地市所属发射台。	县级发射台应达到三级保障要求，县以下转播台宜达到三级保障要求。
卫星广播电视地球站		为全国范围内（含走出去平台）的安全播出责任单位或用户提供卫星广播电视节目的地球站技术系统。	其他技术系统。	——
光缆传输干线网	基础网络系统	国家光缆干线网络。	省（自治区、直辖市）光缆干线网地市光缆干线网宜参照二级基础网络保障要求执行。	——
	广播电视业务系统	为卫星提供信号源的业务系统、信号覆盖全国的业务系统、中央和省级重要节目覆盖全省的业务系统。	其他业务系统。	——
有线广播电视网	前端	省级、省会市、计划单列市，或覆盖用户规模在 100 万户以上的有线电视前端。	覆盖用户规模在 10 万户以上，100 万户以下的有线电视前端。	覆盖用户规模不足 10 万户的有线电视前端。
	分前端	覆盖用户 8 万户以上的有线电视分前端。	覆盖用户不足 8 万户的有线电视分前端。	——

安全播出责任单位应根据本单位业务及其安全播出保障等级，依据相关专业实施细则规定的要求进行技术系统配置。

安全播出责任单位根据自身发展的需要、业务的特点、经济条件、广电行业技术发展趋势等因素，制定技术系统配置规划，在原有基础上适当提高其技术系统配置，提高技术系统安全播出保障能力。

二、技术系统预防性维护与检修

技术系统的维护工作应坚持日常运行维护和专业检修相结合的方式。

（一）预防性维护

为保证高质量的播出，必须定期地对技术设备及通路的技术指标进行定期测试，以便发现设备性能的变化，及时加以调整或更换，使指标恢复到正常状态，防患于未然。

1. 技术系统维护原则

技术系统的维护保养是为防止技术系统性能劣化或降低技术系统失效的概率，应按事先规定的计划及标准对技术系统进行维护保养，使之保持技术系统的良好技术状态，延长使用寿命，保证技术系统的正常稳定地运行。

技术系统的预防性维护工作应遵守"计划科学、分界明确、操作规范、管理严格"的原则实施。

2. 技术系统维护标准

安全播出责任单位应根据各专业实施细则中规定的技术系统运维要求确定维护标准，确保技术指标满足规定的要求。

表 3-37 各专业技术系统技术指标一览表

专业	技术系统	技术指标
电视中心	模拟电视播出系统	通路技术指标应符合《电视中心制作系统运行维护规程》（GY/T 152）直播通道技术指标要求，三级应达到丙级技术指标，二级应达到乙级技术指标，一级应达到甲级技术指标。
	数字播出系统	应符合《标准清晰度电视数字视频通道技术要求与测量方法》（GY/T 243）和《标准清晰度数字电视编码器、解码器技术要求和测量方法》（GY/T 212）的相关要求；各数字播出系统相对应的等效模拟复合视、音频信号技术指标，应符合《电视中心制作系统运行维护规程》（GY/T 152）的相关要求。

（续表）

	数字高清 播出系统	应符合《演播室高清晰度电视数字视频信号接口》（GY/T 157）、《演播室数字音频信号接口》（GY/T 158）、《标准清晰度数字电视节目录像磁带录制规范》（GY/T 223）和《电视中心制作系统运行维护规程》（GY/T 152）的相关要求。
广播中心	模拟广播 播出系统	应符合《广播声频通路运行技术指标等级》（GY 75）的要求。三级应达到丙级技术指标，二级应达到乙级技术指标，一级应达到甲级技术指标。
	数字广播 播出系统	应符合《电视中心播控系统数字播出通路技术指标和测量方法》（GY/T 165）的相关要求。数字播出系统相对应的等效模拟技术指标，三级应达到丙级技术指标，二级应达到乙级技术指标，一级应达到甲级技术指标。
光缆传输干线网	基础 传输 设备	SDH 传输接口技术指标应符合《广播电视光缆干线同步数字体系（SDH）传输接口技术规范》（GB/T 17881），SDH/MSTP 系统的投入业务和维护的差错性能限值应符合相关规范的要求。WDM、OTN 设备各项技术指标应符合国家、行业有关光波分复用系统和光传送网络的技术要求。
	编解码器、复 用器设备	应分别符合《标准清晰度数字电视编码器、解码器技术要求和测量标准》（GY/T 212）、《数字电视复用器技术要求和测量方法》（GY/T 226）的要求。
有线广播电视网	数字 前端系统	信源、TS 流、射频、QAM 调制、网络输出口等技术指标应符合《有线数字电视系统技术要求和测量方法》（GY/T 221）的要求。
	模拟前端 系统、 网络输出口	技术指标符合《有线电视广播系统技术规范》（GY/T 106）的要求。
	MMDS 发射机	满足《多路微波分配系统发射机技术要求和测量方法》（GY/T 171）的要求。
	互动 电视系统	架构、接口规范应符合《下一代广播电视网（NGB）视频点播系统技术规范》的要求（GYT 258）。
无线发射转播台	中波、短波 发射系统	技术指标符合《中、短波调幅广播发射机技术要求和测量方法》（GY/T 225）的要求。
	电视 发射系统	技术指标符合《电视发射机技术要求和测量方法》（GY/T 177）的要求。
	调频 发射系统	技术指标符合《米波调频广播发射机技术要求和测量方法》（GY/T 169）的要求。
	移动 多媒体广播 发射系统	技术指标符合《移动多媒体广播 UHF 频段发射机技术要求和测量方法》（GD/J 020）的要求。
	地面数字 电视广播 发射系统	技术指标符合《地面数字电视广播发射机技术要求和测量方法》（GY/T 229.4）的要求。

（续表）

	中、短波发射天馈线系统	技术指标应符合《中、短波天馈线运行维护规程》（GY/T 178）的相关要求。
	电视和调频广播发射天馈线系统	技术指标应符合《电视和调频广播发射天线馈线系统技术指标》（GY/T 5051）的要求。
卫星广播电视地球站	技术系统	运行指标应符合广播电视行业标准《卫星数字电视上行站通用规范》（GY/T 146）和《卫星广播电视地球站维护管理规程（C频段）》（GY/T 182）的相关要求。
微波传输电路	微波电路	传输差错性能指标应符合《运维规程》的相关要求。
	微波传输设备及天馈线等附属设备	技术指标应符合《运维规程》的相关要求。
	编解码器、复用器设备	技术指标应分别符合《标准清晰度数字电视编码器、解码器技术要求和测量标准》（GY/T 212）、《数字电视复用器技术要求和测量方法》（GY/T 226）的要求。
	节目的 TS 流	指标应符合《信息技术 运动图像及其伴音信息的通用编码》（GB 17975.1）的要求。

3. 日常维护保养计划

各安全播出责任单位应针对不同技术系统、设备，制订年、季、月、周维护保养计划。维护保养计划应明确技术系统、设备的维护保养周期、维护时间、维护保养项目及内容、标准，以及确定维护工作的责任部门和责任人等。维护保养计划应按照"谁使用，谁维护"的原则，由相关责任单位技术系统、设备的操作人员负责。维护工作因按照一定的维护规范进行，且维护之后应做好工作记录。

示例：

表 3-38 年度设备维护保养计划表（样表）

序号	设备编号	设备名称	维护保养级别	维护项目	维护内容与标准	维护保养时间	维护部门	责任人

编制人：　　　　编制日期：　　　　审批人：　　　　审批日期：

4. 维护操作要求

为规范地实施维护保养工作，安全播出责任单位应结合自身技术保障系统特点和实际情况，建立健全设备维护保养操作规程，并确保其符合国家、行业相关规定、标准且具有可操作性。

示例：

表3-39 ××电视台播出机房值班人员日常维护操作指导书

维护项目	维护子项目	操作指导	参考标准
外部状况	机房电源	查看总配电柜市电输入电压	市电输入电压正常值：220V±10%
机房环境	机房清洁度	地板、电视墙每天早班打扫一次	无灰尘
	机房温度	测试温度，查看空调工作情况	温度范围：15℃～25℃
	机房湿度	测试相对湿度	相对湿度：20%～80%
设备运行情况	ups电源、电池湿度	观察空调工作情况，ups风扇工作情况	正常温度不超过35℃
	光发射机	观察各光发射机工作指示灯	正常时，绿灯亮
	配电柜指示灯	观察配电柜面板指示灯	工作时，红灯亮
	电视墙	随时监视、监听各频道图像、伴音情况，并在交接班时确认图像、伴音无故障	频道和图像一致，图像和伴音一致，伴音清晰
	公务电话	测试通话情况	可正常通话

5. 落实维护保养工作

精心地维护技术系统，是确保技术系统安全、正常运行的有效手段。技术系统维护工作的落实应重点放在以下几方面：

（1）技术系统维护应按要求规范作业，维护工作中应对所维护的技术系统及周边设备做好保护工作，减少对相关系统、设备的影响。

（2）技术系统维护人员应熟悉设备和系统的性能、技术指标及有关标准，重要的设备维护人员应在上岗前进行考核，以确保有能力进行维护作业。对于较大的维护项目应做好组织工作，安排专业检修人员参与。

（3）应制定维护质量的标准，按标准对维护工作进行验收。

（4）维护工作完成应如实做好工作记录，以便追溯。

6. 不同专业维护要求

由于不同专业技术系统发挥的功能不同，维护重点也有所不同，如光缆线路的日常维护：

光缆线路维护坚持"预防为主、防抢结合"的方针，按照运行维护规程的要求对包括光缆、管道、杆路及附属设施（标识、拉线、人手孔、地线等）在内的设备进行维护，维护内容包括巡线、盯防、测试、整修改造、故障处理、防护宣传、防雷等。

除高速公路管道内线路或其他不宜步巡线路外，应设置巡线员负责光缆线路日常维护，巡线员配备数量应能保证有效完成规程所规定的维护内容。

维护工作涉及其他单位时，应主动联系，共同制定出实施方案后方可进行。光缆维护单位应加强与线路沿线公安、安全、建设等部门的协调与联系，建立光缆线路安全联防机制；加强网络巡查，与公安、综治等部门加强合作，对广播电视光缆传输干线网进行全面维护，确保有线电视信号传送正常。

表 3-40 光缆线路日常维护计划表（样表）

序号	项目			周期	备注
1	巡回			每月至少8次	其中徒步（自行车）巡回每周1～2次，每月不少于6次，可视具体情况增加，车巡不少于两次。
2	直埋光缆维修	标石	补充	每年1次	补充缺失标识、标志牌、宣传牌等，尤其是特殊地段重点补充。
			除草培土	每年2次	或用水泥沙浆将标识底部封固，免去除草培土。
			涂漆描字	每年1次	标识、标志牌、宣传牌。
		路由探测		全线每年1次	如埋深不够及标识与路由不符，应及时整修。
		路由小修		按需	发现路由问题，如护坡塌陷、光缆被冲出、路由上土质流失等问题及时组织处理。
3	架空光缆维修	线杆检修		按需	断杆裂杆更换、歪杆扶正。
		检修吊线、拉线及保护装置		每年2次	吊线垂度、拉线紧度、吊线接地。
		挂钩检修		每年2次	整理和补充挂钩。

(续表)

		清除光缆及吊线上附挂及杂物，剪切树枝	每年1次	结合巡回进行。
4	管道光缆维修	井盖	按需	损害或缺失，及时补充。
		井内	半年及暴雨后	检查人孔、手孔，抽除积水；清理杂物；接头盒固定。
		光缆标识	每年1次	字迹不清或缺失，更换补充。

(二) 技术系统检修

技术系统检修是指检查并修复由于正常原因或非正常原因造成的技术系统故障或精度劣化，通过修复或更换零部件，调整或恢复其原有技术性能、故障排除等技术活动，以补偿技术系统的物理磨损，并恢复其精度或技术性能。技术系统检修是保证高质量播出的重要手段。

1. 检修概述

（1）检修工作应采取预防为主、防治结合、计划检修的方法，确保设备经常处于完好状态。检修应由技术主管根据设备特点和人员检修水准，确定采用值班检修合一、专业检修，或两者相结合的方式。

（2）检修工作实行岗位责任制，由机房主管按班组或检修人员划分检修区，检修区的划分宜采用包机制。对于整个技术系统，也可将整个技术系统划分成若干区，采用分区承包的办法。检修区的划分应符合：①各检修区之间分界明确，相邻检修区衔接处不应有无人负责的空白区。②同一检修区的专业尽可能一致。③各检修区在系统上尽可能自成体系，便于检查和测试。

（3）专业检修人员的基本要求包括：①服从领导、履行职责、团结协作、遵守各项规章制度。②具有专业维修业务相适应的理论基础和实践技能。③熟悉设备原理、技能和结构，掌握维护、检修、测试的方法和技能。④熟悉安全规程和制度，掌握安全操作、安全监督和应急救护的方法和技能。⑤经培训考核取得有效证书者。

2. 检修方案

检修工作一般实行周检、季检、年检制度，应根据安全播出工作任务情况合理确定检修时间。周检以设备功能检测为主，季检以系统测试调整为主，年检以全台性的大系统测试、调整和检修为主，且年检应包括周检、季检的全部内容。

3. 检修流程

检修工作一般的按照检修前管理、检修施工过程管理、检修后管理进行划分。

（1）检修前准备

安全播出责任单位需要停机检修时，应提前向上级部门申请暂时停机，说明停机理由、停机时长、检修方案等内容，申请得到批准后才能停机进行检修工作。

（2）检修的实施

安全播出责任单位应按检修方案组织实施技术系统的检修。检修工作应严格遵守相关安全规范要求操作：

①严格隔离出施工区域，放置警示标识，并进行有效管控。

②安排熟悉安全播出业务的人员进行有效监督，发生威胁安全播出的行为，立即予以制止。

③在播出机房内施工，应与播出运行设施隔离，加强对播出设备、机房环境的巡视。

④保障检修用电安全，要分离施工用电和播出用电。

（3）检修验收与试运行

检修完成后，应在机房工作日志和检修日志上同时做好记录，检修、施工结果应得到使用部门的确认。检修记录内容应包括技术系统名称、规格型号、检修内容、检修责任人员等，其中故障性检修记录还应包括故障时间、停机时间、故障部位、情况原因及故障处理。

表 3-41 技术系统检修记录表（样表）

检修班组		检修时间	
检修部位			
检修内容			
检修结果		班长签字：　　　　　　年　月　日	

三、技术系统故障性维修、抢修管理

（一）维修、抢修概述

故障处理遵循"先抢通后修复、先主用后备用、先一级后二级、及时通报"的原则。偶发性的技术系统、设备故障或其他人为因素造成的故障影响安全播出，应根据所识别的紧急突发情况，制定抢修预案。

（二）故障性维修、抢修流程

安全播出责任单位应明确规定故障的抢修时限，并根据抢修时限要求制定抢修预案和应急抢修流程，组织各部门落实各类故障的抢修、配合责任，落实参与抢修的人员、器材、通讯及交通工具。各专业一般的故障维修应遵循如下维修流程：

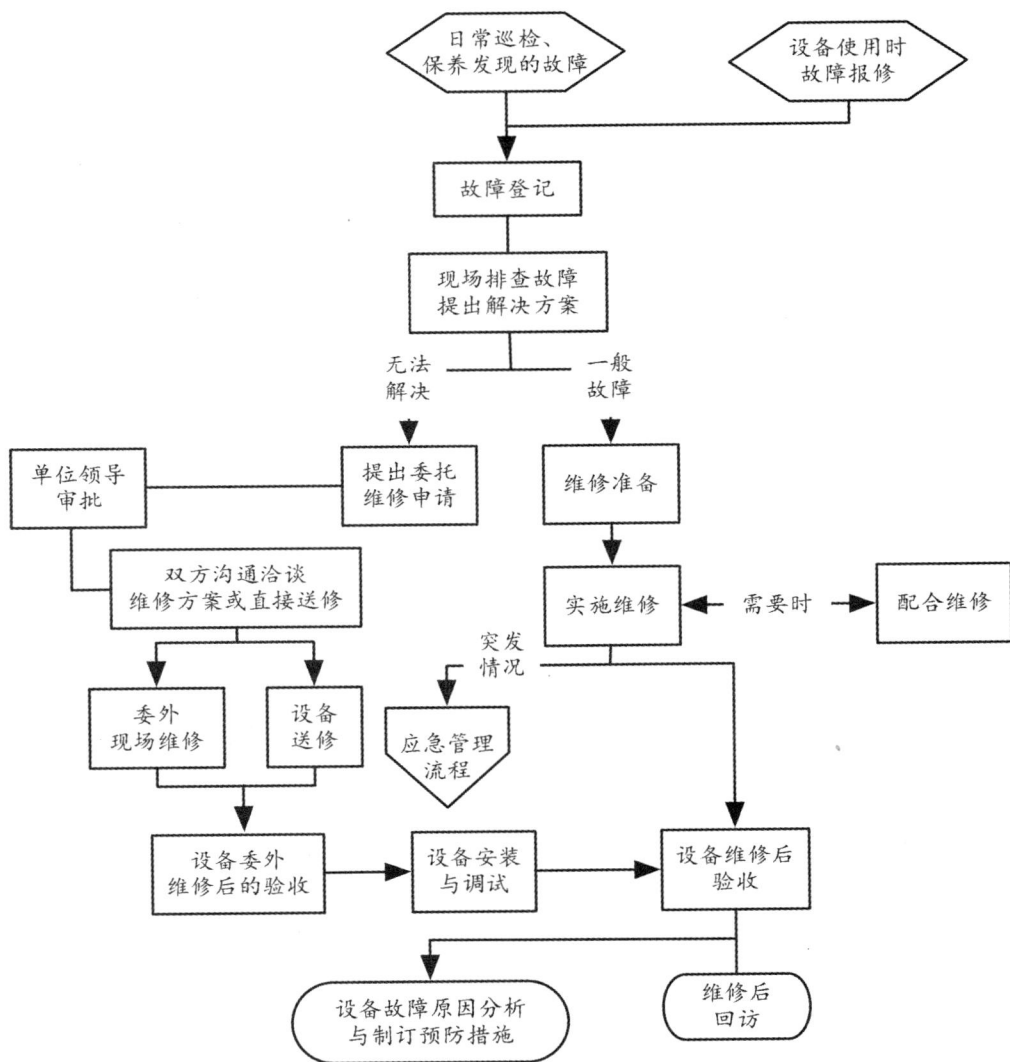

图 3-29　技术系统维修管理流程

1. 故障信息收集

安全播出责任单位应设立 24 小时值班人员，负责对故障性维修、抢修的信息接收、调度处理。接到故障报告电话或接待来人报告故障时，必须问清需维修的工作内容、性质、程度和联系电话或联系人姓名，从而便于确定抢修组织规模、工具、设备与器材。

正常工作时间由设备维修部门受理报修，并将信息传递至相关部门。一般地，故障信息的来源：

①故障现场调查资料；

②故障专题分析报告；

③故障修理单；

④设备使用情况报告（运行日志）；

⑤定期检查记录；

⑥状态监测和故障诊断记录；

⑦产品说明书，出厂检验、试验数据；

⑧设备安装、调试记录；

⑨修理检验记录。

故障信息的主要内容一般涉及：

①故障对象的有关数据，包括设备的种类、编号、生产厂家、使用经历等；

②故障识别的有关数据，包括故障类型、故障现场的形态表述、故障时间等；

③故障鉴定的有关数据，包括故障现象、故障原因、测试数据等；

④有关故障设备的历史资料。

收集故障数据资料的注意事项：

①按规定的程序和方法收集数据；

②对故障要有具体的判断标准；

③各种时间要素的定义准确，相关方法和标准统一；

④数据必须准确、真实、可靠、完整，对记录人员进行教育、培训，健全设备管理责任制；

⑤收集信息及时。

2. 维修、抢修任务调度

维修、抢修队伍应分工明确，提高维修、抢修效率。接到维修抢修通知后，应立即判断是否属于维修抢修范围，如果属于必须立即组织力量处理故障，不得延误，当力量不足时可向上级部门申请抽调临时力量。如果不是处理范围，应立即通知相应的部门。

维修工具、交通工具、通讯工具要配置及时、齐全，特殊情况下可安排社会车辆，确保维修、抢修人员快速行动，尽快到达事故现场。参与故障维修或事故抢修的人员必须携带通讯工具，以便于及时与组织或单位联系。

3. 维修、抢修的实施

维修、抢修队伍应对技术系统各部分的故障问题熟练掌握，清楚因故障的维修可能存在的风险以及对相关单位的影响。维修人员到达现场后首先应做好故障诊断工作，对故障做出正确判断，再进行维修、抢修。

故障判断过程中要进行风险控制，对现场情况进行勘察记录，提供危险点分析，开展作业风险辨识，防止风险扩大。

常见的技术系统故障，包括业务系统的磁盘阵列损坏、台标机或字幕机故障等。辅助的供电系统发生故障，包括外电进电线路断电、外电相关设备自身故障（高压柜、变压器、高压柜等）、负荷过载。软件出现的故障，包括播控软件故障等。

故障判断清楚之后，应针对故障做出处理方案。各部门应统一协作，以最快速度解决问题，尽快恢复正常播出、传输、覆盖。

4. 维修验收

故障设备所属部门应协助办理工作验收手续，填写维修验收单。对于重要的维修项目，整个维修过程及维修结果应形成报告，向主管领导汇报。

维修、抢修过程中所形成的相关记录应存入技术档案，以供查验。在维修、抢修工作中的记录一般要求：

（1）跟班维修人员要详细记录设备故障的全过程，如故障部位、停机时间、处理情况、产生的原因等，对一些不能立即处理的设备隐患也要详细记载。

（2）操作人员要做好设备点检（日常的定期预防性检查）记录，每班按点检要求对设备做逐点检查、逐项记录，对点检中发现的设备隐患，除按规定要求进行处理外，对隐患处理情况也要按要求认真填写，以上检修记录和点检记录定期汇集整理后，上交设备管理部门。

（3）填好设备故障维修单，当有关技术人员会同维修人员对设备故障进行分析处理后，要把详细情况填入故障维修单，故障维修单是故障管理中的主要信息源。

四、工具与器材管理

维护器材主要包括设备维修用的整机部件、单元模块、元器件、电路维修和抢修时所需的维护工具和测试仪表等。安全播出责任单位应根据单位实际情况，结合相关规定，对本单位的工具器材进行合理计划、标准配置，实现集中采购、及时补充、分级管理。

（一）工具器具管理

1. 工具器具的确定

安全播出责任单位应根据本单位业务实际情况进行工具器具的配备工作，对工具器具的类别、数量做好统计工作，及时补充因数量不足或质量有缺陷的工具器具，满足日常维护维修的需求。

2. 工具器具的保管与维护

工具器具应明确专人管理，建立维护工具、器具台账，分类编号，实现定置管理，依照相关专业实施细则要求，进行妥善保管。定期对工具器具进行检查补充。

安全播出责任单位应建立工具、器具借用制度。采取谁借用、谁保管、谁负责的借用原则。领用或更换工具、器具时，需办理借用手续，对所领用的工具、器具进行登记，经核准后发放。

3. 仪器、仪表的保管与维护

仪器仪表是安全播出责任单位进行日常维护和检修的重要工具，应做好日常的管理工作。

（1）仪器仪表应按规定配备，仪器仪表的性能应符合相应设备运行技术指标测量方法中有关仪器仪表的规定。

（2）仪器、仪表应有专人管理、保养，借用和归还均应检验并办理手续。贵重的仪器仪表应有专柜存放，贵重仪器应有登记卡。

（3）仪器仪表应与配件、备件和资料一起专柜存放，注意防尘、防震、防潮、防阳光直射，远离强电磁场、热源和易挥发或有腐蚀性的物质。存放时应断开电源，有量程的应将开关置于量程最大位置。长期不使用的仪器仪表应按说明书定期加电测试。

（4）仪器仪表应按照管理部门的要求实施周期校准，无校准规定的应用合格的标准仪器、仪表比对校准，比对校准周期不应超过一年。

（5）使用仪器仪表的人员应了解其性能并掌握使用方法，拆卸维修应经主管领导批准，并由指定人员负责修理。精密、新型仪器、仪表宜送生产厂家或专业维修部门修理。

（6）仪器仪表一般不应外借，特殊原因外接应经领导批准。用毕归还时经手人员应当面通电检验，确保完好。

（二）备品备件管理

在技术系统运维管理工作中，需要配备充分的备品备件，以保障技术系统出现故障后能及时得到修复。备品备件需要满足预防性维护和故障性维修两个需求。

1. 备品备件的确定

首先，安全播出责任单位应根据国家规定、行业标准和本单位实际需要来确定备品备件的类别和数量。对于关键的技术系统、关键的设备，应根据设备维护保养摸索的经验、规律，确定备品备件，如单一节点设备应有备品备件，微波电路、卫星广播电视地球站等单位应根据所处的环境，考虑大风、暴雪、暴雨、冰雹等恶劣气候灾害的影响，对接收设施（天线等）应有备用。常用易损件应有充足的备品备件，影响安全播出的关键设备的备品备件供给应重点保障。

确定备品备件品种主要考虑备件耗损性、技术系统偶发性故障以及经费等因素，一般应参考专家团队和技术维修人员的意见。

备品备件数量来源于预防性维护和故障性维修的数据。从故障性维修需求的角度，考虑技术系统的数量、年运行时间、以往故障率数据、故障件修复周转时间、备件保证概率、备品使用年限等因素，掌握技术系统故障的分布规律来进行分析计算。从预防性维护保养的角度，通过对年、季、月、周保养工作来预测的。

2. 备品备件的维护管理

安全播出责任单位应制定备品备件管理制度，实现对备品备件规范化、流程化和信息化管理。

①备品备件应在明确所需种类、规格、型号、数量、交付期、质量要求等因素之后制订采购计划，采购计划应符合单位经费实际，由单位领导审批后实施。

②备品备件到货后，采购人员交由库房保管员检验填写到货待检及退货单据，合格的，库房核对所购备品、备件的名称、数量、规格型号，按正常手续办理入库。对不符合的由采购人员进行退货或换货处理。

③备品备件进行登记造册，填写库存清单，清单应包括备品备件类别、名称、规格型号、更换周期、最大和最小库存、适用设备、获得途经、代用件、采购周期等内容。

④备品备件的存储环境应符合相关要求，库房要保持清洁、卫生，妥善放置，以保

证备品备件不变形、不腐蚀、不变质，始终处于良好状态。

⑤备品备件应做好定期检查、盘点、维护，做好详细登记记录。

示例：

×××广播电视发射台器材管理规定

一、发射台根据器材消耗、器材质量、供应周期和市场供求状况变化等因素，制定储备定额并及时修订，确保在满足维护需要的前提下减少储备量。

二、各种器材的型号、规格、参数应准确无误，采购新产品或代用品时，应经台技术主管批准，器材到货后应立即检验，不合格的应退货或索赔，检验合格的方能上账入库。

三、各种器材应按其仓储要求，分门别类的放置在仓库中，做到妥善保管、存取方便、手续健全、账物相符。

四、器材管理人员应定期清扫、检查库房，防止漏水、尘埃、虫鼠等对器材造成损害；定期观察库房的温度、湿度，必要时应采取加温、降温、除湿等措施。

五、对贵重的器材应加强管理，悬挂记录出厂日期、入库日期、上机记录等的卡片，并定期按有关规定进行保养和检验。

六、定期观察、检查器材有无锈蚀和损坏等异常情况，发现异常应及时追查原因，并采取措施防止事态扩大和重演。

七、每年至少要对库房盘点一次，对变质、无用和积压的器材，应按规定程序处理，并检查造成变质、积压的原因。

八、年末应作器材决算和第二年的器材预算，经台技术主管核实后实施。

五、技术系统档案管理

技术档案是各技术部门在安全播出管理过程中、设备运维、技术系统更新改造等技术活动中形成的具有归档保存价值的图纸、图表、文字材料、照片等技术资料等。技术系统档案对于安全播出保障工作具有重要作用。

（一）技术档案概述

安全播出责任单位应按系统对所有设备建立设备单机档案，对设备分类编号，登记入账。

应建立技术资料库，有条件的应逐步建立电子化技术资料库。资料库应包括技术审批文件、运维与技术管理制度、设备档案、运维档案（含运维工作记录、系统操作记录、运行监测记录等）、应急预案、事故档案、系统方案、系统图纸、系统重大技改资料、有关技术标准规范及安全播出文件、报表等。

（二）技术档案管理

不同技术部门的设备档案并不相同，一般应当包括：

①设备制造厂的技术检验文件、合格证、技术说明书、装箱单、图纸等；

②设计图纸、技术说明、设计计算书、设备清单等；

③设备附录及工具清单；

④设备大、年修理工作总结、记录，竣工验收单，修理检测记录；

⑤精度校验及检验记录；

⑥设备改造、更新技术；

⑦设备缺陷记录及事故报告单（原因分析处理结果）；

⑧设备技术状况鉴定表；

⑨设备基础图及土建图；设备结构及易损件、主要配件图纸；

⑩设备维护检修规程。

安全播出责任单位应根据《广播电视安全播出管理规定》及其相关实施细则的要求，明确涉及的专业技术档案管理要求，如有线电视广播系统技术档案一般管理要求：

①必须设立技术档案室，由专人负责管理及收集、分类、造册、编号并组卷归档。

②有线电视广播系统建成并投入使用后，应保存下列材料：网络的可行性研究报告和设计任务书；竣工、扩建、改建的全部图纸和资料；各种设备、仪器的使用说明书及相关的技术资料；有线电视机房电原理图和接线图、光纤干线的原理图和施工图、用户分配网的电原理图和施工图；供电、节目传送、通信等路由、长度和等级等图纸和资料；有关证书、法规、条例、规程、标准和系统验收文件等资料。

③有线电视广播系统运行单位应保留：各种设备运行指标和网络主要参数测试的详细资料；各种技术统计报表和质量报表；各种技术论文、图书和盘片；各种值班、维修、故障处理的原始记录和日常运行维护中形成的有关技术文件；各种技术方案、设备更新改造、网络大修和验收交接等有关图纸资料；各种技术总结报告、事故报告等上报材料。

④借用技术资料，应有借阅手续，并按时归还；借用的资料要妥善保管，不得涂改或污损。

第二节 项目建设管理

一、项目立项管理

项目立项应遵循有关法律法规及其相关要求，识别利益相关方的需求，确定项目目标，实现目标的方法、措施，细化项目每个阶段的运行规则，实施前对制定的方法、措施进行评估、验证、确认，确保影响安全播出的所有风险得到辨识并得到有效控制。

1. 项目在实施前应对整个项目过程进行策划，依据《广播电视安全播出管理规定》第十六条规定：对新建、扩建或者更新改造广播电视技术系统的工程项目，安全播出责任单位在实施前应当组织相关专家或者委托专业评估机构对技术方案进行安全播出评估，确保技术方案以最大限度地消除或控制风险、降低风险，确保按照策划的结果实施项目，实现项目的预期目标。

2. 应制订详细的施工组织计划，明确各个阶段管理控制要求，明确项目组成人员的职责、权限和可能涉及的管理接口，施工方案报主管部门审核并经单位领导审批。对于预知的风险要制定相应的防范措施，尤其是对安全播出可能造成的影响要有预判并制定应急防范预案。

项目技术方案评估的程序：

（1）收集资料

①基础技术资料。包括业务流程、设备性能说明书等。

②可行性研究报告。可行性研究报告是对项目所做的技术经济论证。

③多种技术方案。为实现既定的目标，投资项目往往可以采用不同的技术方案。

（2）分析技术发展趋势

项目技术评估应注意结合项目在整个寿命期内采用技术的可行性进行分析评价，预测技术的发展趋势及其寿命期。

（3）明确技术评估的重点

拟采用技术是否符合国家或行业的技术发展政策和规划，是否与行业的技术水平相适应等，设备选型、关键性部件等对项目有决定性影响的内在技术因素。

3. 项目实施前应对实施的全过程进行系统策划，确保涉及的风险均能够预知并做好相应的风险预控工作。如有线广播电视网开展技术改造与网络优化项目，应根据安全播出风险评估结果制订技术改造和网络优化计划、风险控制措施并组织实施。技术改造与网络优化应按项目方式进行管理，实施流程应包括方案论证、报批、审核、实施、培训、验收等内容。

4. 施工前，应制定详细的施工方案和应急预案。施工方案和应急预案应明确：

（1）施工的目的和要达到的效果、施工内容和施工区域、详细操作步骤和时间进度、各项安全措施、施工可能对安全播出造成的影响、应急操作处理流程以及相关责任人和需要协调配合的部门等；

（2）应确定项目的特性、期限和复杂性；

（3）应获取为项目实施所需的内外部资源；

（4）项目运作方式的选择以及各阶段关键节点应确定并明确其控制要求；

（5）在项目实施前应当组织专业人员对项目可能产生的风险进行识别，根据风险制定控制措施；

（6）项目各阶段涉及的更改内容并进行评审、记录，适当时进行再次验证、确认；

（7）项目涉及重大风险的，或对其他安全播出责任单位有影响时，应得到相关主管部门的批准。如微波单位涉及站址迁移、扩容、更新的技术改造，国家干线应报国家新闻出版广电总局批准，省内干线应报省级广播影视行政部门批准，并报国家新闻出版广电总局备案，支线微波电路应报上级广播影视行政部门批准。

二、项目实施管理

《广播电视安全播出管理规定》中第二十一条第三款规定：更新改造在播系统、设备、线路及其附属设施，应当制定工程施工方案和应急预案，与施工单位签订安全协议，落实安全措施。

项目实施过程中应加强风险控制和监管，确保施工方法、过程符合既定的技术方案，确保存在安全播出风险的防范措施得到落实。

施工安排应以减少对安全播出影响为原则，对于技术系统的施工应尽量安排在例行检修时间进行，需要临时停传的，应做好临时停传申请和操作通知等工作。

施工过程中，应遵守相关安全规范，并做到严格隔离出施工区域，放置警示牌，并进行有效管控；安排熟悉安全播出的人员监督整个施工过程，发现威胁安全播出的行为，立即予以制止；在播出机房内施工，应与播出运行设施隔离，并加强对播出设备和机房环境的巡视；施工用电应与播出用电分离。

三、项目验收

《广播电视安全播出管理规定》第十六条规定：在工程项目完工后应当组织验收，并向广播影视行政部门报告验收情况。

在工程项目完工后应当聘请专家组织验收，要严格按照验收程序进行，并向广播影视行政部门报告验收情况。项目相关文档应妥善保留，以方便对使用人员进行新技术的培训和能力验证。

四、试运行与试播期管理

项目新建或改造完成后应试运行，对系统进行测试调整，根据运行情况，制定相关工作流程与规章制度，报单位领导审批。试运行与试播期管理内容如下：

（1）新建广播电视及视听新媒体技术系统投入使用前，试运行时间不得少于1个月，应明确试运行期间的保障措施。

（2）新建或改造技术系统需要试播的，应提前7个以上工作日逐级报至省级以上广播影视行政部门批准。其中，涉及广电总局直属单位的，以及播出影响范围涉及全国或者跨省、自治区、直辖市的（如：新建、迁建地球站上行系统），应逐级报至广电总局批准，审批部门及时回复意见。批准试播的，应同时将批复意见告知广播电视监测、指挥调度机构。试播期不超过6个月。

（3）对安全播出责任单位试播期间的安全播出工作评价纳入广播电视安全播出考核，但非责任性停播事故除外。

第三节 设备外购与服务外包管理

安全播出责任单位应在综合分析自身的经营环境、市场情况以及自身的经济实力、核心业务及发展战略的基础上，制订设备外购或服务外包计划，利用外部良好的资源和技术提高安全播出保障能力。

一、设备采购

（一）供方评价与选择

供方是指"提供产品的组织或个人"，即包括制造商、批发商、产品的零售商、服务或信息的提供方等。从广义上讲，凡与安全播出责任单位签订合同，履行合同约定义务，提供约定的服务和资源，均称为供方或供应商。

供方向安全播出责任单位提供的产品或服务对安全播出责任单位的风险管控有着重要影响，依据外购产品或服务对安全播出的影响重要程度可将供方分为Ⅰ、Ⅱ、Ⅲ三类，Ⅰ类供方所提供产品或服务对广播电视及视听新媒体的安全播出有非常重要的影响。Ⅱ类供方所提供产品对广播电视及视听新媒体的安全播出有重要的影响。Ⅲ类供方所提供产品对安全播出的影响较小。供方分类是安全播出责任单位确立供方关系并进行供方关系管理的主要依据。

1. 供方评价

广播电视产品、服务的供应商评价准则应由采购使用部门和采购人员共同制定，同时满足技术、采购以及相关法律法规的要求，主要包括两方面内容：

一是设备器材供应商资质应具备相应的资质证明，根据《广播电视安全播出管理规定》，安全播出责任单位应使用依法取得广播电视设备器材入网认定的设备、器材和软件，以提高设备运行可靠性。

二是应对服务的供方进行评价，其服务质量评价可参考以往与供应商的合作经验或参考供应商与其他相关单位所提供的服务业绩。当双方合作完成后，安全播出责任单位应对供应商服务能力进行重新评价。

（1）技术性评价

对于设备器材的技术评价主要包括技术可靠性、维修性、安全性、节约性、环保性、兼容性、适用性和耐用性等内容。

①技术可靠性。技术可靠性是指设备器材在规定的条件下、规定时间内完成规定功能的概率。设备器材丧失规定的功能称为故障，设备器材的技术可靠性，同样会影响设备的综合效率。

②维修性。维修性是指设备器材维护、保养和维修的难易程度，良好的维修性是设备器材选择的重要评价因素之一。易于维护、保养和维修，应包括良好的售后服务和配件、易损件的供应。良好的维修性不仅可降低维修费用，还可有效减少设备器材的故障

停机时间，提高设备器材的利用率。

③安全性。安全性是指设备对广播电视节目安全播出的保障能力。

④节约性。节约性是指设备节约资源的能力。

⑤环保性。环保性是指设备减少环境污染或改善环境的能力。

⑥兼容性。兼容性是指设备与原有技术系统的兼容能力。

⑦适应性。适应性是指设备适应不同工作环境，加工不同产品，完成不同工艺的能力。现今，随着传统媒体与新媒体技术融合发展速度加快，原有技术系统更新换代速度加快，设备寿命周期日趋缩短，设备的适应性越来越成为影响设备综合效率的重要因素。

⑧耐用性。耐用性是指设备应具有一定的自然寿命，设备的自然寿命过短，不利于设备的充分利用、设备折旧费用的分摊和投资效益的提高。设备寿命的长短，取决于技术进步造成的无形磨损和其经济寿命。

以上评价要素在评价设备技术性时，相互关联、相互制约。因此，安全播出责任单位在选购设备时，要统筹兼顾，全面权衡。同时，还要根据其具体情况有所侧重。

（2）经济性评价

其目的在于通过对设备选购方案的投资费用、使用费用及其运营预期收效的对比、分析，从中选择技术性最好，经济性最佳的方案。

2. 供方选择

对供方分析评价是为了确保供方的质量，满足安全播出责任单位的需求。安全播出责任单位对供方的选择主要包括基本原则、选择方法及供方数量确定等几方面内容。

（1）供方选择的原则

①全面兼顾和突出重点原则。评价和选择供方的指标体系应全面反映供方的综合水平，避免以偏概全的做法，但对于重点指标应给予重点考虑。

②科学性原则。评价和选择供方指标过多、过细，容易将评价工作烦琐化，而指标体系过小、过粗，又不能充分反映供方的水平。

③可操作性原则。评价和选择供方的指标体系应有足够的灵活性和可操作性，使评价和选择工作易于进行。

（2）选择方法

在对供方的整个选择过程中，安全播出责任单位应遵循高质量、低价格、重合同、守信用、管理好、距离近的原则。当然，对重要程度不同的采购产品，侧重点应有所不同。一般来讲，单纯的比价采购和比质采购都是不可靠的，应综合考虑价格和质量两方面的因素，以避免简单的比价、比质采购带来的质量风险和价格风险。

选择供方的常用方法主要有：直观判断法、招标法、协商选择法、采购成本比较法等。

（3）供方数量的确定

同一产品的供方数量确定应根据产品的重要程度、市场供应状况和供方的可靠程度确定。理论上讲，采用单一供方，管理方便，也利于降低采购成本，利于供需双方建立长期稳定的合作关系，产品质量也易于控制。但采用单一供方隐藏着一定的采购风险，如对供方的过度依赖。因此，在选择供方时，应充分考虑供方与数量组合带来的敏捷性。一般来讲，对同一种采购产品可保持 2～3 个供方，以保证供应的稳定性和可靠性，有利于产品质量的持续改进和提高。对于经营稳健、供应能力强、信誉好、关系密切的供方可只保留一家，这对供需双方都很有利的。

（二）设备采购管理

1. 设备购置验收

设备购置验收的依据包括购置计划、采购合同、供方发货单据、设备约定的技术指标、合格证明、使用说明文件等，验收应按一定程序进行：

①对供货方资质的确认；

②检查产品是否满足采购计划及相关标准要求；

③外购产品到达后，采购人员应及时通知库管人员、设备使用人员参与验货；

④验货人员应根据相关规定，对产品进行检验，检验合格后，通知库管人员办理入库手续；库管人员在入库及使用过程中，应对产品进行跟踪检查，发现问题应及时通知相关部门；

⑤经检验、验收不合格的产品，有关人员必须立即报告相关领导，并会同有关部门做出评价和处置决定。不符合验收标准的产品不得用于广播电视播出活动。

2. 设备调拨配置

为充分发挥现有设备的作用，促进闲置设备流通，把闲置资源变为可利用资源，可制定设备调拨管理办法，调拨一般流程为：

①收集设备使用部门的信息，分析现有设备运行状态；

②编制年度主要设备安排；

③实地调查，提交设备配置计划；

④发布设备调拨通知；

⑤设备检查维修、技术档案整理；

⑥设备移交；

⑦填报设备调拨移交记录，更新设备档案信息。

二、服务外包

安全播出责任单位应建立并实施服务外包管理制度，明确各管理层次和部门在外包管理活动中的职责和权限，对外包方实施管理。

（一）外包项目采购方式

采购方式主要有：公开招标、邀请招标、竞争性谈判或竞争性磋商、单一来源采购、询比价采购。其中：

公开招标，是本单位依法以招标公告的方式邀请不特定的供应商参加投标。

邀请招标，是本单位依法从符合相应资格条件的供应商中随机邀请3家以上供应商，并以投标邀请书的方式，邀请其参加投标。其属于有限竞争性招标，也称选择性招标。

竞争性谈判，是指本单位成立谈判小组，与符合资格条件的供应商就采购货物、工程和服务事宜进行谈判，供应商按照谈判文件的要求提交响应文件和最后报价，单位从谈判小组提出的成交候选人中确定成交供应商的采购方式。

竞争性磋商采购方式，是指本单位、政府采购办通过组建竞争性磋商小组与符合条件的供应商就采购货物、工程和服务事宜进行磋商，供应商按照磋商文件的要求提交响应文件和报价，采购人从磋商小组评审后提出的候选供应商名单中确定成交供应商的采购方式。

单一来源采购，是本单位从某一特定供应商处采购货物、工程和服务的采购方式。

询价，是指本单位成立询价小组，向符合资格条件的供应商发出采购货物询价通知书，要求供应商一次报出不得更改的价格，单位从询价小组提出的成交候选人中确定成交供应商的采购方式。

（二）外包项目合同管理

需要委托其他单位承担与广播电视安全播出有关服务任务的，应选择具有相应安全保障能力的单位并签订有效协议，明确双方责任和义务，外包项目合同应包括：

①符合法律法规的规定；

②明确服务范围、服务内容、服务标准；

③明确双方的权利和义务、双方职责和违约责任；

④服务方案及服务过程的要求；

⑤服务人员的资格能力要求。

对于提供设备维保服务的外包方，应指定专人对维护单位的维护质量进行监督检查和管理，并对其操作进行规范，在维护操作时，应安排内部熟悉业务的人员监护。

（三）外包项目的监管

合同签订后，安全播出责任单位要对供方质量保证能力实施全过程的监控，其目的在于：

一是防止供方的质量保证能力出现波动而产生安全播出风险，确保所提供的产品或服务质量稳定，与安全播出责任单位业务需求相匹配，满足安全播出需要。

二是与供方共同发现改进的机会，寻找改进的切入点，在更高层次上创造价值。其中，涉及现场施工的供方管理，为规范供方现场施工操作，避免施工对安全播出造成的风险，安全播出责任单位应安排内部熟悉安全播出的人员监督整个施工过程，发现威胁安全播出的行为，立即予以制止。应禁止代维单位实施远程技术系统维护。

对于提供服务的供方，应定期或不定期对供方提供的服务按要求进行评价，以证实供方具有持续保证其提供合格的服务的能力。

第四节　人员管理

广播电视风险预控与应对关键在人，应对从事广播电视与视听新媒体安全播出的相关人员从准入至退出全过程实施管理，涉及人员岗位设置、聘用、培训、使用、绩效考核、人员调整等一系列活动。

一、人员聘用

（一）聘用原则

人员聘用管理是人员管理的首要环节，需要严把人员准入关。

安全播出责任单位应按照统一管理、统一部署的原则，坚持因事设岗、按需招人、按岗配置，由用人部门提出申请，经主管领导审核后，报单位领导审批通过后安排人力资源部门予以落实。人员聘用应严格遵循"公开平衡、考用一致、择优录取"的原则，做到公正透明，人尽其才。

（二）聘用流程

人员聘用程序一般包括：提出招聘需求、拟定招聘计划、确定招聘渠道、发布招聘公告、人员筛选测试、人员甄别录用、签订劳动合同等。

安全播出责任单位应重点对应聘人员的教育程度、工作经历、人员能力等方面进行严格审查，再通过严格的考试，如笔试、面试、评价、情景模拟等方法从候选人进行筛选，以确定最后录用人选，人员素质和能力应满足岗位要求。

（三）特殊人才聘用

安全播出工作事关重大，这对人才素质提出了更高的要求，对关键岗位的人才聘用，应优中选优，既要重视其专业能力，也要看重其综合能力。

1. 管理人才的聘用应考虑的内容

一是要爱岗敬业。管理人员不仅需要热爱本职工作，专业能力强、工作认真，也要有担当、敢负责，关键时刻能够冲得上去。

二是要善于管理，以人为本。管理人员应善于团结员工，激发员工工作热情，同时要重视员工思想教育，全面提高员工的安全意识和素质。

三是要具备处理突发事件事故的能力。管理人员应熟知安全知识，掌握安全技能，遇事沉稳冷静处变不惊，能快速有效地处理安全播出突发事件事故。

2. 播音员、主持人、记者应考虑的内容

由于岗位职能的特殊性，播音员、主持人、记者的素质对安全播出有极其重要影响，因此应格外重视其聘用管理。

（1）政治立场正确。播音员、主持人、记者应有坚定而正确的政治立场，坚持主流价值观，引导正确的舆论导向。

（2）业务精熟。播音员、主持人、记者对所播出的节目内容要精通熟练，做到心中有数，准确把握宣传的重点和方向。

（3）发音准、形象佳、有道德。运用标准普通话，形象端正，气质高雅，有良好的道德修养。

（4）应变能力强。遇播出节目过程中突发情况，能够善于随机应变，及时采取措施控制影响安全播出的风险。

从事播音主持、记者编辑工作应参加广播电视编辑记者资格考试、播音员主持人资格考试，考试合格的，符合条件的由申请注册人员所在单位向省级广播影视行政部门申请执业资格注册，持有中华人民共和国广播电视编辑记者证或中华人民共和国播音员主持人证方可上岗。

3. 特种作业技术人员

依据《特种作业人员安全技术培训考核管理规定》（国家安全生产监督管理总局第30号令），特种作业，是指容易发生事故，对操作者本人、他人的安全健康及设备、设施的安全可能造成重大危害的作业。安全播出业务有关的特种作业主要涉及电工作业、高处作业等。

如高压供电系统操作人员应熟悉电气规程，熟练掌握电气设备性能、接线方式、运行方式等。天线和高塔的维护人员必须具有专业资格证，熟练掌握设备的电气基本知识和高空作业的操作技能，并在工作中严格遵守安全操作规程。

特种作业技术人员是一个高危职位，必须对应聘人员进行严格的审查、考核，在学历、经验、专业资格证书、健康状况等方面进行综合考评。

二、人员培训

广播电视及视听新媒体安全播出是一项技术性很强的工作，"技术好、业务精、有纪律、讲奉献"是行业对工作人员的目标要求。随着科学技术的快速发展，广播电视及视听新媒体技术系统和技术也在不断推陈出新，原有的技术知识已不能适应新的工作要求，需要通过培训使员工掌握必要的技术知识，以利于工作的展开。

（一）人员能力确定

员工能力是指员工所掌握的技术和技能，这种技术和能力使员工能胜任其所在的岗位。《广播电视安全播出管理规定》及其专业实施细则对员工的能力均做了相应规定，各安全播出责任单位应认真对照执行。对员工能力的评定一般可参考以下几个因素：

（1）学历证书或技能证书；

（2）定期举行技能测试、技能比赛等测定员工的能力水平；

（3）通过员工的工作水平、效益或效率评定其能力水平；

（4）还包括教育程度、接受的培训、具备的技能和工作经验，人际交往能力、领导力、沟通能力、判断与决策能力、执行力等。

对人员能力的评价可采用理论考试、操作考核、观察、定期的绩效评价等方式。应基于人员的教育水平、工作经验、接受的培训等对人员的能力进行鉴定。

安全播出责任单位采取适当措施以增强员工能力，一般适当的措施可包括：业务培训、业务演练、对现有员工的调动、聘用或临时雇佣胜任人员等。其中，有针对性地开展业务培训和强化演练，是提高员工能力最常用和最简便且行之有效的措施和手段，各安全播出责任单位应根据自身业务特点和实际情况，建立员工培训机制，为安全播出保障体系构建和实施提供能力支持。

（二）培训计划的制订和实施

针对不同对象和目的，人员培训可分为：

入职培训：主要对刚入职人员进行基本操作技能和单位规章制度的培训。

岗位培训：培训员工熟练掌握岗位的操作规范，熟悉安全播出工作的业务流程。

能力提升培训：对在岗员工进行技能、素质、能力的提升培训，目的在于提升员工的操作水平和安全意识，帮助技术人员掌握最新的操作技术。

应急培训和演练：提升员工处理安全突发事件事故等应急能力，并通过模拟演练提高员工的实际处理水平。

培训计划的制订应具有针对性，确保培训内容符合培训目的。培训计划应合理科学、循序渐进，具有即时性、前瞻性，能满足安全播出业务的需求。

安全播出责任单位制订培训计划时，一般应包括培训目标、培训对象、培训时间、地点及所需的培训设备设施；培训课程设置、师资安排等；培训方式包括面授或网络培训、脱产或在职培训、委托外培或内训等；对培训效果考核要求。

培训项目实施计划的方法和步骤是：

①公布培训计划；

②培训资源的组织、准备；

③进行培训动员工作；

④了解特殊要求；

⑤强调培训纪律；

⑥组织实施。

表3-42 ××电视台安全播出人员培训计划表（样表）

部门	培训类别	培训主题	培训内容	组织部门	参加培训人员	培训形式	预定培训时间	备注

培训的实施是培训的最重要环节，要严格按照培训计划落实，培训组织部门做好培训记录。

表3-43 ×××电视台安全播出人员培训记录表（样表）

培训主题		培训讲师	
培训时间		培训地点	
参加培训人员：			
培训内容：			

序号	部门	姓名	职位	签到

（三）培训效果评价

培训结束后，培训组织部门应组织受训人员进行培训效果评估，培训效果评估可以检验培训的目的是否达成，为下一步工作开展提供参考，同时也可检验培训过程中的漏洞，以进行弥补和完善。

为保证评估效果的全面准确，可针对培训结束不同阶段进行评价，可分为结束时即时评估和结束后追踪评估。

培训结束时应即时评价主要体现员工对培训内容的学习掌握情况，其评价内容主要包括：

①接受培训的人员对培训的反应。

②对培训的学习过程进行评价。

③培训是否带来了人员行为上的改变。

④工作行为改变的结果，也可直接组织受训人员进行实操考核。

表 3-44 播出系统培训实操考核表（样表）

日期	操作人员	操作开始时间	结束时间
培训实操内容	考核评价		操作存在的问题
1. 绘制播出系统图；	A B C D		
2. 确认信源输入的信号，调整变更信源；	A B C D		
3. 矩阵切换、锁定操作；	A B C D		
4. 待播素材迁移并确认迁移状态；	A B C D		
5. 节目播前审看操作（不同节目审看的重点）；	A B C D		
6. 节目播出时，更换待播素材；	A B C D		
7. 节目播出时，修改播出单（增删操作），修改节目播出属性；	A B C D		
8. 台标、字幕播出操作；	A B C D		
9. 应急情况时更换垫片操作；	A B C D		
10. 节目转播操作；	A B C D		
11. 日常巡检查看播出设备运行状态；	A B C D		
12. 设备出现故障，主备切换操作；	A B C D		
其他：			

"考核评价"根据操作人员现场操作的熟练程度和完成情况进行评价：A（优秀）、B（良好）、C（合格）、D（不合格重新再培训）

参加人员确认：   负责人：

培训结束后追踪评价是指培训者回到工作岗位后进行的评价，其评价目的在于掌握员工将培训内容正确运用到安全播出实际工作的情况，体现培训的实际效果，其评价内容主要包括：

①培训结束一段时间后，培训组织者通过调查收集受训人员的工作绩效以评价培训成效；

②培训组织者通过实地观察受训人员的工作实况以评价培训的成效；

③培训组织者可通过调查受训人员的上级或下级人员以获得培训绩效的信息；

④分析培训员工的人事信息评价培训成效；

⑤对受过培训和未受过培训的人员进行对比评价；

⑥以受训员工是否达到预期目标来评价。

培训评价主要通过效果反馈表进行体现。培训结束后应针对培训情况包括培训目的、受训人员、培训方式、培训效果进行档案留存。

表 3-45 培训效果反馈表（样表）

填表人：　　　　　所在部门及岗位：　　　　　培训时间：

培训项目名称			讲师姓名	
培训方式		□面授　□其他：	培训地点	
评价内容		评价意见（对应划√）		
		满意	基本满意	不满意
评价培训内容	培训目标是否明确及目标达成情况			
	培训内容完整性、准确性、先进性			
	培训内容对工作的帮助性及应用性			
	课件讲义及相关资料的完整性及适用性			
	培训整体质量			
评价授课	条理性、系统性			
	授课的效果与技巧			
	讨论、联系、示例分析效果			
	课堂气氛的调节方面			
	综合评价			
备注				

注：上表中"评价意见"最后一列为"不满意时，请提出建议或意见"。

三、人员调配

人员调配是指经单位领导、主管部门决定而改变人员的工作岗位职务、部门或隶属关系的人事变动。为满足安全播出责任单位业务发展和安全播出工作的需要，应根据内外环境变化，运用科学的方法分析预测出单位业务发展对人力资源的需求，编制与之相适应的人力资源规划，实施人力资源的合理配置，实现科学调配。

人员调配要严格遵守人尽其才的原则，要充分考虑工作部门和岗位的职责和特点以及工作人员的知识、经验、能力、执业资格和相关要求等因素，做到岗位职能与人才能力相匹配，以充分发挥工作人员的积极性。

人员调配重点要做好审批工作和业务交接，调入人员应熟练掌握岗位操作流程，保障交接工作顺利进行和播出安全。

示例：

表 3-46 从事安全播出工作岗位调整审批表（样表）

姓名		所在部门	
现工作岗位		担任本岗位起止时间	
岗位调整原因			
所在部门意见		部门负责人：　　　　　日期：	
人事部门意见		人事部门负责人：　　　　日期：	
分管领导意见		分管领导：　　　　　　日期：	
单位领导意见		单位负责人：　　　　　日期：	

表 3-47 安全播出从业人员岗位交接表（样表）

姓名（移交人）			交接日期	
所在部门			岗位／职务	
部门	应办事项		接收人或经办人	监交人（日期）
	业务工作交接			
	资产／物品交接			
	文件／资料交接			
原部门主管领导意见				
人事部门意见				
备注				

四、人员考核

安全播出绩效考核是针对安全播出相关人员所承担的工作，应用各种科学的定性和定量的方法，对员工行为的实际效果及其对组织的贡献或价值进行考核和评价。应根据员工技能与自我评价、他人评价及主管评价相结合得出结果，从而调动安全播出相关人员的积极性和创造性，以提高员工工作能力，并逐步提高整体安全播出工作水平。

安全播出责任单位应建立科学合理的绩效考核制度，明确绩效考核原则、考核标准、考核内容方法和考核结果等，做好部门岗位工作质量的监督评价，完善干部职工的激励机制，使队伍建设形成良性循环，确保有能力胜任其岗位工作。

（一）绩效考核原则

为充分体现安全播出绩效考核的激励作用，并最终达到提高安全播出业绩和工作效率的目的，绩效考核应遵循的原则：

1. 公正性和客观性

绩效考核指标体系的制定和考核执行应以安全播出责任单位的业务环节、流程和特点分析为基础，突出安全播出工作中的薄弱环节和重点、难点问题，做到客观公正。

2. 明确性和具体性

考核标准的明确性和具体性，主要是指其考核指标应清晰、明确、具体，且数据便于获取，易于赋值，所有的考核指标均有明确的考核说明和依据，其语言描述简洁、准确，不产生歧义。且其考核内容、程度、方法及相关制度之间互相匹配，协调一致，便于操作，在实践中有较强的可操作性。

3. 一致性和可靠性

考核标准的一致性和可靠性是指考核标准和考核主体适用于所有同业务构成的安全播出责任单位，一视同仁，不区别对待。考核标准和考核主体保持一定的稳定性，不经常变动。考核结果具有一定的可比性。

4. 民主性和透明性

考核标准的制定应采用民主统一性原则，广泛征求安全播出责任单位的意见，考核结果应透明公开，既可以使被考核单位了解自己真实的安全播出保障能力现状，也有利于防止考核结果可能出现的偏差和误差，以保证考核结果的公平、公正性。

（二）绩效考核内容与方法

考核内容包括工作业绩、工作能力、工作态度等三个维度。考核方式应根据不同岗位采用适用的考核工具，一般包括业绩考评、态度考评及能力考评。常用方法包括平衡计分卡、强制分布法、目标管理法、关键绩效指标法等。

（三）绩效考核实施

绩效考核的实施是人员考核的关键环节，为保障考核的有效实施，安全播出责任单位可成立专门的考核领导小组，对考核工作进行组织监督工作。小组应有明确的分工，小组内部成员应相互协作，组织各部门被考核人员，共同将考核工作圆满完成。

考核的实施应遵循绩效考核的标准，采用方便效率的方法进行。实施过程大致可分为以下 6 个阶段：①绩效考评的启动；②数据收集；③绩效综合考评；④考评资料收集整理；⑤业绩考评成绩公布；⑥考评资料备案。

（四）绩效考核评价

绩效考核的结果应依据绩效考核的标准进行具体划分，建立具体可操作的奖惩标准。安全播出责任单位应对绩效考核的结果进行综合分析，对于其中表现差的个人和部门，应进行批评教育，严重者应做出严肃处理，同时应督促相关个人和部门制订改进计划。绩效改进计划应包括问题原因分析、改进措施、实施及完成日期期限。绩效改进计划制订后，安全播出责任单位及相关问题部门应共同确保改进计划的实施，并做好记录。对于在考核中表现突出的人员和部门，应给予表彰、奖励，以起到激励员工积极性的作用。

表 3-48 工作业绩考核表（样表）

姓名：＿＿＿＿＿＿ 部门：＿＿＿＿＿ 被考核人签字：＿＿＿＿＿＿ 上级签字：＿＿＿＿＿

主要工作任务	考核标准	任务权重	资源支持	自评得分	上级评分
N. 完成上级临时交办的其他工作。		××%	单位领导		
本人自评结果：＿＿＿＿＿ 上级考核结果：＿＿＿＿＿ 单位考核意见：＿＿＿＿＿					
考核评分说明	评分标准： 1. 91～100 分：远远地超越目标，非常突出； 2. 81～90 分：达成目标并超越目标的要求和标准； 3. 71～80 分：达到目标要求的标准；				

4. 61～70分：勉强达成目标，但有所不足且造成工作影响；
5. 60分以下：与目标存在明显差距且失误严重并造成损失。
评分说明：评分超过90分和低于65分时，要在《绩效面谈表》中进行文字说明。

填表日期：_____年_____月_____日

第五节 资金保障管理

资金是广播电视及视听新媒体安全播出保障体系正常运转的重要基础，也是技术系统运维的重要保障，涉及日常运转保障资金和专项资金的管理。

一、日常运转保障资金

日常运转保障资金是指安全播出责任单位正常运行所需要的资金，具体包括：

1. 人员经费。人员经费是指与安全播出有关的人员基本工资、津贴、补贴、奖金、住房公积金、医疗保险、工会经费、福利费等与人员有关的经费。

2. 日常办公经费。日常办公经费是指为保证日常办公及安全播出活动所需要的经费，如办公费、维修费等。

3. 日常性技术系统运维费用。日常性技术系统运维费用是指为保障技术系统正常运行所需运维费用，如备品备件采购、代维服务支出费用等。

二、专项资金管理

1. 专项资金

专项资金是指具有指定用途或特殊用途的资金。安全播出责任单位的专项资金一般用于批量购置设备、技术系统升级改造、设备一次性维修等项目和突发事件事故时应急保障。

安全播出责任单位应设立"安全播出专项资金"，制定相关管理制度，明确专项资金用途、范围、投入与使用要求及其监督检查等内容。

2. 管理原则

专项资金设立是为了解决安全播出责任单位特定的问题，为确保专项资金能合理使用，实现其设立之目的，专项资金的使用必须符合国家相关文件规定，并遵循以下原则：

（1）专项资金实行"专人管理、专户储存、专账核算、专项使用"。

（2）资金的拨付本着专款专用的原则，严格执行项目资金批准的使用计划和项目批复内容，不准擅自调项、扩项、缩项，更不准拆借、挪用、挤占和随意扣压；资金拨付动向，按不同专项资金的要求执行，不准任意改变；特殊情况，必须请示。

（3）严格专项资金审核制度，初审、审核、不准缺项和越程序办理手续，各类专项资金审批程序，以该专项资金审批表所列内容和文件要求为准。

（4）专项资金报账拨付要附真实、有效、合法的凭证。

（5）对专项资金要定期或不定期进行督查，确保项目资金专款专用，要全程参与项目验收和采购项目交接。

第六节 工作环境管理

广播电视及视听新媒体播出工作环境管理，是指对广播电视和视听新媒体节目播出安全产生影响的周围条件因素进行控制管理，其主要包括设备运行环境管理和人员工作环境管理两方面内容。

一、设备运行环境管理

不同台站、机房由于安装的技术系统不同，运行条件也有所区别。

1. 发射台环境管理

发射台应指定专人负责场地环境和室外设备的保护工作，组织有关人员巡视维护发射台的围墙、围网、界石、标志物和室外、地下设施以及周围环境，及时制止可能造成危害的行为，向发射台周围的单位和群众宣讲保护发射台室外设施和场地环境的要求及其重要性。

台领导和技术主管负责与规划、土地管理部门协调、审批在本台环境保护区域附近的工程和农田水利建设项目，负责与建设单位签订防止施工中损伤本台设备、设施和场地环境的协议，并派人进行监督。

台技术主管应记录发射台室外设施和场地环境的变化情况，及时修正室外设施分布和场地环境的图纸，必要时还应绘制新图。

2. 地球站环境管理

设置地球站时需要考虑多方面的因素，如地理位置、地质条件、防干扰能力、交通是否便利、是否具备基本的供水供电能力、当地的天气情况等。以天线直径 10 米以上的大型地球站为例，站址需选定在郊区，以避免与同频段的地面微波互相干扰，避开城市各种电气的噪声；同时还因为地球站发射的强辐射对人体有害，也需要避开人群。当然工作人员也要做好电磁辐射的防护。

地球站的选址视城市的大小而定，一般地址需要距离城市中心十几公里到几十公里的距离，在中继微波一跳传输的距离内为佳。这里的"一跳"是指一个微波站到另一个微波站端到端的传输。

但地球站远离城市又会带来中继传输、维护管理、生活供应等诸多的不便。有条件的地区可以选择原来就具备一定条件的中、短波收信台为站址，较理想的站址是背靠山丘与城市有地理屏障，天线与卫星方向又无阻挡的开阔地、水面或丘陵地带。

确实有困难无法让地球站远离城市，而天线的通信仰角较高的时候，地球站也可以定位在居民稀少的近郊，但在天线前方一定距离需要建立钢板结构的电磁屏蔽墙，用以防止地球站对外干扰和受到外来的电磁干扰。

对于天线直径在 10 米以下的地球站，如果是输出功率大的地球站，上行的地球站，其选址也应该定在郊外。如果输出功率不大，在得到当地有关管理部门同意后一般可以放在城市内，甚至是市中心的繁华地段，天线应装在高层建筑的顶端较好，以防止其他房屋的阻挡，如果天线较大，还要注意该高层建筑的承重能力。

对于单向接收地球站，因不发射信号、对外无电气干扰，可以安装在市区内，但也需要防止同频段地面微波的干扰，因为房屋、树木等屏蔽阻挡的环境复杂，需要实地测试才能最后确定选址。

3. 微波站环境管理

微波站环境主要是指传输空间通路的电磁环境和传输网络设备的运行环境。通常在微波电路的设计建设时，电磁环境就已经确定。

传输设备通常由微波总站或建设方统一配置，而机房等基础设施一般是当地微波站自行建设。因各地微波站对环境的重视程度不同，使得微波站的环境条件各不相同。《微波传输电路实施细则》，对微波站的运行环境条件作了统一要求，以保证微波电路在良好的环境条件下可靠运行。

微波无人值守站应根据当地的气象条件和无人值守站所处的地理环境，做好防尘、防漏、防虫、保温等防护措施，重点做好防火、防雷、防侵入等保护措施。应配置自动控制功能的通风空调设备、符合规定的自动灭火设备、用于抢修的交通工具等。

4. 机房环境

（1）机房基础环境

机房环境关系到技术系统中各设备的正常运转，为保证广播电视设备的正常运行，应努力做好机房的环境管理。机房环境应保持清洁、通风、滤尘，在温度、湿度、光线、空气流动、卫生、清洁度、噪声、振动、污染等方面的控制上要满足国家规定、行业标准。灯光照明、噪声、通风、温度、湿度、防尘、静电防护等应符合《广播电视中心技术用房室内环境要求》的有关规定。机房接地、布线、外部环境应符合《电子信息系统机房设计规范》的有关规定。机房应采取必要的防鼠、防虫等措施。具体环境要求如下：

①建筑物牢固，墙面、天花板完整无缺损，地面平整光滑；门窗框架结实涂覆完整，玻璃和纱窗齐全，封闭和防虫性能良好；管道等完好，无渗水、漏水、漏气现象；电气线路符合安装规定，线路绝缘性能良好。

②地沟和进、排风口等室内外直接相通处防止虫、鼠等动物进入的装置齐全牢固；防尘装置的滤尘、通风性能良好。

③机房及其附属用房的防火标准，应符合相关标准（GYJ 16、GYJ 33）的规定，并备齐符合规定的消防器材和用具。

④因瞬间停电会造成损害或误动作的设备，应备有能满足必要容量的不间断电源。

⑤停电时应设有照度和容量足够的应急照明装置。

⑥温度、湿度应保持在设备正常运行的范围内。

⑦安全接地的接地电阻在任何季节应符合规定，即 $\leqslant 4\,\Omega$。

机房内应配备齐全、有效的照明、防火、防雷电、供电等设施，有防范应对突发事件的措施。

安全播出责任单位应结合自身的业务活动，识别并确定满足工作要求的环境。如节目拍摄的灯光照明，节目录制的音效环境，各业务系统设备运行对防静电、温湿度要求，储存节目带的防磁环境、信号传输防干扰环境等。

（2）机房管理制度

应建立科学有效的机房管理制度，对机房工作人员和进出入机房人员做好安全管理。应禁止在机房从事任何有害设备运行的活动，如吸烟、喝酒、施工等。

有人值守的机房要做好进出人员管理，既要规定进出条件，同时也要建立进出人员登记制度，以确保机房不受人为破坏。无人值守的机房应做好监控和远程控制，并进行定期的巡查。

表 3-49 专业机房各硬件达标条件

专业机房	机房、台站环境要求
广播中心、电视中心、无线发射转播台、卫星广播电视地球站、光缆传输干线网、有线广播电视网、微波传输电路、IPTV集成播控平台、网络广播电视台	应符合《广播电视建筑设计防火规范》（GY 5067）《电子信息系统机房设计规范》（GB 50174）在安全防范方面应符合《广播电影电视系统重点单位重要部位的风险等级和安全防护级别》（GA 586）
广播中心、电视中心	应符合《广播电视中心技术用房室内环境要求》（GY/T 5043）
光缆传输干线网	在设备安装、接地、线缆布放和跳线方面应符合《有线广播电视光缆干线网传输设备安装验收规范》（GY 5076）
无线发射转播台	在温度、湿度、防尘、静电防护、接地、布线及外部环境等方面应符合《中、短波广播发射台设计规范》（GYJ 34）《电视和调频广播发射（转播）台（站）设计规范》（GY 5062）
发射转播台	新建台站中、短波发射台台站环境应符合《中波、短波广播发射台场地选择标准》（GY 5069）调频、电视发射台台站环境应符合《调频广播、电视发射台场地选择标准》（GY 5068）
微波传输电路	在空间通路和电磁环境方面应符合《广播电视微波工程线路设计规范》（GYJ 30）在防雷接地方面应符合《广播电视微波站（台）工程设计规范》（GYT 5031）

二、人员工作环境管理

人员工作环境管理对于安全播出也同样有重要影响，人员工作环境管理不仅包括办公环境的建设，而且包括工作氛围等文化建设。

1. 办公环境

安全播出责任单位应为员工提供适宜的工作环境。从防人为恶意破坏事件和防火灾事故着眼，确保环境安全，应考虑：

①完善基础设施建设，其中包括围墙、门窗、防护栏杆和消防设施等；

②建立和维护保养好环境监控系统；

③配备相应的防人为破坏的警械和消防器材；

④贯彻落实有关治安消防管理规定，落实保安队伍和义务消防队伍的建设，以及值班巡查制度；

⑤积极争取公安等有关部门的支持和配合；

⑥工作人员掌握必备的自救方法和报警方法。

2. 文化环境建设

安全播出责任单位应营造轻松和谐的工作氛围，充分调动员工的工作积极性，增强员工的责任心、使命感，提高工作效率。

Ⅳ 自监自测与改进

第一节 安全播出责任单位自监自测

安全播出责任单位应根据其业务特点和复杂程度，建立健全业务运行指标监测管理工作，明确其业务运营数据的收集、整理及业务运行指标的监测要求。业务数据的收集和业务运行指标的监测要求，应与安全播出年度运行指标要求保持一致，并符合广播影视行政部门的规定。

一、自监自测概述

监测监控系统是指对本单位播出、传输、覆盖的信号以及对技术系统运行状态的监测、监视，是确保安全播出的重要环节。监测监控系统可帮助技术人员及时、准确判断、处理和分析业务状态和设备运行情况，提高工作效率。

根据《广播电视安全播出管理规定》，安全播出责任单位应对主要播出传输、覆盖环节的信号、设备运行状态、设备运行环境实施监测。

1. 自监自测机制

建立安全播出业务自监自测机制，主要包括以下几项内容：

（1）各安全播出责任单位应根据自身业务特点和实际情况，制订自我检查计划和实施方案，确定自监范围、方式。

（2）成立自查领导小组，由安全播出责任单位的各级主要负责人、技术骨干组成。

（3）按《广播电视安全播出管理规定》专业实施细则要求，配备完善自台监测技术系统，为安全播出业务自监自测机制提供技术支持。

（4）各安全播出责任单位根据检查结果进行原因分析及整改。

（5）监测注意事项：

①告警信息应基于状态而非事件；

②能对告警信息进行必要的屏蔽处理。如检修时不告警，已完成检修但提示未处理；

③重点节点的设置应根据其业务运行特点、复杂程度、安全播出保障级别及其专业实施细则规定进行合理布置，并满足广播电视及视听新媒体安全播出需求。

2. 自监自测分级

《广播电视安全播出管理规定》及其相关专业实施细则对自监自测做出了明确规定，具体见自监自测分析配置表。

表 3-50 自监自测分级配置图表

监测监控项目	安全播出保障等级		
	一级	二级	三级
信号监听监看	在符合二级保障要求的基础上，应能采取录音、录像或记录码流的方式对前端输出点的全部节目的异态进行记录，异态信息应保存一年以上。	在符合三级保障要求的基础上，应能采取录音、录像或记录码流等方式对前端输出点的重要节目和主要节目的异态进行记录，异态信息应保存一年。	应能采取录音、录像或记录码流等方式对前端输出点的重要节目信号的异态进行记录，异态信息应保存一年以上。
信号码流监测	全部信号源和输出点配置取样点，对重要节目实时监测，其他取样点应能以轮巡或实时方式进行监测。	重要节目信号源和输出点配置取样点，能对取样点以轮巡方式进行监测。	数字前端应配置分析设备对重要节目信号源和输出点进行分析。
设备监测	在二级基础上，能够对信源系统、传输系统等进行监控；应设置网管系统，网管系统应符合，《城市有线广播电视网络设计规范》、《有线广播电视网络管理中心设计规范》中相关规定。	能够对复用加扰系统、CA 系统进行监控；设备运行状态、不间断电源系统、供配电系统等监测。	
环境监控	温湿度、洁净度监控等。		

二、自监自测内容

（一）播出信号自监自测

应通过信号监测，及时发现信号异常，并进行处理；应在播出各关键环节对信号实时监测和记录，确保出现问题时能迅速锁定故障点，快速恢复业务。

1. 信号自监自测方法

信号监测宜采用人员与监测设备相结合的方式进行。监测设备主要是播出信号监测系统，并具备信号异态声光报警功能，人工监测主要借助技术手段对信号质量、效果和节目内容进行监控。

安全播出责任单位应对其监测数据进行定期分析，当发现其数据分析不满足安全播出需求时，应进行原因分析，并采取必要的措施。

广播电视信号监测具体方面见广播电视监测体系章节内容。

2. 各专业信号监测

（1）广播中心、电视中心信号监测

①设备、电力和环境监测系统，可考虑对影响安全播出的各种相关因素进行实时监测，实现信号采集、参数分析、数据查询、实时显示、监听监看、实时警告等。

②应对直播演播室系统实施监看监听。

③外场转播系统、总控系统及节目集成平台均应设有信号监测系统，对播出链路上的关键节点、节目输出点以及接收的自台播出信号进行视音频监看监听，并实现异态报警；对输出的信号质量和效果进行记录；对关键节点的信号的主要技术指标进行监测。

（2）视听新媒体监测

视听新媒体主管部门应对网络及业务系统的运行状况、系统性能、维护情况、操作情况、外联情况、远程访问情况、安全情况和系统升级、漏洞修复、审计等进行监控，对电力和环境进行监测，对节目上载、系统操作、设备机房、UPS主机及电池、缆线集中点、室外设备等播出相关的重点部位利用视频安防系统进行监控。

互动电视系统应配置监控网管系统，能对时移、回看、点播、核心网络、数据库、分发系统进行监控，对设备硬件状态、播控软件、网络状态、存储状态等进行监测。

（二）设备运行监测

安全播出责任单位应对设备运行进行监测，及时发现设备异常，及时处理，避免对业务的影响。通过运行监测记录，帮助分析查找定位故障原因，缩短故障处理时间。

《广播电视安全播出管理规定》第四十三条规定，设备监测系统应符合：

（1）三级应对播出关键设备的运行情况进行监测。

（2）二级在符合三级保障要求的基础上，宜配置监控网管系统，对播出关键设备、播控软件、网络状态等进行监测，发现异态能声光报警。

（3）一级应配置监控网管系统，对播出关键设备、播控软件、网络状况等进行监测，具备异态声光报警功能。

（4）监测异态信息应保存一年以上。

（三）环境监测

对电力、空调等运行状态实时监测，及时发现异常情况及时处理，并能实时了解动力、空调的容量冗余，为机房设备安装扩容提供数据支持。

《广播电视安全播出管理规定》第四十四条规定，电力和环境监测应符合：

（1）应符合《电子信息系统机房设计规范》（GB 50174）的有关规定；

（2）三级对配电系统中的主要运行参数和关键设备运行情况有监测手段，对机房的温度、湿度等环境状态进行监测；

（3）二级在三级基础上，应对配电系统中的主要运行参数和关键设备运行情况进行集中监测；

（4）一级在二级基础上，应设立具备声光报警功能的电力和环境集中监控系统。

第二节 安全播出保障体系自评估

安全播出责任单位根据自监自测结果进行自评估，不仅可以全面了解自身安全播出保障能力情况，也能帮助其识别需要改进和创新的区域，并确定后续的改进措施。

一、安全播出保障体系自查

安全播出责任单位应通过体系自查了解自身保障能力水平，了解业务运行是否符合《广播电视安全播出管理规定》及其实施细则之规定，针对评估发现的风险和问题，及时采取改进措施，以确保广播电视及视听新媒体安全播出保障能力的提高。

（一）自评策划

安全播出责任单位应制订自查计划，明确检查的依据、范围、程序。自查计划的制订应考虑拟检查内容的重要性和以往检查的结果。

1. 自查原则。由安全播出主管领导确定自查的目的、检查的依据、范围、检查方法，明确每年自查的频次和时机。

2. 自查依据

（1）广播电视相关法律法规及其相关要求，如《广播电视安全播出管理规定》及其实施细则。

（2）安全播出责任单位建立并运行的安全播出保障体系。

3. 组成检查小组。为了确保检查过程的客观性和公正性，检查人员的选择应具备：

（1）熟练掌握检查的工作内容。

（2）具备实施检查所必需的基本素质。

（3）掌握检查方法，具备检查能力。

（4）为了不影响公正、客观性，检查人员应不检查自己范围内的工作。

（二）自查实施

为确保安全播出保障体系持续的适宜性、充分性和有效性，安全播出责任单位应定期开展安全播出保障体系自查活动，其自查项目设置应全面覆盖其安全播出保障体系所涉及的工作，涉及广播电视及新媒体节目制作、播出、覆盖等与安全播出相关的全部业务过程和环节。

为确保自查活动的顺利开展和操作过程的规范、公正，安全播出责任单位应依据有关过程的重要性、对安全播出产生影响的变化和以往自查结果，由自查小组策划和制定自查方案。

1. 自查的内容

（1）技术系统配置情况，检查技术系统的配置及验收情况，检查技术系统的可靠程度；检查技术系统、设备及线路的分级保障配置和验收情况。

（2）技术系统指标，检查系统的主要技术指标，检查技术指标达标等级。

（3）规章制度，检查各项规章制度的制定情况，检查规章制度的完善和落实情况。

（4）预案流程，检查应急预案和操作流程的制定和演练情况，考核值班人员的掌握程度，评估各项应急预案和关键操作流程的合理性和可操作性。

（5）文件资料，检查值班日志、运行记录，播出运行文件、维护计划、维护记录、安全播出报表、安全播出事故调查分析报告、设备器材档案等资料，检查技术资料的管理水平。

（6）对涉及安全播出的信息系统进行风险检查和等级保护工作。

2. 自查方法

自查方案中应确定自查方法，可采用的自查方法可包括访谈、观察、抽样和信息检查。自查方法的确定应强调过程方法的应用，安全播出责任单位可依据项目或过程来实施安全播出保障能力自评。

自查结果应汇报给相关的管理层，并根据自查结果提出适当的纠正或采取纠正措施要求。自查过程，当存在一些尽管满足了要求，但可能存在潜在不足或安全播出风险的情况时，应将这一信息纳入自查报告，为管理层提供信息，以决定是否适合采取行动。安全播出责任单位应保留自查结果形成文件的信息，如自查报告、纠正或采取的纠正措施的证据等，以作为自查方案得以实施的证据。

二、单位内部日常安全播出监督

安全播出责任单位应建立和保持监视单位环境、收集和管理安全播出相关信息的过程，以便有效和高效地运行，并持续做好安全播出预警工作。安全播出责任单位的日常监督主要是对业务过程的监督检查。

安全播出责任单位应逐级建立业务过程监督检查机制，定期对各播出环节的过程和运行情况进行检查和考核。其检查和考核应包含以下主要内容：

（1）检查安保、防火、防雷等技术安全情况，以及信号源、技术系统的安全情况，动态识别与评估安全播出风险，检查安全播出隐患。

（2）检查技术系统分级保障的配置情况，动态完善技术系统配置，确保可靠性。

（3）检查技术系统的主要技术指标、参数，对数据进行分析，了解技术系统的运行状态。

（4）检查各项规章制度的执行情况，根据需要动态对制度文件进行完善。

（5）检查应急预案和操作流程的制定和演练情况，考核值班人员的掌握程度，评估各项应急预案和关键操作流程的合理性和可操作性。

（6）检查值班日志、运行记录、维护记录、安全播出报表等信息，了解安全播出保障体系执行情况及其业务管理水平。

第三节 安全播出事件事故管理

《安全播出事件事故管理实施细则》第五条规定：安全播出责任单位负责本单位发生的安全播出事件事故的处置、上报、记录、分析和整改等工作，并配合广播影视行政部门、广播电视监测机构开展事件事故调查。

安全播出事件事故发生后，安全播出责任单位应严格按照相关规定，配合上级单位做好事件事故的调查处理工作。安全播出责任单位应重点做好事件事故报告和事故应急处理。

一、事件事故处理

事件事故发生后，安全播出责任单位应在第一时间采取措施尽快恢复正常播出，最大程度上消除或降低事件事故对安全播出造成的影响。

恢复播出时，应充分保证人身安全和设施安全，同时要根据受影响节目的重要程度合理调配播出设备资源。一般应当遵循"先中央、后地方；先公益、后付费"的原则。

对于不能马上恢复播出的，应在一定时限内及时完成对事件事故发生原因的调查分析，并争取在最短时间内找出解决问题的方法，制定解决方案，恢复正常播出。

二、事件事故报告

1. 报告制度

发生安全播出事故时，安全播出责任部门应在 1 小时内上报单位负责人，同时将事故信息上报广播影视行政部门。上报的内容应包括事故发生时间、地点、事故简要经过、初步分析的原因、已采取的措施、现场控制及事故上报情况。

事故发生后隐瞒不报、谎报、故意迟报，故意破坏事故现场或者拒绝接受调查、拒绝提供有关情况和资料，以及提供假材料、做假证的，根据情节轻重，给予行政处分直至追究刑事责任。

2. 报告流程

发生安全播出事件事故后，安全播出责任单位应立即报告当地广播影视行政部门或广播电视监测机构，其中，属于重大事件或特别重大事件的，应电话报告国家新闻出版广电总局监管中心和省级广播电视监测监管部门。

需要报送至总局的事件事故，安全播出责任单位还应在事件事故发生后 2 小时内将快速报告单报至总局监测监管部门和省级监测监管部门，或通过总局安全播出事件事故管理系统填报。

各报告单位应根据事态进展随时报告事件、事故排查和处理情况，如发现报告的事件、事故信息有误，应及时予以纠正。

第四节 安全播出保障体系改进

安全播出责任单位不断完善自查自纠制度，发现本单位各方面的缺陷不足，及时提出纠正和改进意见，提高安全播出保障水平。

一、不符合与自我纠正

（一）不符合

不符合是指安全播出责任单位保障能力存在缺陷或不足。安全播出责任单位应对发现的不符合造成的影响大小和严重程度进行评价，必要时要经过现场的调查、分析等来判定不符合产生的真正原因。

1. 不符合的判断标准

①安全播出责任单位的自监自测结果。②监管部门对安全播出责任单位的安全播出保障能力评估结果。③业务相关方投诉。④本单位职工发现的问题等。

2. 不符合分析评审

针对所存在的不符合项，安全播出责任单位应开展评审、分析活动，并依据评审、分析结果制定适宜的纠正、预防措施。不符合分析评审，首先应确定不符合产生原因，再通过原因对其目前影响和潜在影响做出分析，然后制定具体可行的纠正措施。

（二）自我纠正

安全播出责任单位自我纠正是指为消除已发现的不符合所采取的措施，其目的在于针对发现的不符合，识别找出问题原因所需的适宜方法，消除不符合项的危害和影响，防止不符合的再次发生。

安全播出责任单位应根据不符合项具体情况制定纠正措施。一般来说，如事件事故处理等带有普遍性、规律性、重复性的不符合，可制定纠正措施并按要求处置。纠正措施的制定应与所遇到的不符合项的影响程度相适应。

安全播出责任单位应对纠正措施进行评审验证，以确保其科学合理，能够有效应对不符合项造成的损害。评审验证内容主要应包括：一是评审纠正、预防措施的有效性以及与所产生不符合影响的适应性。二是评审在某个区域或部门采取纠正措施时，是否会对其他区域或部门产生负面影响。三是评审采取纠正措施后，是否存在以往策划期间未确定的风险或机遇。

预防措施是指为消除潜在的不符合或其他潜在不期望情况的原因所采取的措施，安全播出责任单位应评审所采用的预防措施的有效性，确保预防措施与潜在问题的影响程度相适应，要基于预防措施与潜在不符合的影响、风险、利益与成本的关系来确定。

二、持续改进

安全播出责任单位在安全播出管理方面的持续改进，主要包括三方面内容：

1. 充分识别持续改进的机会和安全播出保障体系的不良区域，制定具体的持续改进措施并进行必要评审。概括持续改进措施主要有：开展安全播出管理、技术的研究和创新工作，以引导创新和改进现有过程或实施新过程的突破性项目；在现有过程中开展渐进、持续的改进活动。

2. 持续改进措施应得到有效实施。在其实施过程中，安全播出责任单位应识别并使用适宜的改进方法和工具，如根本原因分析、标杆管理、顾客满意的监视和测量等。

3. 安全播出责任单位应注重持续改进活动的结果和效果。如对安全播出活动、过程、保障能力的改进及对安全播出保障体系绩效与有效性的改进。

安全播出责任单位应收集利益相关方对安全播出的满意信息，特别是业务链上下游对本单位所开始的安全播出工作的满意程序，从而识别改进机会。在利益相关方信息获取方面应：

①建立正式的收集和处理相关方对组织是否满足其要求的感知的有关信息的渠道，这种渠道应是明确的、正式的。组织应明确收集的渠道、方法和频次。

②对信息的收集可采取多种方式，如问卷调查、走访、投诉和来访接待、来电登记、委托第三方做相关方满意度调查、对业务流失的分析等。

③收集的信息应准确、真实、客观、全面、有代表性。

④任何组织、个人有权对违反播出安全管理的行为进行举报。

第四章

广播电视及视听新媒体安全播出监测体系建设

　　广播电视及视听新媒体监测是我国广播电视事业重要的组成部分，是广播电视行业质量监督的重要环节，是政府主管部门科学决策、有效监管的重要支撑，是掌握播出效率和覆盖效果的重要手段，是广播电视全面协调发展的重要标志。

　　在广播电视安全播出管理工作中，监测工作是对播出状况的有力监督，对于播出情况的跟踪、汇总、分析提供数据支持；在应急事件事故的处理中，监测信息是重要的辅助决策手段，为事件事故处置的及时性和准确性提供有力支持，为实现科学有效的安全播出管理提供重要保障。

　　广电科技水平快速的发展和新旧媒体融合的加快，对广播电视在安全防范、技术监测等方面提出了更高的要求，监测单位要立足实际，放眼未来，建立健全广播电视监测体系，在基础管理、业务管理、资源管理和监测体系改进等四方面不断提升安全播出监测水平，与安全播出责任单位构建的安全播出保障体系相适宜、相协调、共发展。

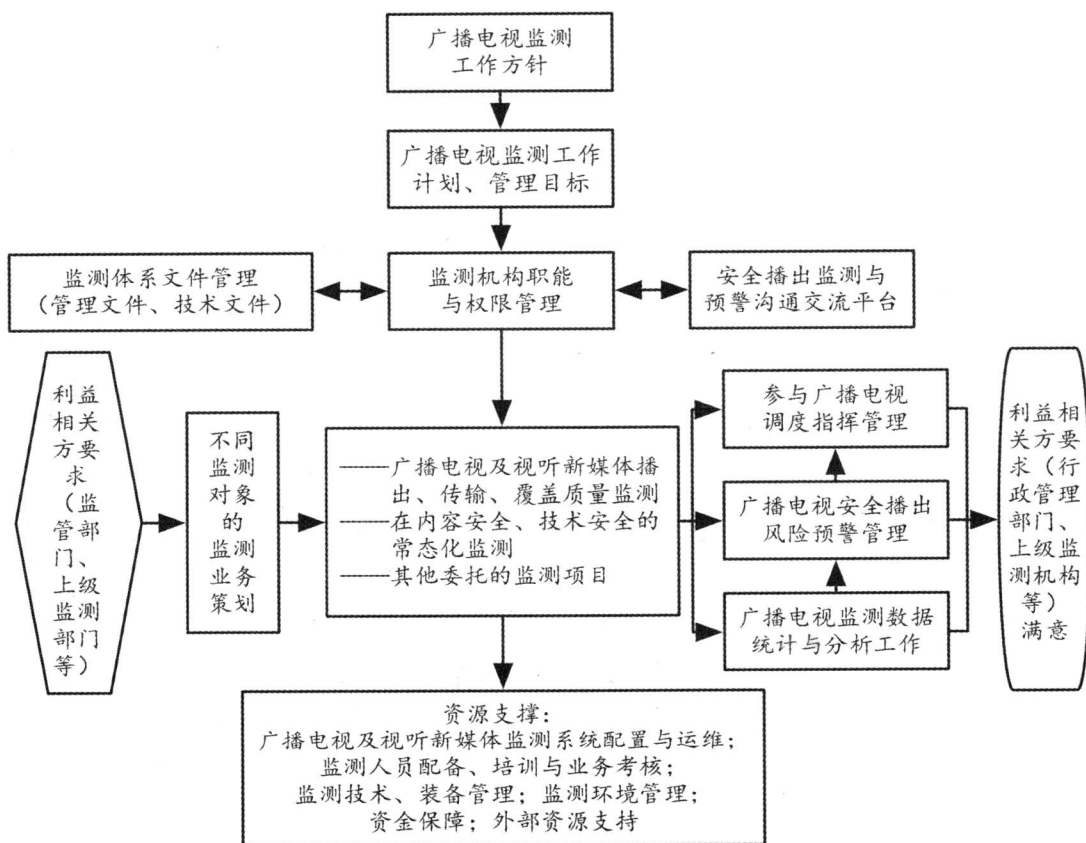

图 4-1 广播电视安全播出监测体系示意图

第一节 基础管理部分

广播电视及视听新媒体安全播出监测体系是指建立监测工作方针，明确监测管理目标，制订工作计划，以及为实现这些目标、计划，对影响监测质量的诸多因素实施管理的相互关联或相互作用的一组业务活动。

广播电视及视听新媒体安全播出监测体系的基础管理部分主要包括监测工作方针、监测管理目标和计划的制订和落实、监测机构设置及其职能分工与权限管理、监测体系的文件化、信息化管理等内容。

一、安全播出监测工作方针、目标和计划

广播电视安全播出监测工作方针和管理目标、工作计划是监测工作开展的前提。广播电视监测机构应按照单位"三定"职能、广播影视行政部门下达的任务和委托的工作要求，以及按照《广播电视安全播出管理规定》等文件要求，结合本单位具体情况制定监测工作方针、工作计划及其管理目标。

1. 监测工作方针制定与落实

广播电视安全播出监测工作方针是监测机构开展监测工作的方向。各级广播电视监测机构制定方针时应坚持以"围绕中心、服务大局"为出发点和落脚点，既要遵循相关法律规定，又要符合监测机构的工作定位。

示例：

某省广播电视监测中心监测工作方针

某省广播电视监测中心制定了"方法科学、行为公正、数据准确、工作高效、服务规范"的监测工作方针。

其中：

——方针科学，是指优先使用国家、行业标准发布的方法及其他能被证明是可靠的方法；

——行为公正，是不受任何内外部环境影响，保持监测数据分析判断的独立性和诚实性；

——数据准确，是监测结果的准确度应满足约定采用的监测方法和要求；

——工作高效，严格按委托的时间要求进行监测，及时提交监测结果；

——服务规范，遵守广播电视行业相关法律法规和标准，向委托方提供优质、规范的服务。

2. 监测管理目标

"凡事预则立，不预则废。"广播电视监测管理目标是广播电视监测机构在某一时间段监测任务实现的预期结果，监测管理目标对监测机构各部门制订工作计划，做好安全播出监测工作具有指导性作用。

（1）监测管理目标的制定

广播电视监测机构制定监测管理目标时要与单位监测工作方针相一致，要与承担的风险相适应，应符合国家政策，满足法律法规及其相关规定要求。

各级监测机构在制定监测目标时应区分宏观发展目标和具体监测目标。

①宏观发展目标

宏观发展目标应重视发挥监测工作在安全播出管理中的作用，目标制定时应符合单位实际情况和一定监测范围内的发展方向，主要是不断加强监测功能在安全播出及应急管理中的重要作用；按照广播影视行政部门的要求，将一定区域内的播出、传输、覆盖业务纳入监测范围，搭建一个技术先进、功能完善的广播电视监测网；同时健全完善各台站监测预警系统，实现效果监测和运行监测并举，提高安全播出预警防范能力。

②具体监测管理目标

具体监测管理目标应侧重单位和各部门的具体工作任务，应重点突出监测的覆盖率、准确度和及时性等监测要求。广播电视监测机构及各部门可根据不同阶段任务制定长短期目标，如年度目标、季度目标、月度目标等。具体监测管理目标制定时应符合广播电视监测标准要求，要可量化、可评估。

示例：

某省广播电视监测中心××年监测管理目标

（1）监测报告不得有数据或结论性差错；

（2）监测数据质控合格率≥99%；

（3）广播影视行政部门对监测服务满意率98%以上；

（4）监测系统监测点设置准确，监测数据准确。

该省广播电视监测中心所制定的监测管理目标突出了工作重点，对监测数据、过程、效果提出了定性、定量的评估指标，具有直观性和可操作性。

（2）监测管理目标的落实

目标确定之后，广播电视监测机构各部门应制定具体详细的措施进行落实工作，并定期对目标落实情况进行统计分析，评价总结，适当时可根据具体情况对目标进行动态调整。

3. 监测工作计划管理

监测工作计划作为以后各项工作开展的基础和前提，是监测管理目标落实的必要手段。做好监测工作计划管理，有效实现监测管理目标明确具体的方法、步骤、工作进度以及考核标准，有利于加强各级人员的自我约束和督促，有助于提高全员工作积极性和工作效率，保障监测管理目标的贯彻落实。

（1）监测工作计划制订

监测工作计划制订时应遵循如下原则：

①统筹原则，考虑对全单位工作计划的影响。

②重点原则，认清主次和轻重缓急、抓住关键及重点，解决好影响全局的问题。

③关联原则，要考虑各项活动的相互关系及相互影响，进行必要的协调，有效利用资源。

④发展原则，计划的制订要面向未来，充分预计发展趋势及速度使计划适应新的发展、新的形势。

⑤创新原则，针对监测管理目标及对未来情况进行分析，创造性地提出新思路、新方法、新措施。

⑥弹性原则，制订计划必须有一定弹性，留有余地，减少不确定因素的影响，保证计划目标的实现。

制订监测工作计划应结合本单位实际情况，同时各部门工作计划应与本单位年度工作计划相一致，且应与上下游单位的工作相互协调。

工作计划应具体可操作，在内容上应包括：

①监测事项。根据《广播电视安全播出管理规定》要求，广播影视行政部门的要求和监测服务委托，监测机构的"三定方案"（定职能，定机构，定人员编制），落实广播电视安全播出监测服务工作。

②监测管理目标，即每一项工作最终实现的预期结果。

③具体措施及方法。为落实监测事项，实现监测管理目标，具体方法和手段应明确。

④资源要求。应明确在监测系统、人员方面、资金方面，以及外部资源支撑、工作环境等方面的需求。

⑤监测部门及责任人。应将每一项工作落实到具体的责任部门及其责任人，确保工作落实到位。

⑥完成时限。完成该项工作的截止时间。

示例：

表 4-1 广播电视监测工作计划一览表（样表）

监测事项	监测管理目标	具体措施与方法	资源要求	监测部门	责任人	完成时限

（2）落实工作计划

为了保障工作计划按时、高质量地完成，广播电视监测机构应定期对工作计划落实情况进行检查、监督，针对发现的问题要及时进行处理，并进行阶段性工作总结。

二、监测机构设置与职能分配

广播电视监测机构一般属于事业单位性质，隶属于同级广播影视行政部门。监测机构应依据"三定"方案、广播影视行政部门的工作要求、结合本单位工作实际情况、业务特点和复杂程度，建立与之相适宜的组织机构，科学合理设置各部门、各岗位工作职责和权限，确保职责清晰、权限明确，使各部门之间实现相互协作配合，共同保障安全播出监测工作的正常进行，符合安全播出监测事业的发展要求。

全国广播电视安全播出监测管理工作由国家新闻出版广电总局监管中心负责，地方安全播出监测工作由地方各级广播电视监测机构实行层级管理。

1. 国家新闻出版广电总局监管中心

国家新闻出版广电总局监管中心作为广电总局直属事业单位，负责监测全国广播电视播出情况、覆盖效果和广播电视节目、信息网络视听节目、新媒体视听节目等播出情况工作。通过监测改善广播电视传输和播出质量，核查广播电视覆盖效果，维护广播电视的空中电波秩序和网台播出秩序，严格保护并有效利用频谱资源，确保收听收看效果。监管中心下设的信息网络监管部门对网络传播内容实施监控。

2. 地方安全播出监测机构

地方各级监测机构分为省级广播电视监测机构和市级广播电视监测机构，它们负责各辖区内的安全播出监测工作。

示例1：

某省级广播电视监测中心（台）机构设置及其职能

某省级广播电视监测机构根据工作职能分工，设立了综合科、运行科、技术科、信息科4个科室：

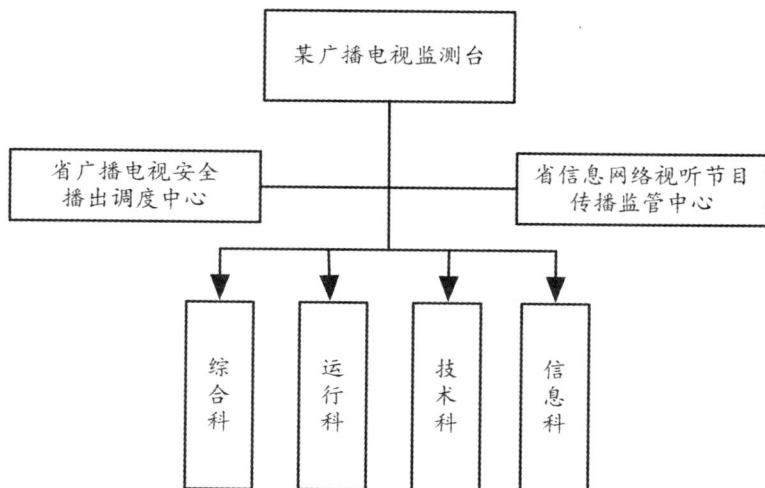

某省广播电视监测中心（台）组织构架

该省监测中心（台）的主要职能是：

①负责保障全省广播电视安全播出；

②发布广播电视安全播出预警信息；

③协调重要保障期广播电视安全播出工作，在紧急状态下对全省广播电视传输覆盖网运行和资源进行统一调配；

④监测广播电视发射传输覆盖效果；

⑤监测广播电视频谱资源使用，防范非法无线电信号干扰；

⑥监督收录播放的广播电视、互联网播放的视听节目；

⑦负责三网融合 IPTV 信号监测；

⑧负责全省各监测站的业务指导等；

⑨为全省广播电视依法行政和实施行业管理提供技术支撑、舆情分析、监管依据和服务平台，为全省各播出机构和监测对象服务，为全省广大观众和听众服务。

示例 2：

某市监测中心机构设置及其职能

某市监测中心根据本单位职能设置了 5 个科室，具体如下：

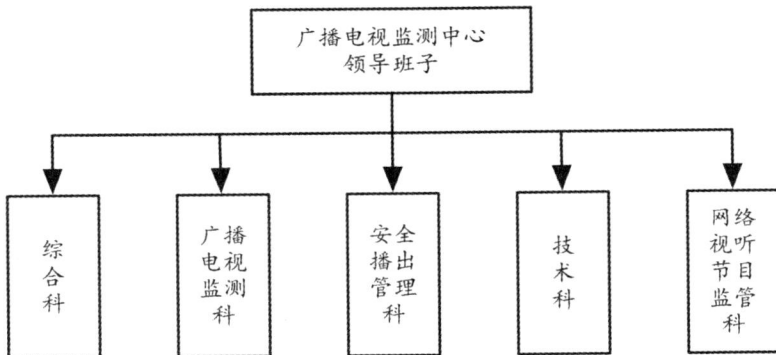

某市广播电视监测中心组织构架

该监测机构主要职责是：

①负责本市广播电台、电视台以及有线电视网络的播出、传送及运行情况进行监测；

②负责本市互联网传播视听节目的监测工作；

③受市新闻出版广电局委托，承办有关广播电视节目安全播出调度指令的发布、安全信息预警，承担广播电视节目传播突发事件处置的技术保障工作；

④承担本市广播电视无线覆盖转播站的相关服务和管理工作。

从上述两个有代表性的监测机构职能来看，将广播电视安全播出调度、信息网络视听节目传播监管的职能也设在监测机构，便于配合广播影视行政部门实施业务调度与广播电视安全播出全面的监管。

三、监测体系文件化与信息化

做好监测体系的文件化和信息化管理，有利于提高监测工作效率，保证监测服务质量，确保监测管理目标的实现，是广播电视及视听新媒体安全播出监测工作顺利进行的重要保障。

1. 监测管理文件体系化

广播电视及视听新媒体监测管理文件要实现体系化，这不仅是《广播电视安全播出管理规定》要求，也是广播电视监测工作自身发展需要。监测管理文件体系应合理构建，确保各文件层次清晰、关联性明确，有利于监测各环节工作的开展。

广播电视监测体系文件可分为三个层次，一般由监测纲领性文件（一般称之为手册）、管理类文件、技术类文件，以及反映体系运行有效的客观证据，如记录表单、档案信息等组成。不同层次的文件分别由广播电视监测机构不同层级人员制定的。

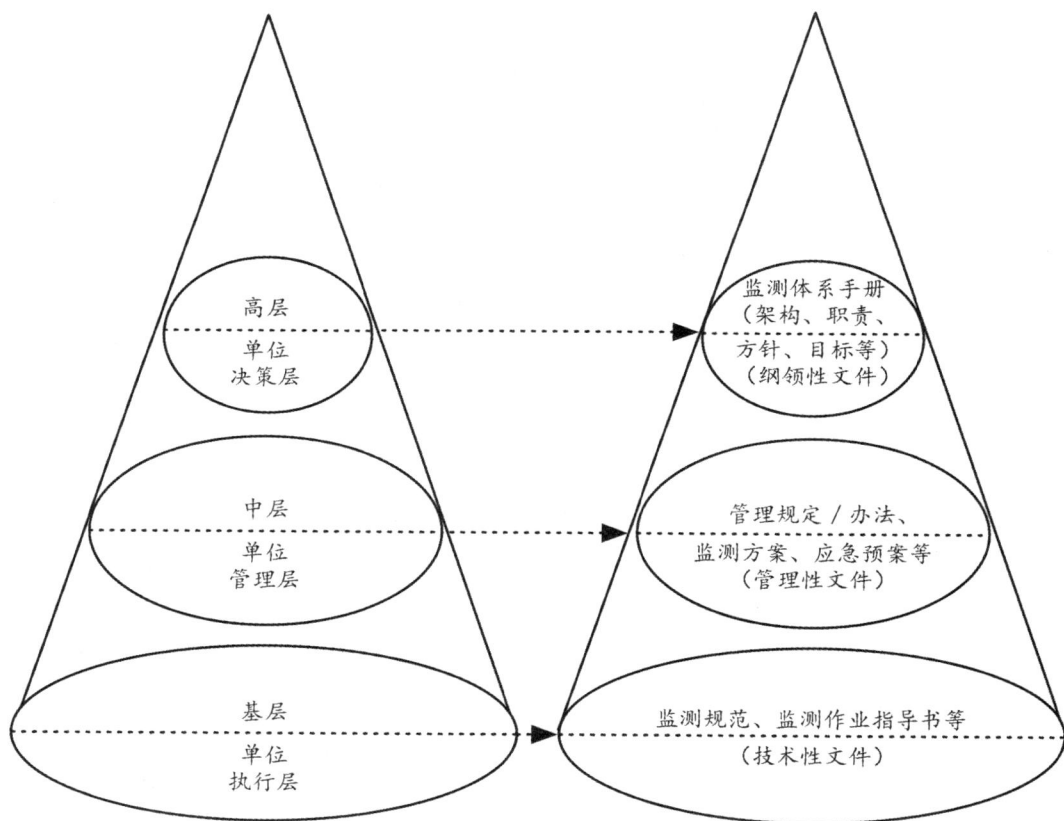

图 4-2 广播电视监测体系文件层级结构图

第一层次为纲领性文件，一般称之为监测体系手册，由单位领导层制定，内容包括监测工作方针、管理目标、组织机构及其职能分配、主要的监测业务总要求以及每项工作的管理原则、工作思路。纲领性文件对单位各部门管理人员开展工作具有指导性作用。

第二层次为管理类文件，由单位中层管理人员为实现预期监测管理目标，对所负责的监测工作事项进行系统化设计，根据上层文件提出的框架和管理思路，明确工作路径和具体要求。监测工作的管理类文件包括管理办法、规定、规范、专项方案等，它既具指导性、又具落实性。管理类文件是监测工作落实的主要依据。

第三层次为技术类文件，由单位技术人员编写，主要是针对较为复杂的监测业务活动中涉及的某个环节所制定的，包括监测技术标准、监测规程等。技术类文件对监测工作岗位的工作具有指导性作用。

广播电视监测机构应对各类文件的编制、审核、审批、发布实施、更改等各环节进行总体把控，并根据业务实际情况动态完善与调整，确保其符合相关要求，保障其适应性、可操作性和规范性。同时，广播电视监测机构应做好各类文件的传达工作，确保监测工作人员能够获得有效最新的版本。

2. 监测管理文件信息化

随着广播电视及试听新媒体的快速发展，监测工作任务不断加重，为确保各类文件能被及时获取，广播电视监测机构应逐步加快监测文件的信息化管理。

广播电视监测机构应按照《广播电视安全播出管理规定》建立信息化沟通平台，提高体系运行效率，明确与广播电视监测业务有关的信息沟通渠道，确定信息沟通时机，沟通对象、沟通方式、沟通内容，确保信息及时收集，快速响应，高效传递。

第二节 业务管理部分

广播电视及视听新媒体监测业务主要是通过技术监测对广播电视播出、传输、覆盖各环节进行监测监控，确保技术、内容符合安全规定，及时发现问题并向安全播出责任单位发布预警信息，以保障广播电视安全播出工作的正常运行。

广播电视监测是加强广播电视安全播出的监管手段之一，是对广播电视播出信号进行内容监管和技术质量评价的重要依据。广播电视监测对所辖区域安全播出责任单位的播出、传输、覆盖质量进行实时监测，可以发现未经批准的播出频道，及时发现播出中的停播、劣播事故，准确了解事故的发生时间、延续时间、事故影响等信息，全面了解播出内容和网络运行情况，对提高辖区内广播电视播出的监管能力、管理水平，及时处理广播电视安全播出中的突发事件，确保广播电视播出和传输的安全，特别是重大活动、重要时期、重点时段的播出安全具有十分重要的意义。

一、监测业务概述

广播电视监测是伴随着广播电视播出、传输、覆盖发展全过程，广播电视节目传输、覆盖到哪里，监测就应跟踪到哪里，且针对不同的播出、传输、覆盖手段相对应的监测手段和方法也不同。

（一）监测分类

从监测特点上来看，监测业务可概括为业务风险点监测、节目信号质量监测、节目内容安全性监测。

1. 业务风险点监测

业务风险点监测是指为实现对广播电视播出信号的实时监测，及时了解网络运行情况，对未经批准播出的频道和有害干扰进行的实时监测，通过本地安全监控网实现对本地分配网的安全监控，从而准确定位事故发生位置，包括监测广播、电视电波发射特性（频率、频带宽度、发射功率等），查明干扰与非法电台，监测国外电台对我国广播情况，查清非法网站和恶意攻击来源等。

2. 节目信号质量监测

节目信号质量监测主要是监测广播、电视信号播出或接收效果（信号覆盖区、覆盖率、实地监测和接受效果调查等）、观测电波传播情况等。广播电视监测机构通过架设在各地市的自动监测设备和数据采集传输设备，对有线广播电视分配网前端射频输出口的信号以及接收到的无线广播、开路电视的信号进行采集，对出现的停播事故和播出质量进行监测，及时发现各套节目播出中的异态，汇总、处理、分析监测数据，科学评价节目信号质量。

3. 内容安全监测

广播电视监测机构依照国家有关法律法规及其相关规定要求，依法对广播电视及视听新媒体内容进行监控，对各套节目内容进行巡回或锁定频道监测、点播监测，及时了解播出的频道和播出的节目内容。对广播电视及视听新媒体播出的节目存在违规内容进行监控和排查，对不符合政策、法律法规要求的节目进行内容上的监测、取证、分析工作。

（二）监测的主要任务

广播电视监测的主要任务是：监督广播、电视发射台的满功率、满调制、满时间的运行情况；监督各广播电视播出机构是否按照有关规定安排播出节目；所播出节目的台标、呼号是否按有关标准规定；监测各种非法干扰广播电视的行为；监测所辖区域范围内的各级广播电视、播出机构的安全播出情况；监测各发射台播出质量，包括频率稳定度、调制度、停播率、性能指标；定期收测广播电视节目的覆盖效果；监播各广播电视播出机构的广告播放情况；监测所辖区域内的视听新媒体节目的安全情况。

（三）监测的基本任务

1. 监测广播电视系统播出质量

为确保广播电视高质量、不间断播出，应对播出运行状况、播出质量进行监测，包括对射频信号、调制质量进行监测与对节目信号的声音、图像进行主观评价。对系统播出质量监测主要涉及以下几个方面：

（1）停播与播出事故监测

在规定的播出时段，载波功率过低，调制度过低，边带频率过低，天线辐射主向场强过低以及电声指标过差，但尚未达到停播标准，属于播出事故。凡功率或有效信息功率降低为正常值的一半或更低视为播出事故，降低到正常值的四分之一或更低为停播。

（2）电声质量监测

电声指标主要指噪声电平、谐波失真和频率响应三项。测试电声指标一般采用环路测量。如要在节目播出中测量电声指标，需要有标准测试信号，如条件不具备，对电声质量只能凭主观监听。

（3）视频质量监测

电视视频系统的质量监测主要有：

①信噪比，包括连续随机噪波的信噪比与周期性噪波的信噪比。

②亮度信号线性失真的 K 系数，包括场时间波形失真、行时间波形失真、$2T$ 正弦平方波与条脉冲幅度比，以及 $2T$ 正弦平方波失真等项。

③微分增益失真与微分相位失真。

④色度－亮度增益差与色度－亮度时延差。

⑤信号电平变化。

上述几项指标可在节目播出过程中对场消隐期间的插入测试信号进行监测。

（4）调制度测量

调制度（包括调幅度与调频偏移度）是发射机的重要运行指标。

2. 收测广播电视信号接收效果

为确保广播电视信号覆盖区域内具有足够强度和高质量的广播电视电波，广播电视监测机构按照频段不同于要求服务的地区距离远近的不同，实地收测或调查广播、电视信号覆盖效果。主要方法包括：

（1）广播覆盖区的收测。对发射机的覆盖区边缘的可用场强值进行实地监测，其目的是验证已建台的实际覆盖面积或区域是否与规划计算的相符。

（2）实地收测接收效果。对覆盖区内某些地形比较复杂的地点或干扰比较严重的地点，进行实地收测，以查明影响接收效果的主要原因，并提出改善接收效果的可能措施。

（3）对远地播向地区收听效果的调查。对用短波广播的远地播向区的收听效果应通过实地收测或通过向当地听众的收听情况进行调查。

3. 监测广播电视电波发射特性

广播电视电波发射特性监测项目主要是针对广播电视发射台（发射机）的电波发射特性，如频率、频带宽度、杂散发射与发射功率等。

4. 观测电波传播情况

广播电视监测机构进行的电波传播现象监测，一般侧重于广播电视电波的实际传播情况监测。其电波传播监测内容大致分为两方面，一是有计划、有系统地积累场强收测数据和观察传播现象；二是结合国际、国内的电波传播研究任务进行。噪波测量有人为噪波测量和自然噪波测量两种。

5. 收测频谱负荷

频谱负荷收测是在规定的频段内，按照频率由低向高次序对各个频道逐个进行收测，以了解频道是否被占用以及被占用情况。除此之外还可以了解某一地区在各个不同时间内频谱被占用情况、尚未被占用的频谱与时间。频谱负荷收测内容包括各频道上收到的电台名称、归属、台址，各个时刻所播出的节目语言、信号强度、调制方式、频带宽度、干扰情况与可听度评价等。

频谱收测方式可分为人工收测与自动收测两种。人工收测可以辨认出某台的台名、语言节目、信号强度、干扰情况与可听度情况等；自动收测系统可利用自动频谱占用记录仪收测。

6. 查明干扰与查明非法电台

（1）干扰源的类别

影响广播电视信号接收的干扰源主要有：

①同、邻频混信干扰；

②杂散发射干扰；

③多径传播干扰；

④电气设备产生的噪声干扰；

⑤中波天波在电离层中的交扰调制；

⑥接收机的镜频、交调、互调等干扰，或天线共用器的交调、互调干扰；

⑦其他干扰。

（2）查明干扰的途径

广播电视监测机构调查接收条件，包括：

①接收单位名称与业务性质；

②接收地点（经纬度）；

③接收环境条件；

④接收天线类型及技术特性；

⑤接收机型号、技术性能等。

查明接收信号受干扰情况，包括：

①干扰日期；

②干扰时间；

③干扰频率；

④干扰场强；

⑤干扰的严重程度；

⑥干扰范围。

了解被干扰的广播电台情况，包括：

①广播电台台别；

②工作频率；

③播出时间；

④发射功率；

⑤发射天线类型、频段、方向、增益与极化方式；

⑥发射台地址；

⑦覆盖范围及播向地区。

查明干扰台情况，包括：

①干扰台的类型；

②干扰台的台别、呼号等；

③干扰台的发射类别；

④干扰台的频率与节目；

⑤干扰台的地址；

⑥干扰台的场强与功率等级；

⑦干扰台的播出时间。

（3）分析播向地区受干扰情况的依据和影响因素

①播向地区的干扰情况，要在播向地区实地查明；

②在非播向地区收测到的某台受干扰情况，不一定能反映该台在播向地区的实际收听情况；

③将查明的非播向地区受干扰情况连同欲收台与干扰台发射情况一起分析，有利于评估播向地区受干扰情况；

④收测的地点与播向地区比较接近时，分析播向地区的受干扰情况较为准确；

⑤干扰台的播向地区如与欲收信号的播向地区相同或比较接近，则对播向地区受的干扰影响要大一些；

⑥如干扰台频率对播向地区的传播条件较为合适，则在播向地区的干扰影响也要大一些。

（4）查明频段内非法电台

非法电台大致有：

①在广播专用频段和以广播业务为主的共用频段内，未经广播影视行政部门同意而擅自设立的电台；

②科研、试制、生产部门试制广播电视发射机，未经广播影视行政部门和无线电管理委员会批准即向空中发射，或虽经批准但未按批准项目试验；

③广播电视系统内的发射机，未按广播影视行政部门所规定的频率、发射功率工作；

④未经报请无线电管理委员会批准，擅自在非广播业务专用频段中设立广播电台。

二、广播电视日常监测管理

广播电视及视听新媒体安全播出工作事关重大，广播电视监测机构应认真安排好日常监测工作，对广播电视播出、传输、覆盖各环节进行实时监测，及时排查安全播出风险，最大限度降低事件事故的发生，确保广播电视及视听新媒体的安全播出。

（一）广播电视日常监测基本内容

广播电视日常监测涉及广播电视节目播出、信号传送、覆盖等各环节，主要包括重点频道时段监测、视听效果监测、频道变化监测、异态报警监测、运行图变化、系统工作状态、设备日常维护以及临时监测任务。

广播电视监测单位应根据监测任务要求做出合理安排，结合日常监测实际情况动态修改监测任务表。

表4-2 广播电视监测中心日常监测任务表（样表）

序号	任务项目	任务内容	数据上报时间
1	重点频道重点播出时段监测	各前端重点转播以下时段情况： 12:00—12:30　午间新闻 7:00—7:30　新闻联播 22:00—22:30　晚间新闻	及时报告
2	视听效果评分	对辖区内各前端所有频道节目的视音频效果按照5分制评分标准进行评分	每周五17:30以前
3	频道变化上报	新增频道、频道停用、更改频道	及时报告
4	异态报警处理	无载波、无同步、无伴音、图像静止	发生异态时及时进行处理
5	运行图变化情况	对辖区内各前端所有节目的运行图变化情况进行上报	每季度初一周内上报
6	系统工作状态	分中心、前端及网络设备工作状态	出现异常情况时及时上报
7	设备日常维护	督促检查前端设备日常维护 分中心设备日产维护 每半年对辖区内前端设备巡检不少于一次	分别于6月30日前和12月30日前进行上报
8	临时任务	根据上级有关部门任务通知	按通知要求时限上报

从专业方面来讲，广播电视监测工作可分为中短波广播监测、调频和电视广播监测、有线广播电视监测、卫星广播电视监测、无线发射和微波传输覆盖监测、视听新媒体监测等。

广播电视日常监测工作的开展主要有固定监测和流动监测。固定监测是通过固定监测台（站）或设置固定监测点，利用专业监测系统实现监测；流动监测主要是通过使用监测车来完成监测任务。

（二）中短波广播监测

中短波广播节目的传输主要经过节目制作、播出、传送、发射和接收等环节，广播电视监测机构在开展具体监测工作时应以本单位的实际为基础。

中短波广播监测主要包括质量监测、效果监测、频谱负荷监测、实验对向台监测、实验效果监测。

在开展中短波广播日常监测中，广播电视监测机构应重视以下工作：

（1）监测所辖区域中波发射台"三满"（满时间、满调幅、满功率）播出情况，值班员首先要认真核实各台的频率、播出时间、监测参数的设置和异态报警参数的设置。

（2）定时查看中波数据处理中心和前端设备的运行情况，发现异常情况，要认真确认，正确判断是网络故障、中心故障还是前端设备故障，记录并及时通知维护人员。

（3）定时查看播出情况，实时监听中波广播的播出效果，出现报警后要及时处理。

（4）查看中波广播监测的"三满"历史记录指标曲线，仔细观察曲线有无异常，判断故障类型以及故障产生的原因。

（三）调频、电视广播监测

调频、电视广播监测主要是发射运行状况、播出质量监测、视频信号监测以及覆盖区收测等。

1. 发射运行状况监测

发射运行状况监测主要是检查各发射机是否按照规定的发射运行图表和节目传送运行图表进行工作。

（1）停播：发射机停播、错播、少播、空播或播出效果相当于节目中断。

（2）对发射运行异常情况的处理：监测台监测的系统运行状况；包括发射机、播控中心、电视中心与节目传送；准确发现事故，及时告知播出部门；播出部门将处理情况及原因反馈监测台。

（3）停播事故的自动监测：节目错播用主观监测；无载波、无调制、场强下降等采用自动监测。

2. 调频、电视广播质量监测

调频、电视广播质量监测主要是主观监测播出的声音与图像节目质量。监测播出质量基本条件是：接收信号有足够强度且无干扰；监测接收设备的性能指标应是高质量的，由接受设备引起的对节目质量损伤可忽视。

3. 调频、电视广播覆盖区收测

调频、电视广播覆盖收测包括：收测各发射机的实际覆盖区；调查服务区内用户实际接收效果与查明影响调频、电视接收的各种干扰。

覆盖区测量要注意采用科学的方法，在测量方向和测量地点选定方面，在测量用仪器设备选用、接收天线高度、概率场强测量地点、干扰台场强测量等方面要慎重。

表 4-3 5 级制评定图像质量与损伤说明表

评定等级	图像质量	图像损伤
1	优，质量极佳，十分满意	察觉不出有损伤或干扰存在
2	良，质量好，比较满意	损伤或干扰稍可察觉，但并不令人讨厌
3	中，质量一般，尚可接受	损伤或干扰可察觉，令人感到讨厌
4	差，质量差，勉强能看	损伤或干扰比较严重，令人感到相当讨厌
5	劣，质量低劣，无法收看	损伤或干扰极严重，无法收看

（四）有线广播电视监测

有线广播电视监测是广播电视监测的重要组成部分，通过对有线广播电视信号质量进行监测，实现对有线广播电视信号的质量进行监督管理，最终确保有线广播电视播出安全。

1. 有线广播电视监测内容

有线广播电视监测内容主要体现在以下方面：

（1）实现对播出质量的监测

①对播出机房播出中出现的重大停播事故和播出质量进行监测，及时发现前端各套节目播出中的重大异态，汇总、处理、分析监测数据。

②监测所有频道射频主要技术指标及视频技术指标，保证信号输出质量；进行有线电视频谱监测。

（2）实现对播出内容的监测

①监测节目内容是否存在违规现象。

②监测未经批准而进行转播的节目。

③监测未经批准而进行转播的境外电视节目。

（3）频道监测

①为管理部门提供频道统一管理的技术平台。

②监测有线广播电视播出频道数。

③监测广播各类节目在监测系统中的组成。

2. 有线广播电视监测方法

做好有线广播电视监测工作，可以准确、及时地反映有线广播电视节目播出、传输和接收的质量、效果，提高有线广播电视应对非法播出和突发事件的能力，增强广播电视宣传质量。同时广播电视监测机构要积极采用先进的技术手段，不断使监测工作变得更加高效、快捷、智能、安全。

有线广播电视监测工作应从以下方面开展：

①通过有线电视监测系统查看系统运行图，确定各前端设备正常工作。

②轮巡各传输的节目实时播放情况，对节目质量进行主观评价。对各前端所传信号进行频谱扫描，确定频道变更情况。

③按时间监测转播的中央一套新闻节目播出状况，及时将情况上报上级有关部门。

④定时处理报警数据，仔细查看历史视频，确认故障原因，详细记录。

（五）卫星广播电视监测

卫星广播电视监测是广播电视监测事业的重要组成部分，是卫星广播电视高质量安全播出的重要保障。卫星广播电视监测的主要任务是通过技术手段、设备配置和监测策略对广播电视信号进行长期、固定、多技术层面的监测，并及时发现卫星广播电视异态，准确判断故障环节，通告有关部门，挽救播出事故和缩短异态持续时间，为广播电视安全播出提供技术保障。通过长期的监测工作，总结卫星广播电视系统运行规律、特点，为上级机关提供监测报告，为决策提供依据。

1. 卫星广播电视监测的主要内容

影响卫星广播电视安全的主要因素有节目源的质量、上行站的工作状态、地面到卫星的空间环境状态、卫星的工作状态及地面接收站的工作状态，广播电视监测机构应对卫星广播电视进行从信号源到卫星发射、接收的全区域、多环节、多功能的完整监测。

卫星广播电视监测的主要项目包括频谱、调制误差、误码率、码流分析、载波电平、信道功率、同步信号、信噪比、视音频节目等。其中：

（1）频谱监测与分析：主要用于观察卫星电视信号频道的频谱图及其周围是否有其他信号存在，并可以进一步观察受影响的程度，尤其在分析相邻频道或窄脉冲干扰时作用明显。频谱监测内容主要为频谱宽度、频谱带宽、频道噪声。

（2）码流分析：码流分析监测要有重点、有选择地进行。

（3）误码率监测：误码率监测就是监测信道误码率和纠错误码率的测量值。

（4）模拟信号的监测。

（5）视音频节目的监测：视音频监测要自动监测和人工监测相结合，进行综合判断，确保视音频节目的监测效果。

2. 卫星广播电视监测方法

卫星广播电视监测主要从信源编码及复用、信道编码、调制、发射和卫星传输通道等方面产生失真和误码来考虑，先用卫星天线接收信号，再由卫星信号解调器进行解调，最终输出到各类监听监看设备，再对各项指标进行客观测量，并对节目质量主观评价，最终实现监测的目的。

卫星电视监测工作可从传输信道层、码流层和节目层三个层面展开，具体监测工作可从以下环节开展：

①信号源监测：针对不同来源的 SDI 基带信号。

②编码器输出监测：针对高清、标清编码器输出监测。

③调制器输出监测：针对调制器输出的节目、码流和 RF 指标监测。

④高功放输出监测：针对高功放调制输出射频指标的监测。

⑤卫星下行接收的监测：针对卫星下行接收的射频指标及解码后的 TS 码流监测。

（六）无线发射、微波传输覆盖监测

做好无线发射、微波传输覆盖效果监测工作，有利于及时掌握广播电视的实际播出情况，从而不断完善广播电视传输覆盖网络，提高安全播出水平。无线发射、微波传输覆盖效果监测一方面要对发射运行状况进行监测，另一方面要对覆盖区的实际接收效果进行监测。

1. 发射运行状况监测

发射运行状况监测，实际上是对整个广播电视系统运行状况的检查，即不仅监测发射机的运行状况，还同时监测播控中心、电视中心与节目传送运行各个环节。发射运行状况监测主要是检查各发射机是否按规定的发射机运行图表和节目传送运行图表进行的工作。

2. 覆盖效果收测

覆盖接收效果收测主要包括各发射机的实际覆盖区，调查服务区内用户实际接收效

果，查明影响广播电视信号接收的各种干扰。场强能较准确地反映信号接收效果，从而了解无线发射、微波传输的实际覆盖效果，因此监测覆盖区的测量应重视场强测量。

（1）场强监测

①测量用仪器设备：测量覆盖区用的主要仪器是场强仪、场强自动记录仪、收音机与电视机等。

②测量方向和测量地点选定：测量方向和测量地点应选在规划计算的方向与地点上，一边把实测值与计算值进行比较。测量至少应按照规划计算的八个方向进行测量，测量时应充分考虑发射天线方向、居民的密集程度和地形的复杂情况等特点，选择地势平坦，附近无高大建筑物阻挡或反射信号的区域进行测量。

③接收天线高度：测量覆盖区用场强仪的天线高度，应与规划计算用的天线高度相同，以便使所测结果与计算值相当。

（2）场强监测注意事项

①场强实测结果与场强预测不符时，要对不符原因进行科学分析，从而得出正确结论。一般而言，场强测量结果受实际地形、气象条件等因素影响，会与预测数据产生差异，因此实测场强选择测量地点时应进行科学选择，从而保证结果的真实有效。

②场强测量期间应要求各发射台保持有效发射功率，确保处于正常工作状态之中。

③保持广播网规划的电台或发射机全部启用，停止未经许可的发射台工作。

（七）视听新媒体监测

伴随着互联网产业发展的良好机遇，网络视听新媒体行业取得不断进步，也给安全播出工作带来了新的挑战。做好视听新媒体的监测工作，逐渐成为安全播出监测工作的新重点。广播电视监测机构应加强对视听新媒体节目的监测，特别是重视网络热点视听节目的安全监测。

视听新媒体是利用宽带网，集互联网、多媒体、通讯等技术于一体，向用户提供包括数字电视在内的多种交互式服务的崭新技术。视听新媒体的主要代表形式为IPTV集成播控平台和网络广播电视台。其中IPTV集成播控平台是对IPTV节目从播出端到用户端实行管理的播控系统，网络广播电视台是以宽带互联网、移动通信网络为节目传输载体的电台、电视台。

在视听新媒体技术安全监测方面，广播电视监测机构对于IPTV集成播控平台、网络广播电视台的监测范围、监测项、监测点位设置、监测技术标准、监测频次、监测数据采集等都应按照国家规定和行业标准进行。要重视监测 IPTV 直播、轮巡、高清播出信号中断和视频马赛克、静场、黑屏、视频断流、色彩丢失、亮度异常等故障，并及时将故障信息整理上报，以督促安全播出责任单位及时进行故障处理，降低技术故障对安全播出工作的影响。

另一方面，广播电视监测机构要确保视听新媒体内容符合相关法律法规要求，主要表现在：

①所传播的电影、电视剧、动画片、纪录片等节目，应当符合国家广播电视相关管理规定。

②所传播的时政类视听新闻节目，应当是地（市）级以上广播电视播出机构制作、播出的新闻节目。

③不得转播、链接、聚合、集成非法广播电视频道节目、非法视听节目网站的节目和未取得内容提供服务许可的单位开办的节目。

同时还应做好以下工作：

①严密监听监看互联网站上传播的反党、反国家、反社会、反人民及危害国家统一、危害国家安全、宣扬邪教迷信，破坏社会稳定、诱导未成年人违法犯罪、侵犯他人的合法权利、危害社会公德等视听节目，发现重大违规、违法视听节目网站和内容，应立即报告。

②及时统计每日新增的视听节目网站，审核其视听节目是否违法，核查其网站是否持证，网站身份信息是否真实。

③做好违规、违法网站及视听节目的取证工作。

值班人员应每日对所监测的视听新媒体内容安全情况进行登记，对违规传播的视听节目进行汇报。

示例：

表 4-4 互联网等网站违规传播视听节目日报表（样表）

网站名称	视听节目名称	网址（含域名）	违规情节	截图	值班人员

在互联网直播服务监测方面，主要依据的是国家互联网信息办公室发布的《互联网直播服务管理规定》（以下简称《规定》）。该规定指出：互联网直播服务提供者和互联网直播发布者在提供互联网新闻信息服务时，都应取得互联网新闻信息服务资质，并在许可范围内开展互联网新闻信息服务。互联网直播服务提供者应对互联网新闻信息直播及其互动内容实施先审后发管理，提供互联网新闻信息直播服务的，应设立总编辑。

《规定》要求，互联网直播服务提供者应积极落实企业主体责任，建立健全各项管理制度，配备与服务规模相适应的专业人员。对直播实施分级分类管理，建立互联网直播发布者信用等级管理体系，建立黑名单管理制度。

广播电视监测机构应严格按照《规定》要求，对视听新媒体单位进行有效监测，确保其播出节目符合《规定》的要求。

三、广播电视重要保障期监测管理

广播电视重要保障期的安全播出工作至关重要，广播电视监测机构应全面有效落实安全播出监测工作要求，保证监测工作的"零空白""零风险""零失误""零出错"。

广播电视监测机构在重要保障期应重点对广播电视进行监听监看和监测，确保重要保障期广播电视安全播出。

（一）重要保障期前准备工作

广播电视监测机构接到重要保障期通知之后，应迅速启动重要保障期监测工作方案，做好重要保障期前的各项工作部署，并组织专业人员开展安全播出风险排查工作。

在工作部署方面，广播电视监测机构应高度重视重要保障期的广播电视监测工作，召开专题会议进行研究部署，做到早动员、早安排、早落实，提前做好广播电视监测、电话调度、预警信息发布等重要监测和指挥调度系统的维护和保障工作，确保异态信息及时发现和重要信息及时接收和传送。

在风险排查方面，广播电视监测机构应组织开展全方位的安全监测隐患排查工作。排查范围应涉及监测业务各个部门，包括监测台站、监测机房、监测系统、监测设备等，以及高压配电机房、UPS 电源设备机房的运行安全，消防设施、线路及设备、仓库等重点部位。在风险排查中发现的问题和隐患要及时进行整改，同时广播电视监测机构要和消防、公安、电力等部门保持密切联系，确保能够应对各种突发风险。

（二）重要保障期间监测管理

在重要保障期间，监测机构各部门应严格按照重要保障期监测方案进行工作，特别是应做好以下几方面的内容：

（1）要认真做好思想动员，以高度的政治责任感和严肃的态度、严格的要求、严密的组织、严明的纪律，严格落实重要保障期间监测的各项措施，保证重要保障期间监测值班工作安全、优质、准确、及时。

（2）广播电视监测机构的领导要深入到第一线，及时发现问题、解决问题。要针对技术设备运行中经常存在的问题，组织制定应急措施，并使设备处于最佳运行状态。

（3）及时与有关的外单位联系，如供电部门、通讯部门等，要求在重要期间注意保证安全供电和通讯联络的畅通。

（4）重要播出保障期间，对第一线值班和维护力量要妥善安排，加强监测系统和设备的巡视检查，及时处理异态，坚决杜绝操作事故。

（5）重要播出保障期间，要特别注意对监测内容的质量监测分析。

（6）重要播出保障期间，出现任何危及安全播出的情况都要严格执行上报制度。

（7）重要播出保障期结束后，广播电视监测部门应及时对监测工作进行总结并形成报告上报主管单位。

四、广播电视监测应急管理

广播电视监测机构在安全播出事件事故及异态情况下，应迅速启动应急方案，采取有效措施应对突发状况，将事件事故及异态报警对安全播出造成的影响降到最低。

（一）应急准备

广播电视监测机构应制定和适时修订应急预案，定期组织演练，并将预案报广播影视行政部门备案。广播电视监测机构应当投入必要的资金用于应急资源储备和维护更新，应急资源储备目录、维护更新情况应当报广播影视行政部门备案。

（二）事件事故紧急应对

当遇到广播电视播出突发事件事故时，广播电视监测机构应迅速启动应急预案，通过预警平台、指挥调度系统和各相关单位保持联系，加强信息沟通。

广播电视监测机构监测发现非法干扰和非法台时，应及时上报广播影视行政部门，对所发现非法干扰和非法台站做出详细判断，协助其他部门对其进行取缔和打击。

在广播电视日常监测过程中，广播电视监测机构应充分发挥监测职能，通过监测技术手段，通过对已发生的安全播出事故的监测结果，经过统计分析之后确定事故发生的原因，及时上报上级单位，通过预警平台向安全播出责任单位进行告知，共同应对安全播出事故，最大程度降低事件事故对安全播出造成的影响。

（三）异态报警处理

异态报警是广播电视安全播出监测工作中的常见现象，异态报警能反映当前广播电视系统存在的问题，做好异态报警管理对监测工作有重要作用。

1. 常见异态现象

（1）电视节目常见异态现象有：

①图像异态，如画面出现色彩异常、雪花、噪点、亮点、闪彩光、彩条；画面有条纹干扰、有拉道、有扭曲；画面黑屏、蓝屏等。

②伴音异态，如伴音内容错误，伴音声音小，伴音失真，伴音串音等。

③台标异态，如台标颜色异常，台标重影，台标错误，无台标等。

④插播异态，如插播字幕，插播其他节目等。

（2）广播节目常见异态现象有错播、声音小、失真、有杂音、有串音、延迟播出、延长播出、提前播出等。

2. 异态报警监测管理措施

异态报警监测要遵循"自动为主，人工为辅"的原则，充分依靠数字化、智能化的监测系统，及时发现播出异态；同时通过人工核实监测异态，准确、快捷地处理异态报警。

（1）核实异态原因

为了能够如实地、客观地反映播出异态，应该对监测系统产生的异态报警的节目进行录像。在系统自动产生报警后，值班人员必须通过查询录像，判断异态的准确性。同时根据异态现象初步进行主观判断，确定故障点，再与相关部门进行具体异态原因核实，并详细记录异态原因。

（2）填写故障类型

在核实异态原因后，值班人员应准确判断事故的故障类型并填写故障信息，根据广播电视信号的传输规律与技术特点，考虑监测信息的关注重点及影响广播电视信号正常传播的主要因素，故障类型应该能够体现各种故障分类和故障发生的环节。

（3）异态级别定性

根据异态的产生原因、影响范围、异态类别等不同情况，广播电视监测机构应对异态进行科学的级别划分和定性，从而便于更高效快捷地处理异态，确保广播电视的安全播出。

异态级别定性可从区域、事件、内容等方面进行划分，如对省会城市、直辖市及沿海城市等进行重点监测，对重点节目进行监测。

广播电视监测机构针对监测发现的异态情况，应按照具体的处置流程标准执行。

示例：

××广播电视监测中心异态事故处置流程

（一）非监听监看时段，出现广播电视异态事故后，应及时通过电话调度系统通知相关单位、确认异态事故并询问事故原因，若电话未通，可直接联系安全播出联络员进行确认。确认发生事故时，需在事故监测系统报警开始时间始，30分钟内通过预警信息发布系统，发布预警短信。达到重大安全播出事故时发布预警短信后再通过电话相关部门报告。若核实异态，事故单位称正常时，报相关系统维护人员确认是否为监测系统设备故障，确为监测系统设备故障，按监测系统设备故障处理流程处理，非监测系统设备故障通知安播人员及单位领导。

（二）监听监看时段，出现广播电视异态事故后应立即通过电话调度系统通知相关单位核实事故。若电话不通，可直接联系各单位安全播出联络员进行确认。确认为一般事故的，按一般事故处理流程进行操作。确认为重大事故的按重大事故处理流程进行操作。若核实异态，事故单位称正常时，报系统相关维护人员确认是否为监测系统设备故障，确为监测系统设备故障，按监测系统设备故障处理流程处理，非监测系统设备故障通知安播人员及单位领导。

（三）对于长时间异态事故，核实事故情况后5分钟内，向相关单位和个人发送预警短信，说明发生事故，目前仍未恢复。异态事故恢复后，值班员应询问事故原因，并通过预警信息发布系统，发布预警短信。发展为重大事故时，须10分钟内通过预警信息息发布系统，发布预警短信，再电话通知相关部门负责人。

（四）值班员发送预警短信后，应做相关记录。

（五）对于发生的广播电视异态事故，值班员应将发生异态事故时的录音、录像备份到数据库中，所备份的事故录音、录像文件需重新修改文件名，文件名应简单、明晰、标明日期、时间、事故名称。超过1小时的广播电视异态事故的录音、录像，应请示部门负责人，由部门负责人确定录音、录像的备份时间。

（六）发现电台、电视台没有按时播出应播放的节目（如转播重要会议等），值班员应立即通知电台主控或电视台播出、监测机构领导和广播影视行政部门的相关人员，按领导指示进行操作。

（七）遇到广播电视信号被非法信号插播时，值班员应立刻打电话通知相关单位、监测单位领导和广播影视行政部门相关人员，按领导指示进行操作。

（八）接收到国家新闻出版广电总局预警信息后，值班员应通过预警信息发布平台向相关人员和单位发送短信，根据领导指示向相关人员和单位发送短信，并将短息内容及发送对象记录在预警信息记录本上。

五、监测数据管理

广播电视监测机构的工作就是获取监测数据并把监测信息反馈给安全播出责任单位和广播影视行政部门，为安全播出做好服务工作。如何整理分析大量的来自各个监测点、各个监测系统的监测数据，如何运用数据、发挥数据的作用，提供经过分析、处理的监测报告是监测工作的一个重要环节。

1. 日常数据的获取

监测人员应从各监测系统、各监测点获取监测数据，及时了解监测设备的监测过程，保证得到的数据准确有效。值班人员在值班时间应确认所收集数据的信息，交班时做好当日监测数据的汇总和统计。

2. 数据的处理

从各监测系统、各监测点获取的监测数据是初始数据，需要对这些数据进行分析、核实处理和加工，提高监测数据的客观性、准确性和公正性。充分发挥监测数据在广播电视安全播出工作中的作用。

3. 制定监测报表

监测部门应把监测的数据进行整理分类、汇总统计，制成各类报表，交给上级主管部门，向广播影视行政部门提供准确的数据。

4. 监测数据分析

广播电视监测部门应定期对监测数据及资料及时总结、科学分析、系统管理、分类存档，更好地发挥数据的价值。对于数据和资料的管理应形成制度，由专人负责管理，避免积累、分析、总结的个人化、兴趣化、随机化。

在数据管理方面应做到：

（1）应对所有播出异态的详细现象、分析判断、处理情况等进行详细记录并存档。

（2）对重要运行参数应长期保存并定期对变化趋势进行分析，及时发现问题，随时掌握设备运行状态，努力做到主动维护。

（3）对监测数据应长期统计，掌握不同时期广播电视播出、传输、发射质量、数据的变化规律等。

（4）应定期组织总结维护资料和数据，努力做到定型故障处理的程序化、突发异态处理的正确流程化、应急处理的预案化。

5. 建立数据档案

建设资料档案和监测数据仓库，将所有的监测数据、报表、报告检查、整理、校对、备份、分类存档。

第三节 资源管理部分

做好资源管理是广播电视监测业务正常开展的基础。广播电视监测资源管理的主要内容包括监测台站、监测系统的建设与维护，监测工具器材、仪器仪表、备品备件的管理，监测队伍建设和监测工作环境建设等内容。

一、广播电视监测系统管理

广播电视监测系统主要由广播电视监测设备、传输设备、存储设备、数据处理设备和网络管理设备等组成，是广播电视监测工作开展的基础。广播电视监测机构应根据监测对象、监测任务的不同配置适宜的监测系统，必要时应对监测系统进行升级改造，以满足广播电视及视听新媒体快速发展对安全播出监测的需要。

（一）广播电视监测台站建设

根据管辖级别的不同，监测台站分为中央、省级和省辖市级。不同级别的监测台站在建设规模、功能设置都有不同。广播电视监测机构在建设监测台站时应充分考虑本单位的监测级别和监测范围，确保监测台站建设符合相关建设规定，能充分满足监测工作的需要。

根据《中央广播电视监测台、站建设标准》（GY 5047）规定，中央监测台站的任务主要是监督空中广播、电视频段的电波秩序，监测中央直属广播、电视发射台及中央卫星广播的质量和效果等。

根据《省级广播电视监测台建设标准》（GY 5048）规定，省监测台的任务主要是监督省内广播、电视频段的电波秩序，监测省属广播、电视发射台及省卫星广播的质量和效果等。省级监测台建设要以满足本辖区监测工作为基本前提，保障监测范围覆盖全辖区，监测功能齐备，监测技术符合需求，严格遵守省级监测台站工程建设要求。

根据《省辖市级广播电视监测站建设标准》（GY 5049）规定，省辖市级监测站的主要任务是进行市属广播、电视发射台播出及中心送来的广播、电视节目源质量监听、监看；市辖区域内市、县（市）等广播、电视发射台使用频率情况监测；中波频率测量；场强测量及国外对本地区广播收测等。

（二）广播电视监测系统建设

广播电视监测可分为固定监测和移动监测两种方式，监测系统也因监测方式而有所不同。

1. 广播电视监测系统

广播电视监测系统应实现对广播电视各环节的安全播出监测。监测系统对本辖区内的广播电视信号播出进行监测，一般由视音频监测系统和技术指标监测系统两部分构成。其中：

视音频监测系统一般具备以下功能：

①对辖区内所有播出节目的视音频进行监听监看。

②对重要节目的视音频进行实时监听监看。

③对视音频丢失、静帧等播出异态实时告警，并能按需存储，具备查询检索、回放视音频记录等功能。

技术指标监测系统应具备以下功能：

①对本辖区内播出的重要节目信号的关键技术指标进行实时监测。

②对所监测的技术指标设置报警门限，对载波异常、误码率超限等异态实时告警，并能按需存储。

③具备对存储记录的查询检索、统计分析和数据回放等功能。

随着广播电视及视听新媒体的发展，广播电视监测机构应不断对监测系统进行改造升级，以满足监测需要。对监测系统改造升级，应考虑：

（1）安全可靠性要求：系统的硬件设备与应用软件必须能满足 7×24 小时稳定运行要求，应具有方便、有效、完善的应急方案和措施，能够在线维护系统设备，提供实时的系统状态监测与报警。

（2）高性能要求：所选的硬件的性能应能满足系统的极限应用要求，并应有一定的富余量。

（3）可扩展升级要求：系统硬件能够方便地扩展，控制软件应采用开放式和模块化结构，易于升级。

（4）可管理性要求：所有硬件设备应采用完善的手段进行管理，尽量统一设备品牌，并使用统一网管。

（5）维护、操作要求：控制软件的界面要求中文界面、简洁清晰、易学易用。系统总体布局合理有效，系统设备硬件的连接直观简单，便于维护。

监测系统升级改造完成之后，应依照规定进行工程的验收并做好验收记录、试运行记录。

2. 移动监测系统

为完善监测手段，更好的保障广播电视安全播出，在固定监测系统的基础之上，广播电视监测机构应做好移动监测系统的建设，移动监测主要是通过监测车系统来完成。

移动监测系统一般采用移动广播电视综合测量技术，具有中波、调频、模拟或数字电视覆盖场强、开路信号指标监测、频谱监测、无线发射设备指标、卫星下行信号指标、数字有线电视系统指标测试及定向查找非法信号的能力，对于提高区域广播电视移动监测、覆盖测试及系统指标测试的水平和精度，维护空中电波秩序，保证广播电视安全播出有重大作用。

广播电视移动监测系统应该具备监听监看、开路监测、信号测向和数据处理等功能。其中：

（1）监听监看：可监听、监看信号接收区内各套电视、调频、中波节目；搜测广播电视频段内未经批准的广播电视频点及干扰源。

（2）开路监测：可测量电视、调频、中波各套节目频点的场强值；测量开路视频指标、调频频偏、中波调幅度；监测广播电视频段内的频谱情况和频谱负荷。

（3）信号测向：可以在广播电视的频段内进行无线电信号的测向和定位，查找影响广播电视播出的干扰源。

（4）数据处理：可对信号接收区内的各套电视、调频、中波节目录音、录像；可根据在节目服务区内测得的某一节目频点的若干个场强值，绘出其服务区场强覆盖图；可对测试数据进行数据库管理。

3. 预警发布系统

广播电视安全播出预警发布系统由预警发布系统主机和预警信息接收终屏组成。预警发布系统主机一般安装在安全播出指挥调度中心，信息接收屏（预警屏）安装在安全播出责任单位。

广播电视安全播出预警发布系统是保障监测机构与安全播出责任单位、广播影视行政部门密切联系的重要平台。做好预警发布系统建设，能够确保信息的及时传递，提高各项资源的利用效率，是广播电视安全播出日常业务调度的重要工具。特别是在发生全局性、突发性、灾难性事件事故时能使各单位密切合作，及时对事件事故进行处理，最大限度地降低其对广播电视安全播出造成的影响，提高整体安全播出保障能力。

（三）监测系统预防性维护

为确保监测系统稳定地运行，广播电视监测机构应制定科学规范的维护管理制度，对监测系统进行预防性维护，以提高监测系统的精度和使用寿命，减少系统故障的发生。

1. 维护原则

广播电视监测机构进行监测系统维护时应坚持"计划科学、分界明确、操作规范、管理严格"的原则，制定科学合理的维护制度，维护流程应清晰，维护准备要充分，体现出风险预防措施。

2. 维护管理

广播电视监测机构应根据本单位的监测范围和监测任务制定监测系统维护管理制度，应明确维护项目、维护周期、维护时间、维护标准、维护人员责任分工、重要数据存储与备份要求等内容。维护管理制度应经过充分研究论证，保证其符合广播电视监测机构实际工作要求。

（1）维护内容

广播电视监测机构的日常维护主要涉及监测系统技术维护、网络安全系统技术维护、可视指挥调度系统技术维护、电话调度系统技术维护、无线转播站监测监控系统技术维护、机房消防系统、电气设施技术维护、空调系统技术维护、测试仪器校验、存储系统技术维护、网络视听节目管理系统维护、互联网监管系统维护、预警信息发布系统维护等。

示例：

表4-5 某广播电视监测中心监测系统维护工作计划（样表）

维护项目	维护内容	维护方式	维护频次
监测系统	电视台至监测中心的光纤链路	巡视检查	每周
	视音频切换矩阵	巡视检查	每周
	内网交换机	巡视检查	每周
	机房综合布线系统	巡视检查	每周
	大屏幕显示系统	巡视检查	每周
	机房卫生	清扫	每季度
	运维单位提供系统维护服务	监督供方服务质量	每月
	……	……	……
数字广播电视系统	报警信息、故障记录查询、故障录像	检查数据并分析	每周
	系统连线、系统应用软件工作状态	功能检查	每周
	检查服务器	重启测试	每周
	板卡	重启测试	每周
	……	……	……

广播电视监测机构应明确不同系统的维护内容，如对预警屏维护应定期检查、清洁等；在安全播出重要保障期前对预警信息发布系统进行测试，包括：

①发送测试屏、信息回复、网络状态情况。②不显测试。③数据库状态。④系统信号：无线连接、专线连接、有线连接；无线和有线发送测试。⑤查询统计、报表功能测试，删除预警信息屏内已经失效信息等。

（2）维护周期

广播电视监测机构可根据维护周期不同制定年、季、月维护内容。维护人员应严格按照维护内容实施维护工作。

（3）维护验收

监测系统维护工作完成后，维护人员应做好维护工作的记录，主管领导应对维护人员维护质量进行抽查。

示例：

表 4-6 监测值班室日常巡检工作记录（样表）

巡检日期：　　　　年　　月　　日

检查时间	巡检系统	巡检内容	检查情况说明	巡检人
	电视电话会议系统	检查联通情况		
	安全播出调度平台	总局调度平台运行情况、刷新总局调度平台页面		
	……			

3. 委托维护管理

委托维护是指广播电视监测机构将监测系统维护工作委托给外部单位实施监测系统的维护保养工作。委托其他单位承担维护任务时，应对服务单位的服务能力进行评价，签订维护服务协议，明确双方的责任和义务。

在维护工作中，广播电视监测机构应对维护单位现场操作的项目进行规范，应专人监督维护单位的维护项目、内容、维护质量，应禁止维护单位实施远程维护。在安全播出重要保障期和突发事件事故期间，应安排维护单位人员协助监测单位值班人员完成监测任务。概括来说，对维护单位的管理就是：明责任、查资质、签协议、要监督、禁远程。

每次外委维保单位服务结束后，应由服务监督部门对服务质量进行评价，必要时与维保单位进行沟通、协调。双方签订的协议履行结束前，由广播电视监测机构组织对维保单位服务质量进行全面评价，作为双方是否续签服务协议的重要依据之一。

对于外部服务单位的管理要求，一般应明确：

（1）维保单位应至少提前三天告之现场维保服务的时间，由技术部门识别可能影响安全播出的因素并做好维保前的工作协调。

（2）监测系统监督管理部门应与外委单位共同识别可能因维护保养所产生的风险，针对所识别的风险制定可行的防范措施，评价措施的有效性，未进行风险辨识和预控措施有效性评价不得进行维护保养工作。

（3）由监测系统监督管理部门确定责任人负责对外委单位维护保养全过程进行监督，对维护保养的质量进行验收。

（4）在维护保养过程中若出现技术系统故障，依据双方签订的服务协议规定的内容监督故障的维修情况，对维修结果进行确认。

（5）根据技术系统日常使用与维护工作分工，由维护人员按巡视计划对设备进行巡视，发现异常情况采取故障维修或加强维护保养等方式，改进设备运行状态。

4. 监测设备及其软件校准工作

为确保监测数据的准确性，广播电视监测机构应对监测系统进行定期校准工作。监测软件校准主要包括：

①软件的完整性检查。检查软件安装及运行的环境是否发生变化；检查软件是否受病毒的感染或破坏。

②软件的准确性校准。对监测数据进行验查比对，确保数据的正确性。

③软件的可靠性检查。

④校准结果处理。对结果进行记录，并进行相应的处理，符合要求做好记录，不合格的应停止使用。

示例：

表 4-7 广播电视安全播出预警屏测试和校准时钟情况表（样表）

××××年

测试日期	预警屏编号／地址	校准项目	测试／校准情况说明	测试人	备注
		主机运行状态、软件运行状况、信号状态、显示信息			

（四）监测系统故障性维修

广播电视监测机构应制定科学合理的故障性维修制度。监测系统维修管理应按照程序进行，包括明确维修登记、人员和设备调度、应急维修实施、维修验收等，具体如下：

1. 维修登记和上报

故障报修应进行登记管理，报修登记应详细记录故障的基本情况。各级维护人员应当及时、真实、准确地报告故障状况和维修中的进度等问题。

示例：

表4-8 技术系统故障性报修登记表（样表）

报修日期	时间	报修部门	报修人	联系方式	技术系统名称	故障现象说明	登记人	维修人	备注

2. 调度管理

广播电视监测机构应及时安排专业技术人员对监测设备进行维修，维修实施人员应熟练掌握监测设备的维修方法，及时做出故障判断，尽快使监测设备恢复运行。针对报修的故障初步了解判断之后，应合理安排维修及备品备件的调度工作。

3. 应急维修

监测设备维护部门应根据所管设备运行情况制定相应的应急预案，预案内容应具备可操作性，并根据实际情况组织修订完善和演练工作。

监测设备维护部门应随时做好故障处理的准备，做到在任何事件、任何情况下都能迅速出发抢修，抢修专用的器材、仪表、机具及车辆等应处于待用状态，不得外借或挪作他用。

示例：

广播电视监测系统设备故障处置流程

一、工作日期间，当广播电视监测系统设备出现故障时，值班员应立即通知相关系统维护人员并告知影响范围；当设备故障持续30分钟仍未恢复时，由值班员以电话形式通知部门负责人及单位领导。

二、非工作日期间，当广播电视监测系统设备出现故障时，值班员应以电话方式通知相关系统维护人员并告知影响范围；在维护人员授权或指导下进行排除设备故障的工作。如未能排除设备故障应等待维护人员到现场进行处理。设备故障持续1小时仍未恢复时．由值班员以电话形式通知部门负责人及单位领导。

三、当广播电视监测设备出现故障，使所有广播或电视节目无法正常监测时，无论何时值班员应以电话方式立即通知相关系统维护人员并告知部门负责人及单位领导。

四、当广播电视监测系统设备恢复后，值班员应在值班日志上做详细记录。

五、若广播电视监测系统设备故障未能及时处理，值班员应按规定填写设备维护单。

4. 维修验收

监测设备维修完成应填写故障维修记录，监测设备维护部门应定期统计故障总数、各类型故障数量以及同环比、故障及时恢复率及同环比、故障原因分析及优化建议、故障未及时恢复原因及整改措施。

示例：

表4-9 技术系统故障维修记录表（样表）

维修日期	报修部门	技术系统名称	故障原因及维修情况说明	维修方式	维修人员	维修时长	验收人	备注

二、工具器材、备品备件管理

广播电视监测工作需要配置适宜的工具器材，以及根据技术系统运维的需要做好备品备件管理工作。

（一）工具器材管理

广播电视监测机构的工具器材主要包括校准器、仪器仪表监视测量设备等。依据广播电视监测机构管理工具、器材情况，可分为部门负责制和仓库负责制。部门负责制要求属于不同部门管理的工具、器材，归口某一部门进行统一管理，对工具、器材、仪器仪表应建立台账，做好日常维护和借用记录；仓库负责制则要求不经常使用的工具、器材、仪器仪表等归仓库保管，由仓库负责出入库和保管、维护工作。

（二）备品备件管理

1. 备品备件采购管理

①技术系统维护部门应根据技术系统的维护保养、维修工作需要，根据备品备件库

存、采购周期、日常使用等情况综合进行分析，制订备品备件采购计划，经部门负责人审核后，单位主管领导审核，单位负责人审批。

②备品备件采购根据其类别确定采用招标或非招标方式采购，具体执行单位的采购管理规定。

③备品备件低于最低库存时，由库管人员及时申请购置。

2. 备品备件出入库管理

备品备件入库时，必须检查以下几项：

①应提供备品备件合格证明文件。

②采购的物资与实际到货物资信息相符（名称、型号、规格、数量等）。

③包装完整、外观完好。

④必要时应对备品备件性能进行测试，确保实现预期功能。经检验合格的由库管人员办理入库手续，不合格的进行退货处理。

备品备件出库时，必须检查以下几项：

①应根据设备维保、维修需要提出备品备件领用申请，对重要的备品备件应经主管领导审批后方可出库。

②备品备件出库遵循先进先出原则，由库管人员如实登记，注明使用的技术系统信息，办理出库手续，保证账、物、卡相符。

③遇紧急情况时，可先行领用再补办手续。

3. 备品备件保管

入库的备件应按品种分类存放，排列有序，标志醒目，库、架、号位置与账、卡、物一致。

库房应保持整洁，符合备品备件储存要求，满足：

①备品备件入库和保管过程中应有防潮、防腐、防锈、清洁等措施。

②重要备品备件应重点管理，有防盗、防护等措施。根据备品备件保管的说明要求进行保存期的维护工作。

③每年至少对库存进行一次全面盘点，发现实物和台账如有差异的，由技术部门追查原因。

4. 备品备件使用管理

对于重要的备品备件采取以旧换新制，将换下来的旧件按时交还库房。废旧物资由技术维护部门每年清理一次，涉及固定资产时应与财务部门沟通，履行固定资产报废处置手续。库房管理人员应对所有备品备件异常耗用情况进行分析，必要时与技术维护部门负责人汇报处理。

三、监测队伍建设

高质量的监测服务离不开高素质的监测队伍，广播电视监测机构应加强监测队伍建设，通过制度化的培训、考核，使监测队伍能力持续提升。

(一) 人员配备

广播电视监测工作需要专业技术人员、管理人员、后勤人员的共同配合。监测单位在人员配置上应满足安全播出的需要，人员设置科学合理。在选择从事广播电视监测人员时，应考虑：

1. 具有高度的政治意识与服务意识。掌握广播电视有关方针政策法规和要求，责任心强，能充分认识到监测工作对广播电视安全播出的重要性。

2. 具有熟练的业务知识。掌握与广播电视监测有关的专业基础理论和业务技能，熟悉广播电视监测系统的组成、功能、原理、监测方法和系统的维护方法，熟练操作各系统的应用软件。能正确处理监测中出现的各种异态情况，具有熟练掌握应对广播电视播出突发事件的综合判断、应急处置和设备应急调配的能力。

3. 处理协调的能力。了解所管辖范围内的安全播出责任单位的业务情况、播出信号的来龙去脉，熟悉各项操作流程，熟悉国家新闻出版广电总局、本级广播影视行政部门和本单位的应急预案，了解指挥中心以及相关播出管理单位之间的安全播出保障体系及责任，掌握具体工作任务及监测对象的基本情况，做到把监测信息及时、准确、有针对性地处理，提高监测效率。

4. 能完成监测数据的整理和上报。能够对广播电视安全播出事故和播出事件进行定性、分类和统计分析，能够按规定的格式撰写故障和事件报告，并掌握对事故事件的处理流程和资料上报的流程。

5. 遵守规章制度。能够严格遵守单位的各项规章制度和值班纪律制度，按照规定的流程进行操作。

对监测值班岗位要求：

①具有广播电视相关技术知识，具有一定的广播电视安全播出分析、判断能力和一定的文字表达能力。

②熟悉广播电视传输、计算机、网络等技术设备的基本维护知识，具有一定的实际操作能力。

③能够按要求处理各类突发故障和突发事件。

④有责任心，自学能力强，工作积极主动，具有良好的团队精神和沟通能力。

⑤能吃苦耐劳，能够适应 24 小时值班倒班。

（二）人员培训

广播电视监测机构要根据工作需要制订培训计划，包括岗前培训、转岗培训、能力提升培训、应急培训等计划，并制定相应的管理制度，确定培训管理负责人并组织实施。培训部门应建立和完善人员培训工作档案，如实记载培训工作和受培训人员情况。

广播电视监测机构主要做好以下几个方面的培训工作：

1. 岗前培训。新入职人员应具有相应的专业技能，并通过岗前培训和考核。新系统、新设备投入使用前，应当对相关人员进行培训。

2. 转岗培训。转岗培训是指为转换工作岗位，使转岗人员掌握新岗位技术业务知识和工作技能，取得新岗位上岗资格所进行的培训。

3. 能力提升培训。为不断适应新的监测技术、手段，广播电视监测机构应对工作人员进行阶段性的能力提升培训。

4. 应急培训。培养员工应急管理能力是提高安全播出监测能力的重要手段。广播电视监测机构应开展应急能力培训，还要定期组织监测人员进行应急演练，提高监测单位整体应急反应能力。

（三）人员考核

考核是对工作人员进行有效管理的重要手段，通过考核促进监测人员更好地干好监测工作。广播电视监测机构应根据岗位说明书，制定各个岗位的考核内容，明确考核方法，定期对广播电视安全播出从业人员实施业务考核，其考核内容和考核方法如下：

1. 考核内容

技术人员考核要列出安全播出关键岗位人员名单，技术人员考核内容为：

①个人素质、工作态度。

②专业技能。是否了解作业情况，熟悉监测方案；是否了解所有监测项目监测点的布设方法及测试方法；是否了解各监测项目的报警指标、监测频率及精度指标；能否熟练操作所有监测仪器设备，能否对仪器进行保养校核；能否高效准确地进行内业数据处

理及成果报告的整理；面对突发情况，能否及时有效地处理和汇报，提出合理化建议。

2. 考核方式

广播电视监测机构可成立考核评议小组，制定考核表，负责对考核工作的管理、指导和考核结果的最终审定，对考核者进行奖惩。

广播电视监测机构可建立安全播出奖惩制度，严格落实奖惩规定，记录奖惩结果并存档。

四、监测环境管理

良好的工作环境是监测系统正常运行，监测工作顺利开展的前提。做好监测环境管理，不仅需要重视监测信号收集环境、监测系统机房环境建设，同时应重视员工工作氛围的营造。

（一）监测信号收集环境建设

监测信号收集应注意环境因素，保障监测数据结果能够真实反映实际情况。监测信号收集环境主要包括采集信息时的温度、湿度、电压、地形等自然环境。如中、短波广播场强测量环境要求：

（1）测量中、短波广播的场强测量条件：

环境温度：5℃～45℃；相对湿度：≤85%。

（2）电源：供测量用交流电源的电压变化不得超过标称值的 ±10%，频率变化不得超过标称值的 ±2Hz。

（3）场地要求：

①周围环境应平坦，坡度不得大于 2°。

② 25 米半径内应无障碍物，远区障碍物仰角不得高于 4°。

③远离电力线和其他金属物（参照 GB 7495）。

④条件不能满足上述条件时，应详细说明和记录测量点的环境条件，并对场强值作适当地校正。

⑤在监测台（站）场强室进行场强测量的环境要求，要符合 GY 5047、GY 5048 的规定。

（二）监测机房环境建设

为了保障监测设备能够正常工作，国家对监测机房环境做出了严格的规定。广播电视监测机构应严格按照国家规定、行业标准制定监测机房管理制度，保证监测机房的环境符合标准要求。

监测机房环境建设应重视以下方面：

（1）应在热度、湿度、光线、空气流动及卫生、清洁度、噪声、振动、污染等方面的控制上满足标准要求。

（2）灯光照明、噪声、通风、温度、湿度、防尘、静电防护等应符合《广播电视中心技术用房室内环境要求》（GY/T 5043）的有关规定。

（3）机房接地、布线、外部环境应符合《电子信息系统机房设计规范》（GB 50174）的有关规定。

除此之外，广播电视监测机构同时要对地面环境、通道环境、工作场所环境、机器设备所处环境、材料物品所放环境等制定具体管理规定。

（三）监测人员工作环境

做好监测单位的文化建设，有助于增强员工的安全播出责任意识，提高对安全播出监测工作的重视程度，培养认真严谨的工作作风。监测单位的领导应重视和加强监测人员工作环境建设，共同形成良好的企业文化，更好地促进广播电视监测事业的发展。

第四节 监测体系自查与改进部分

广播电视监测体系自查能及时发现本单位在监测业务中存在的问题。做好监测体系自查和改进工作，是监测单位不断提高自身监测能力、优化监测体系的重要途径。

一、监测体系的自查

监测单位应重视监测体系的自查工作，重点从日常工作监督检查、监测数据的准确性复核、监测业务与制度要求的相符性、监测目标的实现情况等方面进行自查。

1. 日常工作监督检查与指导

广播电视监测机构领导层应定期对监测过程进行检查，检查内容包括对人员的检查、对监测点位、流动监测、无人值守台站、无人留守发射点的检查。其中：

（1）检查工作人员工作状态。看人员是否各司其职，巡检工作是否每日按规定配合相关部门对机房和设备巡检，做好巡检记录，发现问题及时报告。

（2）检查监测点位。监测点位设置是否合理，是否出现异常，点位环境保持状况，维护等工作是否到位。

（3）检查流动监测。检验监测设备、监测项目、分析精度、响应速度、稳定性、数据处理功能是否符合规定要求，监测记录是否全面；监测覆盖范围是否到位；监测车状况是否良好。

（4）对无人值守台站及无人留守发射点的检查。无人值守台站技术系统配置是否满足相应保障等级的要求；站内播出信号、设备运行、电力和环境等是否正常；无人留守发射点的环境是否满足防火、防盗、防尘、防漏、防虫、保温等防护条件，远程控制功能的空调设备、自动控制功能的消防设备、入侵报警功能的安防监控设备工作是否正常，站内播出信号、设备运行、电力和环境等是否正常。

对于检查中发现的问题要及时地纠正，并对责任人进行处理，做好检查记录。

2. 做好监测数据处理，保证其准确性

广播电视监测机构在获得监测数据之后，应对数据进行分析验证，以保证监测数据结果能真实正确反映监测对象的实际情况。监测数据的真实准确应重点确认监测环境的合理性、监测方法的科学性、监测系统的有效性、监测人员尽职尽责情况。

在满足以上条件下所获得的监测数据才能真实反映广播电视安全播出的真实状况。监测数据分析验证应按照以下流程进行：

（1）监测数据汇总：将监测数据及各种相关信息进行汇总，包括播出状态、网络运行状态、发射特性、视音频和 TS 码流等监测情况。

（2）监测数据统计、分析：根据不同需求从不同角度对监测结果进行统计分析。可按覆盖区统计分析、按不同监测对象统计分析、按节目类别统计分析。

（3）监测报告：监测报告是在完成监测数据统计分析之后做出的数据整理，应能全面反映监测数据情况。报告可含以下内容：

①监测概况：任务由来、收测时间、监测地点、监测环境、监测仪器设备和监测方法等；

②监测结果及分析；

③监测数据统计表，可作为监测报告附件；

④效果评估；

⑤提出建议：通过分析和效果评估有针对性地提出改善广播效果的具体措施与建议，如换频、加大功率、更改播出时间、更改发射地点、停止发射等；

⑥监测人员工作情况。

3. 做好监测业务衔接，保证其相符性

广播电视监测机构应按照委托方和被监测对象的要求设置监测流程，保证监测业务各环节与监测目的相符。在监测过程中，各监测岗位人员应严格按照监测规程进行，保障监测目标的实现。监测任务完成后，广播电视监测机构要对监测数据结果进行核对，确保监测目标与结果的相一致。

4. 保障监测目标、任务和计划的落实

为保障广播电视及新媒体的安全播出，了解监测目标、任务和计划的落实情况，广播电视监测机构应定期对监测目标、任务和计划的完成情况进行总结。

表4-10 ××广播电视监测中心1月份监测情况统计表（样表）

频道名称	日期	异态时间	异态时长	异态类型	事故起因	事故性质	事故单位	备注
××经济	1.6	21:28:46	12分	无视频	设备故障	技术	××广电	发射机故障
××新闻	1.17	13:56:15	3分	彩条	其他	其他	××广电	

5. 加强监测体系自查

广播电视监测机构应定期组织人员对本单位的安全播出监测体系进行审核，客观评价本单位安全播出监测能力，及时发现监测业务中的问题并进行改正。

广播电视监测机构应将信息系统安全等级保护测评作为监测体系检查的重要组成部分，应定期对本单位的信息系统安全情况进行检查，准确反映本单位的信息系统安全风险管理水平。

二、监测体系改进方面

为了更好地提高广播电视监测能力，保障广播电视及视听新媒体的安全播出，监测体系的改进工作应具有长期性和全面性。改进工作具体可从以下几方面开展：

1. 加强业务了解合作，确保监测方案的可行性

广播电视监测工作应以安全播出责任单位的实际业务为核心展开。监测机构应加强和安全播出责任单位的业务往来合作，对安全播出责任单位具体业务有清晰明确的认识。

2. 加快监测系统升级改造，确保监测技术的先进性

监测系统设备和技术规范是实施监测活动和质量管理的技术依据，完善的监测技术体系对提高监测质量具有重要意义。随着广电技术的快速发展，监测机构应持续对监测系统设备进行升级改造，不断提升监测技术水平，确保监测能力能够满足广播电视及视听新媒体发展的需要。

（1）加强科学研究，及时跟踪监测技术的发展。监测机构应加大前沿监测技术的科学研究力度，跟踪监测技术发展状况，掌握先进的监测方法、技术规范，加快先进系统设备的开发与引进，适应广播电视及视听新媒体业务监测需要。

（2）完善监测系统设备准入审定制度，保证监测依据可靠。广播电视监测机构应与有关单位合作制定监测系统设备准入和技术审定制度，明确监测系统设备的技术标准，保证监测系统设备的科学。

（3）稳定监测技术水平，保证监测数据的可比性。对比分析监测数据是掌握广播电视安全播出水平变化的重要依据。监测机构所采用的监测技术应保持相对的稳定性和应用的一致性以保证监测数据的可比性。

（4）与被监测单位自监系统相配合。广播电视监测机构由于其监测范围较广、监测项目较多，往往不能快速准确地掌握各单位安全播出异态，而被监测单位的自监系统则能及时发现本单位的安全播出隐患，因此监测单位应与被监测单位的自监系统相互配合，确保监测不间断、全覆盖。

3. 加强监测人员业务能力素质培养

监测人员的理论基础、技术水平、工作经验、接受培训和学习的机会是提高广播电视监测机构监测质量的有效措施。监测机构应重视员工培训与考核，全面提高监测人员的监测能力水平。

（1）加大培训力度，加强技术交流。举办技术培训班是实施技术培训、促进技术交流的有效手段。应根据监测技术发展的实际需要，有效策划和设计培训内容，把握技术培训的主干线。

（2）丰富培训形式，提升培训实效。针对日益发展的监测设备培训需求，应建立并发展互动式和跟班式培训制度，设立专项培训基地或开放实验室，有效解决监测人员的技术水平滞后于能力建设速度的现状。开发各种教学或培训课件也是普及监测技术、推广规范操作技能、丰富教学模式的有效方法。

（3）建立再教育机制，激发在岗培训热情。针对监测机构进人机制不完善、监测项

目众多、监测手段差异较大等实际情况，应建立再教育机制，激发员工在岗培训热情，对开展具体监测项目的能力给予切实可行的技术支持。

（4）强化考核机制，提高专业能力。随着监测领域的扩大，监测方法和监测项目的增多，监测单位应进一步完善考核机制，改进考核方式和管理模式，加大监督力度，有效把握考核工作质量，促进监测水平提高。

4. 不断学习先进单位经验

广播电视监测机构在不断提升自身监测水平的同时，应向其他先进单位学习经验，特别是优秀的管理方法和先进的监测技术，不断改进自身薄弱环节，全面提升监测水平。

改进是促进监测机构发展、提高监测能力的重要途径。监测机构应正确认识改进工作，重视改进工作，从全方面提升单位监测能力，不断满足广播电视及视听新媒体的工作需要。

5. 建立健全监测质量管理机制

广播电视监测质量管理是监测工作的重要组成部分，是监测结果科学、客观、公正、准确的重要保障。随着监测技术水平不断发展和安全播出监测工作需求的日益提高，监测范围不断扩大，监测项目不断增加，监测任务日趋繁重，监测质量要求不断提高。在此背景之下，监测机构应建立健全监测质量管理机制，提高监测质量和管理水平，使广电监测工作走向科学化、法制化、定量化和标准化。

第五章

广播电视及视听新媒体安全播出监管体系建设

第一节 基础管理部分

广播电视是我国党和政府的喉舌，确保导向正确、确保安全播出、确保让党和政府的声音传入千家万户、确保让百姓享受到广播电视的基本服务，是广播电视监管的首要目标和任务。

由于广播电视及视听新媒体传播速度快、范围广、影响大，安全播出监管对象点多面广，监管难度大，做好广播电视监管工作，首先应科学制定监管工作方针、目标和计划，建立全面、系统的广播电视监管体系，提升行业监管水平，以满足广播电视安全播出监管工作的需要。

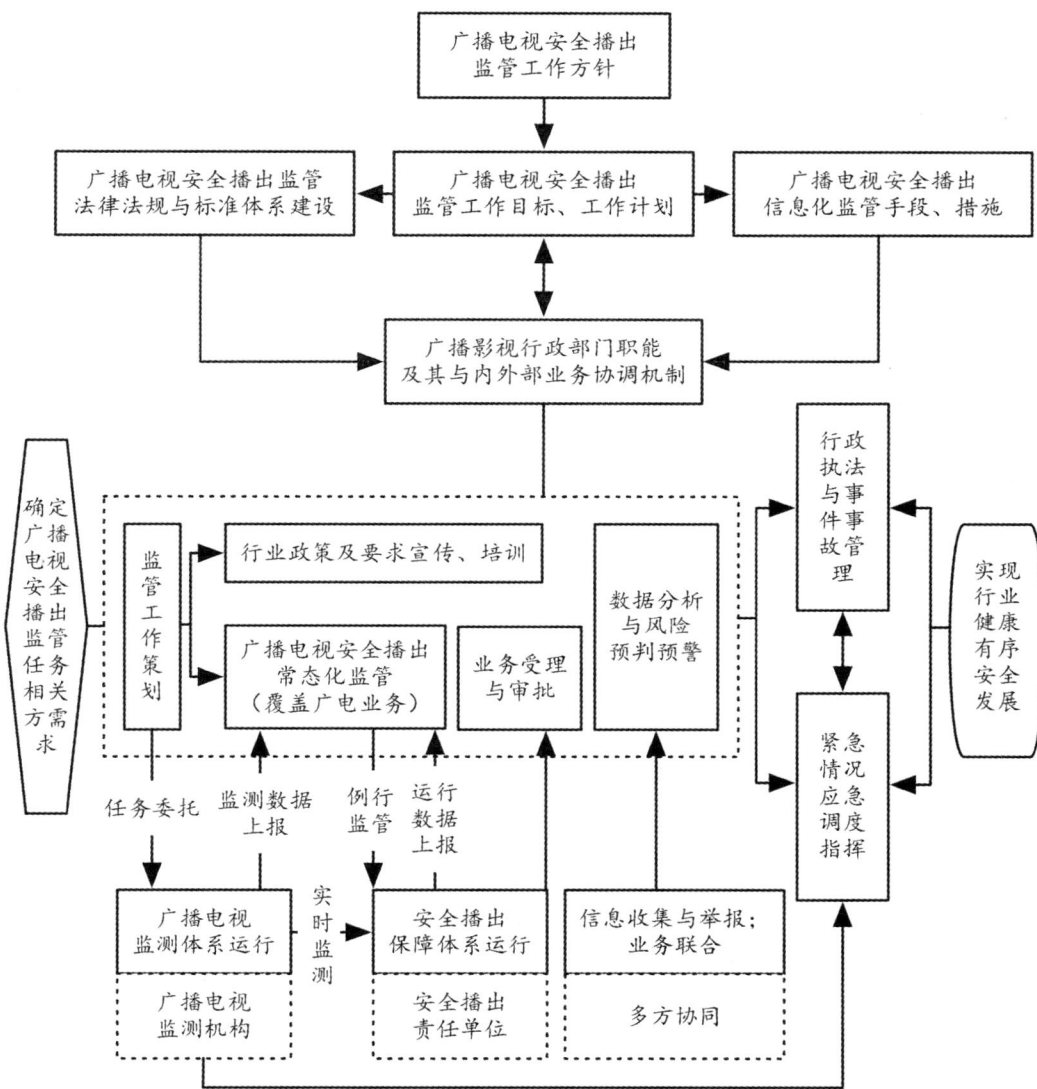

图 5-1 广播电视安全播出监管体系示意图

一、安全播出监管工作方针、目标和计划

广播影视行政部门应依据《广播电视安全播出管理规定》《网络安全法》等法律法规及部门职能定位，制定科学、合理的安全播出监管工作方针、计划和目标。

（一）安全播出监管工作方针

广播影视行政部门制定的工作方针应与上级广播影视行政部门的工作方针相一致。

制定安全播出监管工作方针应坚持以"依法监管、公正监管、综合监管、创新监管"为原则，紧密围绕"权责明确、执法有力、行为规范、保障有效"的工作要求，明确行业监管思路，符合广播电视监管工作实际。

示例：

×××广电局安全播出监管工作方针

按照中央关于简政放权、放管结合、优化服务的总体要求，树立服务优先、覆盖全程、分级负责、多方参与的监管理念，转变政府职能，大力加强日常监管，提升监管效能，建立科学、依法、公平、高效的监管长效机制，打造政府负责、部门协作、行业规范、相关方参与相结合的监管新格局，促进全市广电行业健康有序发展。

（二）安全播出监管目标

安全播出监管的总体目标是：建立和完善适应新时期广播电视及视听新媒体发展的统一高效、执法权威、权责明确、行为规范、监督有效、保障有力的监管体系，严格履行行业监管责任，提高广播影视行政部门的监管水平，推进广播电视及视听新媒体业务健康有序发展。

广播影视行政部门制定的目标应具体、可实现，应重点体现"完善监管体系、创新监管机制、落实监管责任、提高监管效能"的内涵。

（三）安全播出监管计划

为保障监管目标的实现，安全播出监管单位应制订具体详细的工作计划。工作计划主要应包括以下内容：

（1）监管工作事项：主要指日常所负责的监管工作任务，重点涉及对监测机构的监督指导和对安全播出责任单位的监管。

（2）监管工作的落实：主要指为完成监管工作事项所制定的具体措施，明确资源、人员需要，明确采取的手段和方法，明确工作完成的时限和责任人。其中资源需求主要指监管装备和设备的配置、人员素质和能力、资金保障、相关部门的业务配合、政策支持等。

（3）为了确保工作计划按时、高质量地完成，需要对各项工作的进展情况定期进行阶段性总结和分析。

监管工作计划可根据时间分为年度计划、季度计划、阶段性工作计划等。

示例：

×××省安全播出监管单位工作计划

1. 坚持广电行业正确发展方向，完善广电法制和政策体系，实现监管常态化、制度化、科学化，逐步形成统一、有序、安全的广电行业环境，初步建立起与宣传发展相适应的监管体系，为全国率先建立网络化、协调化的监管体系夯实基础。

2. 推进以广播影视技术监测、节目监管、视听新媒体监管、安全播出和信息安全管理为重点的综合监管平台建设，力争完成筹建平台的立项、申报。

3. 实现安全播出管理体系对全省广播电视系统安全播出全覆盖，对安全播出保障体系和安全播出监测体系实现科学、有效监管。

4. 有效推进消除安全播出责任事故，减少技术事故。

5. 加快建设广告、移动监测、IPTV监管系统工程。

二、安全播出监管体制与监管责任制

广播电视安全播出监管体制是指广播电视监管的职责、权利分配方式和组织制度，是广播影视行政部门按照一定的方式对安全播出责任单位所从事广播电视播出、传输、覆盖业务进行有效监管，并对监管的效果负责。

目前，我国已形成了由国家新闻出版广电总局监管中心、各省监测监管机构两级架构组成的全国监测监管体系。新形势下结合各级广播电视安全播出监测监管任务和要求，确立了中央和省级监管机构的管理职责。

（一）安全播出监管体制建设

广播影视行政部门应落实全方位多角度的监管，坚持"事前防范、事中阻断、事后追溯"的监管原则。

1. 现行监管机制

《广播电视安全播出管理规定》中指出：由国务院广播影视行政部门负责全国广播电视安全播出监督管理工作。县级以上地方人民政府广播影视行政部门负责本行政区域内的广播电视安全播出监督管理工作。

各级广播影视行政部门依托上级和本级监测机构、社会监督、对本级及下级安全播出责任单位落实监管，做到守土有责，守土尽责，管控到位。

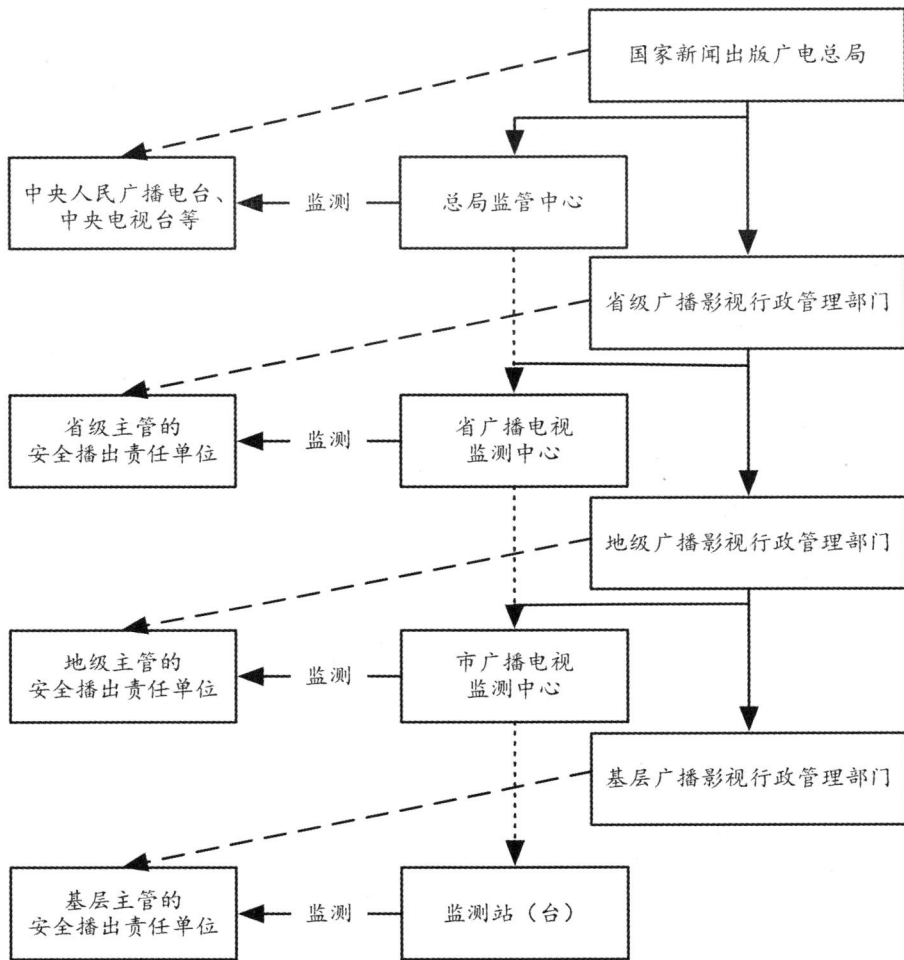

图 5-2 各级广播电视监管组织关系图

2. 监管机制发展

在广播影视及视听新媒体的发展形势下，广播影视行政部门应逐步树立"大安全"监管理念，加快内部职能分工与调整，推动传统媒体和新兴媒体深度融合，最终实现监测、监管、指挥、调度四位一体，机构、运行、内容、效果统一协调的广播电视监管新模式。

（二）安全播出监管责任落实

按照"管行业必须管安全""管生产必须管安全""管业务必须管安全"的原则，本着满足业务工作需要、管理机构精干、业务机构高效、职责划分清晰、机构设置合理的原则，确定广播电视安全播出监管机构，落实相关职能部门对安全播出的监督管理，确保广播电视及视听新媒体播出安全。

1. 落实监管职责

《广播电视安全播出管理规定》第二十五条规定：广播影视行政部门履行下列广播电视安全播出监督管理职责：

（1）组织制定并实施运行维护规程及安全播出相关的技术标准、管理规范。

（2）对本行政区域内安全播出情况进行监督、检查，对发现的安全播出事故隐患，督促安全播出责任单位予以消除。

（3）组织对特大、重大安全播出事故的调查并依法处理。

（4）建立健全监测机制，掌握本行政区域内节目播出、传输、覆盖情况，发现和快速通报播出异态。

（5）建立健全指挥调度机制，保证安全播出责任单位和相关部门的协调配合。

（6）组织安全播出保障能力考核，并根据结果对安全播出责任单位予以奖惩。

广播影视行政部门监管职责落实应考虑以下原则：

（1）规范性原则：履行监管职责时应依照相关的法律法规和标准规范等文件进行监督管理。

（2）充分性原则：针对安全播出监管工作的现状，不断完善安全播出监管的手段与方法，以充分满足广播电视安全播出监管的客观需求。

（3）分层分类原则：不同层级的监管主体所监管的范围、职责、内容要有所不同。

（4）明确性原则：明确安全播出监管的职责要求、范围、内容，逐级明确，确保履职到位。

2. 落实岗位责任制

各级监管部门应坚持分级负责、属地监管的监管制度，根据本单位情况制定具体的落实方案，并建立责任追究制度。

在落实监管责任制方面，要做到监管人员落实，监管对象落实，监管办法落实，监管责任落实。同时应制定监管责任清单表，具体内容应包括：

①部门职责：主要职责、具体工作事项。

②与相关部门的职责边界：职责分工、相关依据、示例。

③监管事项：事项、主要内容、承办机构、联系电话。

④制定事前、事中、事后监管的制度措施：事项名称、监管对象、监管内容、监管方式、监管程序、监管措施、处理措施。

多种监管措施并举，努力构建综合监管、行业监管和专项监管并举的监管体系。要严格按照"谁主管、谁负责，谁审批、谁负责，谁检查、谁负责"的原则，切实加强对行业领域安全播出工作的监管和指导服务。

三、安全播出监管体系建设

广播电视监管体系建设是一个复杂的系统工程，涉及范围广，需要不断根据监管需要完善文件化监管体系，以保障有效落实广播电视安全播出监管工作。

广播影视行政部门应对文件化监管体系科学设计，保证文件层次清晰、文件之间关系明确。

广播电视监管体系文件主要包括法律法规、行业标准等。

（一）法律法规建设

完善的广播电视法规法律，是广播电视监管部门依法行政的基础。近年来，随着广播电视行业的发展，特别是视听新媒体的出现，引发了传统广播电视行业的重大变革，原有的广播电视法规体系已无法满足安全播出监管工作的需求，建立全国统一、相对独立和权威的广播电视监管法规体系，对广播电视监管工作的开展至关重要。

目前，我国的广播电视法律法规体系包含中央和地方两个层次。中央一级，主要是国务院的行政法规，以及国务院广播影视主管部门和其他相关职能部门所颁布的行政规章。地方一级，主要是地方人民代表大会常务委员会制定的地方性法规和地方人民政府制定的地方规章。

表 5-1　广播电视相关法律法规简表（样表）

文件类型	举例
法律	《中华人民共和国网络安全法》 《中华人民共和国安全生产法》 ……

（续表）

法规	《中华人民共和国无线电管理条例》 《广播电视管理条例》 《广播电视设施保护条例》 ……
部门规章	《广播电视安全播出管理规定》 《专网及定向传播视听节目服务管理规定》 《广播电视广告播出管理办法》 《卫星地面接收设施接收外国卫星传送电视节目管理办法》 ……
规范性文件	《关于依法严厉打击非法电视网络接收设备违法犯罪活动的通知》 《国家新闻出版广电总局关于当前阶段IPTV集成播控平台建设管理有关问题的通知》 《国家新闻出版广电总局关于印发〈卫星广播电视地球站技术验收规范〉的通知》 ……

在广播电视法律法规方面，广播影视行政部门应充分发挥职能，不断制定与完善广播电视安全播出监管法律法规体系建设。

1. 国家新闻出版广电总局及各地方广电局应根据国家政策、广播电视及视听新媒体的发展状况，并结合管辖区域的实际情况，及时制定和完善广播电视安全播出监管体系相配套的法规政策、规章制度。

2. 广播电视安全播出监管部门应对与广播电视安全播出有关法规进行梳理，对重要立法和法规文件进行解读，及时制定配套实施细则，为广播电视监测机构、安全播出责任单位具体业务提供指导。

（二）行业标准建设

广播电视行业标准是广播电视监管监测以及播出、传输、覆盖业务开展的依据，主要包括规程规范、技术标准和工程建设标准。

当前我国广播电视安全播出相关标准体系还不完善，应坚持以"统筹规划、面向应用、突出重点、分工协作"方针为指导，建立并逐步完善标准体系建设。同时，各地方监管单位应加快建立健全与国家指导标准相衔接的具体实施标准，确保标准科学、规范、有序实施。

1. 规程规范

安全播出规程规范涉及了业务操作、管理、技术系统维护的具体要求，如：

表 5-2 规程规范表（样表）

专业	文件名称
广播电视中心	GY/T 107《电视中心播控系统维护规程》 GY/T 126《广播中心录制系统维护规程》 GY/T 264《广播电视停播统计方法规范》
卫星广播电视地球站	GY/T 146《卫星数字电视上行站通用规范》 GY 62《广播电视中心和台、站天线工作安全规程》

2. 技术标准

安全播出技术标准主要包括广播电视节目制作技术标准、技术系统运行指标要求、监测系统技术标准等；监测技术标准包括中短波、卫星、有线、移动多媒体、手机电视等技术规程和接口规范，广播电视台监测系统功能规范等。

表 5-3 技术标准表（样表）

专业	文件名称
广播电视中心系统	GB/T 158-2000《演播室数字音频信号接口》 GB/T 193-2003《数字音频系统同步》 GY/T 120《电视节目带技术质量检验方法》 GY/T 134《数字电视图像质量主观评价方法》
有线广播电视网	GY/T 171《多路微波分配系统发射机技术要求和测量方法》
无线发射转播台	GY/T 169《米波调频广播发射机技术要求和测量方法》

3. 工程建设标准

工程建设标准是指广播电视工程建设指导文件，主要涉及广播电视建筑、系统机房、发射台站、监测台站等与广播电视安全播出有关工程建设。

表 5-4 工程建设标准文件（样表）

台站	文件名称
中央监测台	GY 5047《中央广播电视监测台、站建设标准》

（续表）

省级监测台站	GY 5048《省级广播电视监测台建设标准》
市级监测站	GY 5049《中央广播电视监测站建设标准》
广播电视系统	GY 5067《广播电视建筑设计防火规范》
网络广播电视台	GB 50174《电子信息系统机房设计规范》

第二节 业务管理部分

广播影视行政部门根据国家依法赋予的行政权力，按照"三定"方案落实各项监管工作，主要包括行政许可管理、安全播出调度指挥、安全播出常态化监管、广播电视监测机构监督管理、事故事件调查处理、行政执法等工作。

一、行政管理

行政管理是指广播影视行政部门对从事广播电视行业的各单位的业务范围等内容和资质进行行政审查，以保证其符合广播电视相关法律法规的要求，对于不需要审批但切实影响播出安全的落实备案制度。

（一）行政准入监管

行政许可，是指在法律一般禁止的情况下，行政主体根据行政相对方的申请，经依法审查，通过颁发许可证、执照等形式，赋予或确认行政相对方从事某种活动的法律资格或法律权利的一种具体行政行为。

广播影视行政部门实施行政许可的法律法规依据主要有：《广播电视管理条例》《广播电视安全播出管理规定》《互联网视听服务管理规定》《电视剧内容管理规定》《卫星电视广播地面接收设施管理规定》《境外电视节目引进管理》等。

1. 节目制播业务许可

为保障广播电视节目满足安全播出需要，广播影视行政部门应根据法律的规定对节目制播业务设立行政许可制度。节目制播许可主要涉及广播电视的节目制播、节目引进等。如：①广播电视节目制作经营许可；②广播电视视频点播业务审批（乙种）。

2. 节目传输业务许可

在节目传输方式方面，广播影视行政部门应按照规定对安全播出责任单位进行审查管理。

①申请经营国内广播电视节目卫星传送业务。

②省级行政区域内经营广播电视节目传送业务审批（有线）。

③接收卫星传送的境外电视节目许可。

④安装卫星地面接收设施许可证核发。

3. 广电器材设备购置许可

为保障广播电视在播出和传输质量不受系统、设备等硬件技术影响，广播影视行政部门对向安全播出责任单位提供设备的厂家以及安全播出责任单位所购置的设备履行审批手续，以保障购入设备符合安全播出要求。如小功率的无线广播电视发射设备订购证明核发工作等。

4. 视听新媒体节目许可

随着技术的进步，视听新媒体发展日新月异，媒介形态、业务模式和内容供应日益丰富多样，视听新媒体在推动广电事业发展的同时也带来了安全播出风险。重视视听新媒体的审批，是现阶段广播影视行政部门监管的重点。

对于视听新媒体的安全审查，国务院制定颁布了信息网络传播视听节目许可证核发文件，如：①《互联网等信息网络传播视听节目管理办法》；②《互联网视听服务管理规定》。

5. 行政许可流程

行政许可工作一般经申请、受理、审查、决定四个环节。

（1）申请：申请人直接向广播影视行政部门提出申请。

申请方式主要有：

①直接到广播影视行政部门开设的窗口申请。

②通过邮寄方式申请。

③通过广播影视行政部门官方网站进行网上申请。

（2）受理：收到申请材料后，应当场完成受理工作。材料可当场更正的，允许当场更正。

①不符合申请条件、不属于许可范畴或不属于本机关职权范围的，不予受理，出具《不予受理通知书》，说明不予受理原因。

②材料不齐全或者不符合法定形式的，当场退回材料，并出具《一次性补正告知单》。

③申请材料齐全、符合法定形式，或者申请人按照《一次性补正告知单》提交全部补正申请材料并符合法定形式的，出具《受理通知书》。

（3）审查：在受理后的规定工作日内对递交材料或制作片等进行审查工作，并根据最后结果出具书面审查意见。

（4）决定：审查之后可做出不予或准予的行政许可决定。

①做出不予行政许可决定的，出具《驳回通知书》，说明理由，并告知依法申请行政复议、提起行政诉讼的权利。

②做出准予行政许可决定的，即时颁发行政许可证明文件。

（二）行政后续监管

广播影视行政部门对已获准入资质的单位和业务进行后续的监管，以保障其符合广播电视安全播出的要求。行政后续监管主要体现在对广播电视安全播出产生影响的业务变更审批和行政备案。

业务变更审批主要有节目制播变更审批、信号传输变更审批、停播停传审批等，行政备案主要涉及重要保障期预案备案、应急预案备案等。

1. 节目播出、传输、覆盖变更审批

节目播出、传输、覆盖业务发生变更可能会影响广播电视安全播出，因此广播影视行政部门应对变更业务进行审批，以保障其符合安全播出相关要求。审批通过之后安全播出责任单位方可实施业务变更。

《广播电视安全播出管理规定》明确提出：按照省、自治区、直辖市以上人民政府广播影视行政部门批准的节目、传输方式、覆盖范围以及相关技术参数播出、传输、发射广播电视信号，未经批准不得擅自停止或者变更服务。

新建广播电视播出、传输、发射系统需要试播的，安全播出责任单位应当报请省、自治区、直辖市以上人民政府广播影视行政部门审批。

2. 停播停传审批

依照《广播电视安全播出管理规定》及相关实施细则的规定：安全播出责任单位因为某些因素（如设备检修）需要临时停播停传时，应申请上级批准。

安全播出责任单位的停播停传涉及总局直属单位的，以及播出影响范围涉及全国或者跨省的，应提前5个以上工作日逐级报至总局批准。

对于安全播出责任单位提出的临时停播停传，经审批符合要求后，由广播影视行政部门通知广播电视监测机构。

3. 其他情况审批

（1）检修审批：安全播出责任单位在例行检修之外临时停播广播电视节目进行检修、施工的，应当按照国务院广播影视行政单位的有关规定报请批准。

（2）重要保障期间审批：重要保障期间，安全播出责任单位不得进行例行检修或者有可能影响安全播出的施工；因排除故障等特殊情况必须检修并可能造成广播电视节目停播的，应当报省、自治区、直辖市以上人民政府广播影视行政部门批准。

4. 行政备案

为了简政放权，提高效率，同时赋予安全播出责任单位自主权利，在广播影视行政管理工作中，应对安全播出影响相对较小的某些监管事项实行行政备案管理。

《广播电视安全播出管理规定》对需要行政备案的事项做了明确规定：

（1）重要保障期方案备案。安全播出责任单位应制定完善的安全播出保障方案和播出、运行工作流程，安全播出保障方案应当报广播影视行政部门备案。

（2）应急预案备案。安全播出责任单位应当根据安全播出突发事件的分类、级别和处置原则，制定和适时修订应急预案，定期组织演练，并将预案报广播影视行政部门备案。

安全播出责任单位应当投入必要的资金用于应急资源储备和维护更新，应急资源储备目录、维护更新情况应当报广播影视行政部门备案。

（3）设备例行检修备案。对技术系统定期进行例行检修，例行检修需要停播（传）广播电视节目的，应当将停播（传）时间报省、自治区、直辖市以上人民政府广播影视行政部门备案。

（4）施工验收备案。对新建、扩建或者更新改造广播电视技术系统的工程项目在工程项目完工后应当组织验收，并向广播影视行政部门报告验收情况。

各地方广播影视行政部门根据相关法律法规的要求，对行政备案工作做了具体要求，如某广电局规定例行检修工作，要求安全播出责任单位要统筹规划播出传输系统的运行维护工作，制定详细的例行检修计划和方案，例行检修计划和方案应在实施前 5 个工作日报该局备案。在播出传输时间变更管理方面，该局要求：安全播出责任单位经有关单位批准变更播出时间后，应提前 5 个工作日将变更后的播出参数报我局备案，涉及行业为其他单位，应提前 10 个工作日报我局备案。在发射台管理方面，要求发射功率在 50 瓦（含）以内转播中央广播电视节目，发射功率在 50 瓦（不含）以上转播、播出市属播出单位节目，因检修、移机等需临时停机 1 天（含）以上的应提前 5 个以上工作日报我局批准，发射台临时停机 1 天以内的情况，需提前 1 天报局科技处备案。

二、安全播出调度指挥

建立安全播出调度指挥中心是广播影视行政部门有效履行安全播出监管和应急管理职能的必要措施，以有效应对各类安全播出事故。安全播出调度指挥中心需要充分整合利用现有的网络资源、通讯设备及数据资源，纵向构建分级的互联互通的安全播出调度指挥平台，横向与安全播出监测、视频会议及安全播出业务数据相融合，获取信息实现整体联动，为提升安全播出应急管理能力和有效应对各类安全播出事故提供支撑。

（一）安全播出调度指挥层级管理

广播电视安全播出调度指挥是一项全天候、全地域的工作，需要总局、省局、地市 3 级配合进行，实现层次化的 3 级应急指挥和协调。其中：

（1）国家新闻出版广电总局安全播出调度指挥中心领导各地方安全播出调度指挥中心，其主要职责是：

①建立全国广播电视安全播出保障体系并监督运行。

②汇总上报全国广播电视节目及境外卫星电视监管平台播出情况。

③组织协调重大宣传活动期间的广播电视安全播出工作。

④制定紧急状态下，确保中央广播电视节目安全播出的技术方案和调度流程。

⑤在紧急状态下，对全国广播电视传输覆盖网的运行管理和资源统一调配，并协调与党中央、国务院相关部委的有关事宜。

⑥承办总局领导交办的其他事项。

（2）地方广播影视行政部门的调度指挥中心负责地方安全播出调度指挥管理工作，在应急状态下，安全播出调度指挥中心要保证安全播出责任单位和相关部门的协调配合，调动相关部门、社会资源投入应对突发事件。

（二）日常安全播出调度指挥

1. 电视电话会议调度

作为现代化通信手段之一的电视电话会议系统，在广播电视业务调度、事件事故管理、应急管理等方面发挥了很大作用，提高了信息的沟通效率。一般广播影视行政部门在重要保障期前或特定的时间组织召开安全播出工作会议，发布有关安全播出的相关要求，传递相关信息。

2.业务上下游单位之间的工作协调

安全播出责任单位不是孤立存在的，与上下游单位之间存在千丝万缕的业务联系，应通过确定业务上下游单位之间的职责，明确各单位安全播出责任，加强跨单位业务之间的信息沟通与传递，提高单位业务接口保障能力。

作为广播影视行政部门，不应孤立地看待单个安全播出责任单位的业务，而该考虑与安全播出有关的业务之间的联系，并把整个业务链看成是一个有机的整体。加强业务上下游协同，实现与安全播出有关的信息无缝地、顺畅地在单位之间传递，减少因信息失真而导致安全播出事故的现象。广播影视行政部门特别应关注基础设施建设、技术系统与网络优化等方面的资源共享、业务协同，以及安全播出责任单位业务变更对相关上下游单位业务的影响。

3.技术系统检维修调度

由于广播电视播出、传输、覆盖具有同时性、瞬时性等特点，因此，广播电视整个业务链必须实行统一调度、分级管理的原则。安全播出责任单位之间应协作配合，以保证广播电视安全、优质播出。

各级调度机构在广播电视调度指挥业务活动中是上下级关系，下级调度机构必须服从上级调度机构的调度。如地方安全播出调度指挥中心应服从于省级安全播出调度指挥中心，省级安全播出调度指挥中心应服从于国家新闻出版广电总局安全播出调度指挥中心，各级调度机构应明确区域内各安全播出责任单位职责划分，理顺检维修管理流程，遇影响区域广播电视业务链安全的检维修活动必须履行审批制度，遇影响其他安全播出责任单位的，应做好跨单位之间的业务协调。

4.资源调度

广播影视行政部门根据各安全播出责任单位、广播电视监测机构所拥有的资源情况，为实现广播电视业务更好地开展，预防安全播出事故，在紧急突发情况下更有效地应对风险，对各单位应急物资、设备设施进行调度，以降低事故、事件影响和损失。

除此之外，调度指挥中心日常监管还应包含以下内容：

（1）日常安全播出事故接报、调查、汇总及处理，并负责及时向上级主管部门报告本级广播电视安全播出情况。

（2）制定或协助主管部门制定本级广播电视安全播出业务管理办法。

（3）监督、检查所辖各级广播电视安全工作，协助主管部门对威胁广播电视安全播出的事故隐患进行调查、汇总、分析、研判，并及时通报相关单位。

（4）监督各播出单位各项规章制度的执行状况，并定期对管辖区域内各播出单位的播出安全进行监督检查，并提出整改意见和建议。

（5）建设完善本级调度指挥平台，建立基础信息数据库（包括播出单位系统运行图、资源配置，信号传输覆盖资料库，播出运行状况统计库，应急资源资料库，预案库等），基础信息库应定期进行维护和更新，随时保持数据库记录数据与实际数据相符。

（三）重要保障期调度指挥

重要保障期间的安全播出工作至关重要，广播影视行政部门应充分发挥调度指挥职能，保障广播电视的安全播出，实现安全播出"零事故""零报告"。

1. 重要保障期前管理

重要保障期前，广播影视行政部门应做好监管范围内的重要保障期工作计划，明确职能分工、监管重点，特别是要强调应急调度指挥管理和值班管理。

广播影视行政部门统一指挥、协调安全播出责任单位、安全播出监测机构、外部单位等成立安全播出调度指挥小组，共同保障重要保障期的安全播出工作。安全播出调度指挥小组应重点负责以下内容：

（1）动员各安全播出责任单位，要求各单位做好重要保障期工作安排，包括职责分工、协作管理、值班管理、应急管理等，并对各单位重要保障期的工作方案进行评估和备案。

（2）调度指挥小组应组织人员对各单位的重要保障期准备工作进行监督检查，确认安全隐患排查工作，将技术系统维护检修工作落到实处。

（3）调度指挥小组要检查调度指挥系统是否工作正常，发生突发事件所需的各项资料、流程、预案是否准确、充分。

2. 重要保障期间管理

重要保障期间，广播影视行政部门及安全播出调度指挥小组应切实履行好本职工作，全面协调指挥各相关单位工作。

（1）广播影视行政部门领导人员应以身作则，切实履行领导责任；安全播出调度指挥小组人员应保持高度的工作专注，负责重要保障期间的工作协调与调度指挥工作。

（2）重要保障期间，广播影视行政部门应落实行政审批机制，严格限制任何可能影响安全播出的行政业务申请，如不得允许影响安全播出的工程施工。

（3）重要保障期间，调度中心要加强值班力量，执行领导带班制度，严格执行重大事故上报规定，加强与安全播出责任单位、广播电视监测机构和上级主管行政部门、上级调度指挥中心的联系。保障全时间段的联系畅通，能及时对各种突发事件做出反应。

（4）重要保障期后，调度指挥中心要及时总结重要保障期内的各项工作，并报上一级调度指挥中心。在保障期内发现的播出问题和隐患，要督促相关单位落实整改与预防工作。

（四）应急调度指挥管理

安全播出突发事件事故发生之后，安全播出调度指挥部门应迅速启动应急预案，对事件事故的发生处理进行全程监管，督促相关单位迅速处理事件事故，最大限度降低事件事故对广播电视安全播出造成的影响。

应急调度指挥管理主要从以下方面开展：

1. 建立和完善安全播出应急防范和处置机制。制定在紧急状态或突发事件下确保中央及地方广播电视安全播出的技术方案和调度处置流程，并组织实施；应急预案编制要科学、简便、易行、周全，实施步骤具体，责任明确，能快速高效地完成事件事故处理工作。

在紧急状态下，调度指挥部门应根据应急预案部署，对应急资源实施统一分配，采取各种有效措施保障所辖区域内广播电视传输覆盖网的运行安全。

2. 应急分级响应机制。根据广播电视突发事件事故的影响程度对其进行分级，广播影视行政部门应急预案应根据不同等级启动分级响应机制。分级响应机制应科学合理，能够满足对相应安全播出事件事故的处理。

表 5-5 风险等级判定准则及控制措施（样表）

风险等级	应采取的行动／控制措施	实施期限	事件事故分级
特大风险	在采取措施降低危害前，不能继续操作，对改进措施进行评估。	立刻	特别重大
重大风险	在采取措施降低风险，建立运行控制程序，定期检查，测量及评估。	立刻或近期整改	重大
中等	可考虑建立目标、建立操作规程、加强培训及沟通。	年内治理	较大
可接受	考虑建立操作规程、作业指导书，但需定期检查。	有条件、有经费时治理	……
轻微或可忽略	无须采用控制措施，但需保存记录。	……	……

3. 组织事件事故调查处理

安全播出调度指挥部门应全面监控事件事故的处理，加强各相关单位的协作，降低安全播出受到的影响。广播影视行政部门事件事故调查处理将在下面章节进行详细阐述。

本处引用某广播影视行政部门所制定的应急值班管理制度，以加强广播电视安全播出的应急管理工作。

示例：

某市监管部门应急值班管理制度

安全播出是广播电视的生命线。为确保国家及公共事务活动中重要会议、重大活动、敏感日等重要保障期广播电视的安全播出，是广播电视一切工作的基础和根本。为适应文化体制改革文化和广播电影电视机构合并要求，特别是党的十八大广播电视安全播出及今后工作的需要，特制定本制度。

一、本制度依据《广播电视管理条例》（国务院令第228号）和《广播电视安全播出管理规定》（广电总局令第62号）等法律、法规、规章及文件，结合本市广播电视安全播出应急预案等制定。

二、广播电视安全播出管理的宗旨是：依靠高效严密的组织管理及严格的制度执行、确保广播电视安全播出。

三、局安全播出指挥部全面负责安全播出工作。安全播出指挥部办公室具体负责组织实施。

四、为保证局安全播出指挥部的信息畅通，切实强化指挥部对安全播出的领导、指挥、调度、协调、处置职能作用，局专设指挥中心安全播出应急值班室，建立全员值班队伍，确保安全播出有组织、有制度、有队伍、有地点、有保障。

五、机关全体干部职工都要参加安全播出应急值班。因特殊原因不能保证履行值班职责的，个人提出申请，经安全播出指挥部指挥长批准，可以不安排值班。

六、值班设置

1. 班次设置：工作日每天设两个班，具体见重要保障期排班表。

2. 人员设置：每天设一名值班领导，一名值班驾驶员；每个班设一名值班人员。

3. 流动巡查：在特殊情况下，要组织进行全市范围内的巡线巡查，参巡人员根据工作需要配置。

值班人员必须在局安全播出指挥部值班室进行值班。

七、值班职责

1. 值班领导职责：负责对值班人员的工作进行指导、督促、检查；对指挥部成员单位及各区、市、县的值班情况进行巡视、督促、检查；如发生紧急情况，第一时间进行指挥、调度、协调、处置、报告等。

2. 值班人员职责：坚守值班岗位，负责上下信息沟通，处理值班日常事务；如发生紧急情况，第一时间向值班领导及上级和有关部门报告，第一时间进行处置。值班人员必须做好值班记录，按时交接班并做好登记。

3. 值班驾驶员职责：负责值班领导的交通保障，值班应急处置的交通保障及服务。

所有参与值班的人员，值班期间必须保持通信畅通。

……

三、安全播出常态化监管

安全播出常态化监管是广播影视行政部门的日常监管职能，其主要涉及各安全播出责任单位的基本信息动态核查，安全播出例行工作检查，安全播出信息统计与考核，安全播出保障能力评价等四个方面。

（一）基本信息动态核查

基本信息动态核查是广播影视行政部门对各安全播出责任单位信息进行核查以便及时掌握各单位的动态，确保监管信息准确。

广播影视行政部门应根据安全播出责任单位的基本信息情况不断调整监管的策略、方式方法，建立具有敏捷性和动态性的监管机制，及时反映安全播出责任单位的风险变化并采取相关措施。

（二）安全播出例行工作检查

安全播出例行工作检查主要是检查各安全播出责任单位业务合规合法性，以发现安全播出工作中所存在的薄弱环节和隐患漏洞，为进一步强化广播电视安全播出管理，强化安全播出保障能力提供依据。

广播影视行政部门进行工作核查调研时，应重视方法和内容选择。

1. 核查调研方法

广播影视行政部门应定期开展对安全播出责任单位工作情况的调研工作。调研的方式主要有以下几种：

（1）抽查。广播影视行政部门对管辖范围内的安全播出责任单位进行抽样检查。对抽样检查中的单位也可选择某项内容进行检查。如节目内容安全、广告播出是否符合要求；信号传输是否安全；直播节目是否符合要求；等等。抽查应保证其结果能真实反映各单位日常工作情况。

对于以往检查中有安全播出重大问题的单位，不适用抽查方式，应对其保持定期检查直到安全播出风险、隐患得到妥善解决。

（2）互检。广播影视行政部门可根据各安全播出责任单位实际情况，组织其他安全播出责任单位成立互检小组，两家或多家单位定期进行互查。互检方式有利于各单位取长补短，共同提高安全播出管理水平。

（3）联合检查。广播影视行政部门应定期组织由广播影视行政部门牵头、其他单位参与的联合检查，必要时可请第三方检查机构协同参与。联合检查应综合、全面，能真实反映各单位实际安全播出管理水平。联合检查结果应公布，各单位应根据检查结果做出报告及整改意见。广播影视行政部门应对各单位报告和整改意见进行审查备案，并监督各单位后续的安全播出管理水平改进工作。

2. 安全播出工作检查内容

（1）工作落实情况。广播影视行政部门工作检查中，应以各单位工作目标、计划为依据，检查各单位各项工作落实情况。根据调查结果做出评价，提出整改建议。工作落实情况检查中，应重点对各单位的安全播出事件事故做出评价，对于技术因素、自然因素等造成的事故要督促各单位加强技术改进和环境监测。对于因责任引发的事故，要追究相关人责任并指导事故责任进行整改。

（2）资金落实情况。各安全播出责任单位的安全播出保障资金落实是提高安全播出工作的重要途径。资金落实情况调查一是检查各单位所申请资金能否及时下放到位，二是各单位对申请资金的具体使用情况。

（三）安全播出信息统计与考核

1. 安全播出信息统计

安全播出信息统计是指广播影视行政部门为满足广播影视行业管理工作需要，依法调查、搜集、整理、研究和提供广播影视统计资料的各项活动。安全播出信息统计主要涉及广播电视整体播出、传输和覆盖情况。

（1）安全播出信息统计

安全播出信息统计的基本任务是对广播电视业务的相关情况进行统计调查和统计分析，提供统计资料。

①统计管理责任制：广播影视行政部门应监督各安全播出责任单位明确安全播出有关的统计责任。各单位应建立统计数据质量负责制，实行分级负责、分级管理；数据上报须经单位安全播出主管领导签字。

②统计数据审核：广播影视行政部门应监督各单位建立完善统计数据初审、复审制度，逐级审核，层层负责；定期开展统计数据质量检查，确保统计数据质量管理各项工作落到实处。

③统计数据真实：安全播出责任单位应加强统计基础工作，健全统计基础台账和统计记录，使统计数据取之有据，客观真实。

（2）安全播出统计报表

《广播电视安全播出管理规定》第二十四条规定：安全播出责任单位应当定期向广播影视行政部门报送安全播出统计报表和报告。

广播影视行政部门应根据安全播出责任单位统计报表和统计报告对各单位安全播出保障能力进行评估，同时为下一步工作的开展提供数据参考，为保证评价客观公正，各单位应确保统计报表全面、准确地反映实际情况。

示例：

表5-6　×××电视台安全播出情况月统计（样表）

电视频道	总播出时间（小时）	总停播时间（秒）	总停播率（秒／百小时）
卫视	696	11	1.58
文艺	594	0	0
科教	593	0	0
影视	687	0	0

2. 安全播出业绩考核

《广播电视安全播出管理规定》第三十五条规定指出：广播影视行政部门应组织安全播出考核，并根据结果对安全播出责任单位予以奖励或者批评。

广播影视行政部门应制定业绩考核制度，组织对安全播出业绩进行考核，通过考评，督促安全播出责任单位进一步加强安全播出保障体系建设，不断改进安全播出运行维护和日常管理，全面提升安全播出保障水平。

（四）安全播出保障能力评价

广播影视行政部门应定期对各安全播出责任单位进行安全播出保障能力评价。安全播出保障能力评价旨在真实了解各单位安全播出保障能力水平，为以后开展工作提供参考。安全播出保障能力评价体系应不断进行完善，保证其科学、合理、真实、准确。

1. 安全播出技术系统配置符合性评价

技术系统是安全播出责任单位开展工作的基础。广播影视行政部门应督促各安全播出责任单位根据本单位安全播出保障等级实施技术系统配置，由安全播出责任单位定期对本单位的技术系统配置符合性进行自评。通过自评了解与安全播出保障等级之间的差距，不断提高技术系统配置水平，由广播影视行政部门监督相关单位做好技术系统的改进工作。

2. 安全播出保障能力评价

安全播出保障能力包括六个方面，即：基础保障能力、日常运维保障能力、重要保障期保障能力、应急管理保障能力、自监自测自查能力、持续改进能力。广播影视行政部门应定期组织开展安全播出保障能力评估工作，或安排各安全播出责任单位依据广播电视安全播出保障能力评估规范的要求实施自评。

四、委托广播电视监测工作

广播影视行政部门依据相关法律法规及其广播电视监测服务委托文件，对广播电视监测机构所提供的服务进行监督。

（一）委托广播电视监测业务

1. 信息枢纽工作

根据广播影视行政部门的行业监管要求，由广播电视监测机构担负起信息传递的工作任务，利用广播电视预警信息发布系统、电视电话会议系统、文件传输系统等对安全播出有关的信息准确、及时传递。

2. 年度监测任务安排

根据广播影视行政部门年度监管任务需要，委托广播电视监测机构负责辖区范围内广播电视信号的监测工作，明确监测服务的范围、事项、频次、数据汇总方式等内容，由广播电视监测机构对各安全播出责任单位节目播出、信号传输、覆盖进行不间断监测，监测结果应定期向广播影视行政部门报告。

3. 广播电视监管业务系统运维服务

为开展广播电视安全播出监管工作，广播影视行政部门利用电视电话会议系统、调度指挥系统、广播电视预警信息发布系统等开展工作，一般安排广播电视监测机构对其相关系统实施运维服务工作，广播影视行政部门应对系统运维工作进行不定期抽查。

（二）广播电视监测服务的质量监管

广播电视监测的目的是准确、及时、全面地反映广播电视节目播出、传输、覆盖质量现状及发展趋势，为广播电视规划、安全播出管理、风险预防与控制等提供科学依据。广播电视监测机构应保持监测服务的独立性和诚实性，不受来自行政、安全播出责任单位等方面的干扰和压力影响。

广播电视监测质量是广播电视监测工作的生命线，也是影响广播影视行政部门进行决策的依据。广播影视行政部门应加强对广播电视监测工作的质量考核和管理工作。广播影视行政部门应根据所获得的安全播出责任单位自监自测结果，做好对广播电视监测机构所监测数据的核查工作，对有异议的数据进行抽测，确保其真实性。

五、事件事故调查与处理

《广播电视安全播出管理规定》第三十五条规定：广播影视行政部门应组织对特大、重大安全播出事故的调查并依法处理。

《安全播出事件事故管理实施细则》（暂行）中第三条规定：由国务院广播影视行政部门负责全国广播电视安全播出事件、事故管理工作；地方广播影视行政部门负责本行政区域内的广播电视安全播出事件、事故管理工作。

广播影视行政部门应根据应依据相关法律法规及其要求，结合本地实际情况，建立事件事故调查处理程序和信息通报制度。

（一）事件事故调查处理

广播电视安全播出事件事故发生之后，广播影视行政部门应及时成立事件事故调查处理小组，针对事件事故制定调查处理工作方案。

根据事件事故调查处理工作方案，广播影视行政部门应开展以下工作：

（1）调查工作。按照事件事故处理工作方案，组织事件事故联络、收集相关信息和资料。

（2）分析工作。对事件事故原因、处置过程进行调查，对处置方式、方法进行分析，认定性质和责任。

（3）总结工作。撰写事件事故调查报告，编写事件事故示例，并及时组织召开示例分析会，通报情况；按照有关规定对事件事故责任单位和人员予以处理；对排查发现的事件事故隐患要求责任单位及时进行整改，逐级上报安全播出事件事故调查处理情况。

广播影视行政部门开展事件事故调查工作应遵循一定的原则和方法。

1. 事件事故调查原则

（1）实事求是的原则。事件事故调查必须全面、彻底查清安全播出事件事故的原因；明确事故责任，提出处理意见要实事求是；总结事件事故教训，落实事故整改措施要实事求是。

（2）尊重科学的原则。事件事故调查必须要有科学的态度，不主观臆想，不轻易下结论；注意充分发挥专家和技术人员的作用。

（3）公正、公开的原则。调查各环节应保持公正、公开，保证调查结果真实可靠。

2. 事件事故调查要求

（1）安全播出责任单位的相关岗位人员应参与事件事故的调查。调查应及时开展，事件调查的结果应形成文件，必要时应逐级汇报调查的结果。

（2）对于重大事件事故应成立调查组，对事件事故原因、处置过程进行调查，对处置方式、方法进行分析，形成调查分析报告。

（3）广播电视监测机构及相关安全播出责任单位应协助广播影视行政部门开展特大、重大事件事故的跟踪调查和整改情况的落实工作。

（4）为防止事件、事故的重复发生，应对所有事件、事故都要立即报告；事件、事故调查要尽快展开，导致事件、事故的根本原因要予以确定。

（5）事件、事故的调查结果要传递于相关人员；调查结果要真实反映安全播出工作漏洞。相关单位要总结经验教训，制定预防措施并确保措施有效性，杜绝类似事件、事故再次发生。

（二）事件事故通报管理

针对事件事故调查结果，广播影视行政部门应建立通报管理机制，对事件事故责任单位进行通报或诫勉谈话，强化各单位的安全播出意识，减少类似事件事故的发生。

事件事故的通报管理应符合《广播电视安全播出管理规定》要求，一般全国范围内通报原则：

1. 发生特别重大事件或特大事故，由国家新闻出版广电总局办公厅发全国通报。

2. 发生重大事件或影响面广、性质恶劣的重大责任事故或具有提醒、借鉴意义的重大技术事故，由国家新闻出版广电总局科技司发全国通报。

3. 多次发生重大责任、技术事故，存在安全播出管理漏洞或瞒报事故的，由国家新闻出版广电总局科技司向省级广播影视行政部门发事故通报。

4. 发生重大责任事故，未达到全国通报标准，但暴露出较严重的安全播出隐患的，由国家新闻出版广电总局监管中心报总局科技司同意后，向安全播出责任单位发整改通知函，并抄送相关广播影视行政部门。

被通报的安全播出责任单位应根据广播影视行政部门的通报要求和调查结果对安全播出隐患及时进行整改，提交整改报告，并说明对责任单位、责任人的处理情况。广播影视行政部门应对整改情况进行督查。

六、广播电视安全播出行政执法

依法行政，确保广播电视安全播出监管工作的行为规范、运转协调、公正透明、廉洁高效，实现权责明确、行为规范、监督有效、保障有力的广播电视安全播出行政执法目标。

广播影视行政部门是落实广播电视安全播出有关法律法规的行政机关，政府工作人员是依法行政最基本的主体，是行政执法活动的最终实施者，其依法行政的观念和能力直接影响到广播电视安全播出相关法律法规的落实。各级广播影视行政部门及其工作人员的行政执法行为必须符合法律、法规要求，切实做到有法必依、执法必严、违法必究。

（一）行政执法依据

广播影视行政部门实施行政执法应符合相关规定，在执法方面的依据主要有三大类：

1. 国务院发布的《广播电视设施保护条例》和《卫星电视广播地面接收设施管理规定》等。

2. 国家新闻出版广电总局发布的《广播电视安全播出管理规定》《有线电视管理规定》《卫星电视广播地面接收设施管理规定实施细则》《有线广播电视传输覆盖网安全管理办法》《广播电视广告播放管理暂行办法》《广播电视视频点播业务管理办法》《境外电视节目引进、播出管理规定》等规章。

3. 省、自治区、直辖市出台的地方性法规，如《××省广播电视安全播出重大事件和事故报告制度》等。

（二）行政执法范围

广播电视行政执法涉及到的范围，就目前实际情况来看，主要是这八类：

（1）违法设立广播、电视台（站）和有线广播电视网络及相关设施的行为。

（2）广播、电视台（站）和有线电视网络及其他视听媒体违法播放、传送广播电视类节目的行为。

（3）违法销售、设置、使用卫星广播电视地面接收设施的行为。

（4）损毁、破坏广播电视设施、妨碍广播电视设施安全，阻碍广播电视设施设立的违法行为。

（5）违法设立广播电视节目制作经营单位或违法从事广播电视节目制作经营业务的行为。

（6）违法设立有线电视共用天线工程设计、安装单位和卫星广播电视地面接收设施安装单位或违法从事有线电视共用天线工程设计、安装及卫星广播电视地面接收设施安装业务的行为。

（7）违法从事视频点播系统安装、开展视频点播业务、为视频点播活动供片的行为。

（8）擅自从事信息网络传播视听节目的行为。

（三）行政执法工作

各级广播影视行政部门以严格规范公正文明执法为要求，需理顺行政执法体制，规范行政执法行为，改进行政执法方式，优化行政执法队伍建设，提高行政执法能力，强化行政执法监督，确保各级广播影视行政部门及工作人员全面正确实施法律法规规章，依法保障安全播出责任单位及其相关单位、受众的合法权益。

1. 履行行政执法职能应符合一定的要求

（1）合法执法。实施行政执法，应当依照法律、法规、规章的规定进行；没有法律、法规、规章的规定，不得做出影响广播电视行政管理相对人合法权益或者行政管理相对人义务的行政执法决定。

（2）合理执法。实施行政执法，应当遵循公平、公正的原则。平等对待广播影视行政管理相对人，不偏私、不歧视。合理行使广播电视管理行政处罚自由裁量权。

（3）程序正当。实施行政执法必须严格遵守法定程序行使权力、做出决定。做出对广播影视行政管理相对人、利害关系人不利的行政处罚决定之前，应当告知行政管理相对人、利害关系人，并给予其陈述和申辩的机会；做出行政处罚决定后，应当告知行政管理相对人依法享有申请行政复议或者提起行政诉讼的权利。依法应当组织听证的，行政管理相对人、利害关系人有要求的，应当及时组织听证。行政执法人员履行执法职责，与行政管理相对人存在利害关系时，应当回避。

（4）高效便民。实施行政执法，应当遵守法定时限，积极履行法定行政执法职责，提高办事效率，提供优质服务，方便有关单位和个人。

2. 行政执法的过程

（1）立案：广播影视行政部门初步调查或检查发现涉嫌违法等行为应当立案。

（2）调查取证：广播影视行政部门必须全面、客观、公正地调查或检查，依法收集证据。执法人员不得少于两人，应出示执法证件，允许当事人辩解陈述。

（3）审查：对案件违法事实、证据、调查取证程序、法律适用、处罚种类和幅度、当事人陈述和申辩理由等方面进行审理审查，提出处理意见，对情节复杂或者重大违法行为给予较重的行政处罚，应当集体讨论决定。

（4）告知：告知当事人给予行政处罚的事实、依据和理由及享有的陈述、申辩、要求听证等权利，执法人员与当事人有直接利害关系的应当回避。

（5）决定：依法需要给予行政处罚的，应制作行政处罚决定书，载明违法事实和证据、处罚依据和内容、申请行政复议或提起行政诉讼的途径和期限等内容。

（6）送达：除当场送达外，行政处罚决定书应在 7 日内送达当事人。

（7）执行：当事人在法定期限内不申请行政复议或者提起行政诉讼，又不履行行政处罚决定的，主管部门可依法申请法院强制执行。

（8）归档：执法人员按期制作案卷，并移交案卷管理人员归档。

（9）其他法律、法规、规章文件规定应履行的责任。

3. 行政执法工作要求

广播影视行政部门应以《行政处罚法》《行政许可法》以及与广播电视有关的法律、法规、规章为依据，按照执政为民和全面推进依法行政的要求，明确执法岗位、执法标准和执法责任，强化内部监督制约机制，切实维护国家法律、法规、规章的权威，确保依法行政各项要求落到实处。

通过行政执法责任制的落实，增强工作人员的法治理念，提高其依法决策、依法行政、依法管理广播电视安全播出工作；正确履行行政执法职能，使行政处罚、行政许可、行政强制等执法行为更规范；及时纠正和查处广播影视违法经营行为，健全完善行政监督制度和机制，提高行政监督效能；更加有效的贯彻实施有关法律、法规、规章。

（1）对依照法律法规应当取得经营许可或者其他批准文件而未取得，以及资质或者其他批准文件被依法吊销、撤销、注销或有效期届满仍擅自从事经营活动的，要依法严肃查处。

（2）加强案件督办力度，依法查处非法电台、电视台、非法机顶盒、非法卫星地面接收设施，大力整治广播电视广告播出秩序。加强上星频道、电视晚会和歌唱类选拔节目监管，改进影视剧审查和播出调控。

（3）加强广播影视综合监管平台建设，加强网络信息安全监管工作，对 IP 电视、手机电视和互联网视听节目等实施监管。

（4）切实加强事中、事后监管，坚持放管并重，健全审批流程，明确监管职责，落实监管责任，建立市场主体后续监管机制。

特别要说明的是：国家互联网信息办公室在 2017 年 6 月 1 日公布了《互联网信息内容管理行政执法程序规定》，旨在规范和保障互联网信息内容管理部门依法履行行政执法职责，正确实施行政处罚，保护公民、法人和其他组织的合法权益，促进互联网信息服务健康有序发展。《规定》的出台对统一网信执法证据标准，规范网信行政执法行为，提高网信执法公信力，具有重要意义。《规定》指出各级互联网信息内容管理部门应当严格执行《规定》，遵循公开、公平、公正的原则，严格依法行政，执法办案要做到事实清楚、证据确凿、程序合法、法律法规规章适用准确适当、执法文书使用规范。

《规定》内容主要包括以下五个方面：

一是确定执法主体和范围，明确国家和地方互联网信息办公室实施行政执法，对违反有关互联网信息内容管理法律法规规章的行为实施行政处罚适用本《规定》；

二是建立执法督查制度，要求国家和地方互联网信息内容管理部门建立行政执法督查制度，上级互联网信息内容管理部门对下级互联网信息内容管理部门实施的行政执法进行督查；

三是加强执法体系建设，规定国家和地方互联网信息内容管理部门要建立健全执法人员培训、考试考核、资格管理和持证上岗制度，明确执法证由国家互联网信息内容管理部门统一制定、核发或授权省、自治区、直辖市互联网信息内容管理部门核发；

四是以行政执法办案为主线明确执法程序，全面规范了管辖、立案、调查取证、听证、约谈、决定、执行等各环节的具体程序要求；同时在执法程序多个环节分别规定了"申请回避""要求听证""陈述、申辩""申请复议或提起诉讼"等保障当事人合法权益的救济程序。

五是规定常用文书格式范本，明确由国家互联网信息内容管理部门制定执法文书格式范本，并在附件中列明了立案审批表、案件处理意见报告、行政处罚决定书等17个常用文书格式范本。

示例：

××广播影视部门行政执法责任制实施方案（节选参考）

一、实施范围和要求

（一）实施范围

本方案适用于局机关具有行政执法和执法监督职能的部门及依法受本局委托的执法单位。具体为：宣传管理处、科技管理处（规划与产业管理处）、执法指导监督处。

（二）要求

将法律、法规、规章赋予的行政执法职能落实到具体执法部门和岗位，建立全方位的监督机制和奖惩严明的考核评议制度，做到有法可依、有法必依、执法必严、违法必究。

1. 梳理行政执法依据，公布行政执法依据目录，正确执行法律、法规、规章。

2. 合理界定内设机构、岗位的法定职权，执法流程明晰，执法要求具体、明确。

3. 按照权责一致的要求，明确和落实内设机构的执法责任。

4. 建立公开、公平、公正的行政执法评议考核机制、行政执法过错责任追究制和行政执法奖励机制。

二、履行执法职能的基本要求和标准

（一）履行行政许可职能的要求和标准

严格依照法定权限、范围、条件和程序实施；遵循公开、公平、公正的原则；遵循便民原则；提高办事效率，提供优质服务；不得擅自改变已经生效的行政许可；加强对被许可人的监督。

（二）履行行政处罚职能的要求和标准

严格依照法定权限和法定程序实施行政处罚；遵循公正、公开的原则；以事实为依据，与违法行为的事实、性质、情节以及社会危害程度相当；坚持处罚与教育相结合；依法保护被处罚人的陈述权、申辩权、听证权、救济权。

（三）履行行政监管职能的要求和标准

建立健全监督检查制度；在法定职权范围内对行政相对人的执业活动实施监督；执法人员必须持《××行政执法证》或其他有效证件，实施监督检查；健全投诉、举报制度，公布投诉举报电话或信箱，依法受理、及时处理投诉举报事项，向投诉人、举报人告知投诉举报处理结果；对监督检查中发现的违法情形，依法予以处理。

（四）履行行政确认职能的要求和标准

认真审查报名条件，严格遵守报名程序，依法确认报名资格，确认无效的告知理由。

（五）履行其他具体执法职能的要求和标准

合法、合理，程序正当，体现高效便民、诚实守信原则，违法或不当执法依法承担法律责任。

三、内部评议考核的要求、程序和考核结果的应用

······

第三节　资源管理部分

广播影视行政部门在安全播出管理方面的资源管理工作主要是围绕安全播出监管目标对现有的监管技术与手段、监管人员、监管资金等基本要素进行合理统筹安排，通过科学调动运用监管资源来提高监管效率。在广播电视与新媒体融合发展的环境下，广播影视行政部门必须在整合广播电视监管资源的基础上，不断提高整体监管能力，实现资源优化配置，全力构建集技术监测、内容监管、安全调度为一体的综合监管平台。

一、广播电视监管设备设施管理

广播电视监管设备设施是实施监管工作的基础，主要包括监管业务平台配置、技术系统运维管理两方面。

（一）监管业务平台配置管理

广播影视行政部门根据广播电视及视听媒体业务的发展情况，结合广播电视安全播出监管工作任务，在广播电视安全播出方面搭建业务管理平台，不断完善监管技术和手段，提高监管业务水平。

广播影视行政部门监管相关技术系统，主要包括调度指挥系统、预警信息发布系统、电视电话会议系统等，做好广播电视监管相关技术系统的配置，确保满足行业监管工作需要。

1. 广播电视安全播出调度指挥系统

广播电视安全播出调度指挥管理系统是支撑各级广播电视监管部门业务开展的重要保障，在日常播出运行协调和重要保障期、突发事件快速处置工作中起到重要作用，为广播电视安全播出日常监管、突发事件的应急调度指挥提供了信息化平台和技术支撑。

广播电视安全播出调度指挥系统一般具备移动调度指挥、信息交换、重要保障、操作管理、安播资源、报表统计和系统管理等功能，具备如下业务功能：

（1）应急处置。具备突发事件、事故应急预案的自动调用、处置流程提示、突发事件处置、进程状态显示、资源调度方案生成及后处理、后评估等功能。

（2）日常管理。具备平台网络内各单位间的信息交换、安全播出保障工作的调度部署以及安全播出操作管理、事故管理等功能。

（3）资源管理。采集存储应急处置和日常管理所需的安全播出资源信息，包含播出责任单位信息、任务信息、播出系统配置以及各类型应急预案、联络电话等信息的资源数据库，能实现各类相关信息之间的关联和调用，能够对各类资源进行查询检索和统计分析。

在技术性能方面，调度指挥系统一般具备如下特点：

①系统设计具有可靠性、安全性、先进性和可扩展性，关键设备配置备份。

②技术系统的网络具备清晰的边界、完善的防护措施和合理的安全策略。

③技术系统具备可靠的供配电系统、防雷接地系统、消防系统等。

④建立综合网管系统，对所有技术系统的硬件、软件的运行状态进行实时监控，对机房环境、供配电系统运行参数进行实时监测，对重要部位进行可视监控。

随着广播电视与新媒体融合发展趋势，对广播电视安全播出管理要求逐步提高，调度指挥系统以架构合理、技术先进、安全稳定为原则，不断完善应用软件，如日常业务管理、安全播出资源管理、应急联动指挥、重要保障期管理、综合统计分析、安全播出门户、数据共享接口等子系统，与预警发布平台、网管等相关技术子系统做好接口衔接。对硬件进行升级，提升设备使用效率，降低系统运维难度。适度优化网络结构，提升调度指挥网络能力。逐步实现中央和地方互联互通、安全高效、资源共享的调度指挥平台。

2. 预警信息发布系统

预警信息发布系统是广播影视行政部门日常信息通知、发布指令的重要工具。预警信息发布平台主要由预警信息发送控制软件、接收终端和传输网络组成。

在系统建设上，预警信息发布系统一般应具备预警信息接收终端的增删、分组、授权、在线检测等功能，具备收发短信、分组群发、信息存储、查询统计、导入导出等功能，具备实时显示信息发送过程状态等功能。预警信息接收终端可实时接收并清晰显示预警信息，并具备向预警信息发布平台反馈信息接收确认状态等功能。

3. 电视电话会议系统

电视电话会议系统是利用电视电话技术及通信网络，来帮助广播影视行政部门实现多地会议召开、员工远程教育培训、应急调度指挥和技术指导等功能。电视电话会议系统一般包括语音通话系统和可视通话系统：

①语音通话系统具备语音通话、电话会议等功能；可收录相关单位和人员的电话号码并分类管理，具备查询检索、数据导入导出及通话录音、回放等功能；电话号码信息宜与调度指挥平台资源库中的电话号码信息同步。

②可视通话系统具备基于专用网络的视频通讯、视频会议等功能；可收录相关单位和人员的电话号码并分类管理，具备查询检索、数据导入导出等功能；可进行网络节点监控，具备操作记录、告警记录查询及通话录音、回放等功能。

随着广播电视及视听新媒体发展，广播影视行政部门的监管任务不断加重，监管平台应结合业务变化对各子系统进行整合，优化业务流程，提高监管平台效率，研究与应用大数据、云技术等先进技术，建立科学、高效的广播电视安全播出监管平台。

（二）监管业务系统运维管理

为了使广播电视安全播出监管业务平台处于良好的运行状态，充分发挥其工作效能，需要加强系统的运行维护管理，从运维管理力量配置，运维管理方法手段运用和制定运维管理制度等方面统筹规划，全面落实。

1. 合理配置运维管理力量

建立科学、高效的运行维护管理力量，是系统实施运行维护管理的前提和基础。广播电视监管业务平台运维管理力量主要由广播电视监测机构、广播影视行政部门人员或委托外部单位负责。

2. 科学运用运维管理方法手段

广播电视监管业务平台运维管理方法手段，是实施系统运维管理必须遵循的一般性的要求、标准和程序，要求运维管理及其维护人员应强化维护管理要求、明确维护保养标准、细化维护管理一般程序、熟悉维护管理基本方法。

3. 制定严密的规章制度

制定运维管理制度是全面系统的对监管业务平台的运维工作进行规范管理，突出运维管理的正规化和科学性。广播电视监管业务平台运维管理制度主要包括业务平台操作要求、业务平台维护保养制度、业务平台维修管理制度、新改扩项目管理制度等。

二、监管队伍建设

广播影视行政部门监管能力建设主要体现在监管人才培养和监管队伍建设两方面，在监管能力上应不断明确和落实监管责任，充实监管力量，创新工作机制，改进工作方式，切实做到严格执法、公正执法、科学执法和廉洁执法，不断提高监管效能。

（一）监管人才培养

广播电视监管人才是监管工作的基础力量，是提高监管能力的重要保障。监管人才培养应重视素质和能力的培养。

1. 监管人员素质建设

监管人员素质建设关注以下几个方面：

政治素质是安全播出监管人员的首要素质。监管人员除了靠组织培养外，还要靠自身努力，不断地提高自身的政治素质，自觉向党靠拢。监管人员的政治素质应该体现在具有正确的政治立场和政治方向、具有较高的政治鉴别力和政治敏锐性、要严格执行党的纪律。

道德素质是安全播出监管人员必备素质，有为广播电视事业拼争奉献的强烈事业心和责任感，热爱本职工作，始终保持饱满的工作热情。正确运用所赋予的权力秉公办事、廉洁自律、拒腐防变、谦虚谨慎、严于律己，不断加强自身道德修养，时刻把国家的利益放在第一位。

业务素质是从事业务的人员在完成业务活动的过程中所具备的综合能力体现，安全播出监管人员应当熟悉国家、地方和广播电视及视听新媒体业务相关的法律法规及标准；熟悉安全播出责任单位所开展的业务内容；掌握不同监管对象的监管内容，应用监管方法和手段；能够认真履行监管职责，及时掌握安全播出责任单位业务的变化，对发现影响安全播出的风险做好预警工作，对发生的安全播出事件事故秉公执法处理。

2. 监管人员能力建设

安全播出监管人员的能力与岗位应相匹配，监管人员应具备以下能力：

（1）科学研判安全播出形势的能力

安全播出监管人员应以《广播电视安全播出管理规定》及其相关实施细则为准绳，统揽全局，了解广播电视及视听新媒体发展的趋势，有科学研判行业安全播出形势的能力。综合运用管理知识和专业知识，科学分析与安全播出监管有关的复杂情况，把握监管规律，辩证地分析所遇到的问题，透过现象看本质，透过局部看整体，了解问题产生的背后诸多相关因素。

（2）驾驭行业监管的能力

安全播出监管人员应充分认识广播电视及视听新媒体发展的规律，了解行业健康发展的要求，要以促进行业健康发展、稳定安全发展为前提，把握行业监管规律，帮助安全播出责任单位协调解决在发展过程中面临的问题，运用监管手段和方法确保广播电视播出安全。

（3）应对复杂局面的能力

由于不同安全播出行为主体所具有的安全播出保障能力和管理水平是有差异的，在组织形式、人员能力与素质、技术系统配置与运维、业务运营能力等方面各有不同，影响安全播出的因素也极其复杂，在监管过程中会面临诸多复杂的问题，需要监管人员对此有充分的认识，能够运用行业监管理论、管理方法和工具、法律手段，解决面临的多种问题。

（4）依法行政的能力

安全播出监管人员应增强法制观念，树立在《广播电视安全播出管理规定》等与安全播出有关的法律范围内活动的观念、依法办事的观念、依法行使权力的观念，妥善处理安全播出存在的问题，把依法办事落到实处。

（5）总揽全局的能力

培养安全播出监管人员总揽全局的能力，首先应提高理论思维能力，把安全播出监管工作作为整体、系统来把握，把握规律、抓住关键，充分利用好监管资源实现有效监管。其次，要提高协调能力，安全播出监管工作涉及工信部门、公安部门、无线委等部门的业务工作，应协调各方参与安全播出监管工作，共同形成监管合力，提高安全播出监管效果。最后应提高联系群众的能力，安全播出监管人员应做好与安全播出责任单位的业务联系，总结安全播出责任单位业务运行情况，从中吸取智慧和力量，为总揽全局落实监管工作打好坚实的基础。

（二）监管队伍建设

广播影视行政部门需要切实提高安全播出监管人员践行科学发展观和推动广播电视行业发展的自觉性，建设成一支政治强、思想好、作风正、能力强的高素质安全播出监管队伍，保障监管工作的开展。

1. 监管队伍的培养

广播影视行政部门要建立培训机制，以思想政治教育为基础，以法律法规培训为重点，以执法需求为导向，推行分岗位、分级别培训。并坚持理念培养与知识学习、资格培训与专业培训、全员培训与重点培训、授课培训与实践培训、传统授课与网络教育相结合。

同时，广播影视行政部门应从以下方面加强监管队伍的素质建设。

（1）加强思想政治建设和加强作风建设，充分认识到安全播出的重要性，弘扬求真务实、真抓实干的好作风，最终提高安全播出监管工作的执行力和公信力。

（2）加强能力建设，改善知识结构，拓宽工作视野，大力提高安全播出监管能力、行政执法能力和事件事故调查处理能力，加大责任事故的调查处理力度，依法严肃追求事故责任。

（3）加强党风廉政建设，不断完善内部监督、制约机制，坚决防范以权谋私、权钱交易、官商勾结等腐败问题的发生。

（4）为建立竞争激励机制，提高监管队伍管理水平，监管队伍应实施竞争上岗，拓宽选人用人渠道，营造选贤任能的政治氛围，激励监管人员爱岗敬业、奋发向上，努力建设一支政治坚定、业务精通、工作勤奋、作风优良、廉洁奉公、团结协作的安全播出监管队伍。

2. 监管队伍的考核

广播影视行政部门要制定科学的方法、标准和程序，通过对监管人员在工作中表现出来的工作业绩、工作能力、工作态度、个人品德以及公众满意度等方面的考核，做出尽可能准确的分析和评价。把监管工作岗位的责、权、利结合起来，采取"以事定人，以人定岗、以岗定责"的办法,对监管人员及岗位进行定期考核与评价,促使监管队伍不断进步。

第四节 监管体系自查与改进部分

广播影视行政部门是监管体系的主体,在保障广播电视安全播出工作中发挥重要作用。随着广电信息技术的进步,特别是视听新媒体的发展,以及传统媒体与新兴媒体的深度融合,广播电视安全播出监管工作面临着一系列新形势、新问题,为保障广播电视的安全播出,广播影视行政部门应不断对监管体系进行自查自评和改进。

一、广播电视监管体系自查自评

广播电视监管体系自查自评是广播影视行政部门及时发现监管问题并进行纠正的重要方法。广播影视行政部门进行自查自评工作主要从以下方面开展:

1. 监管业务自查

广播影视行政部门应定期组织对工作人员的日常工作,突发事件的值班、预警,举报邮箱、信箱,广播电视安全播出业务审核、审批、备案等工作进行检查。

检查组首先检查各部门工作人员的工作状况,是否有缺岗、工作不在状态等情况;其次应检查监管部门对突发事件的应急处理能力,确保调度指挥系统有专人值班,与广播电视监测机构联系紧密,能快速、准确发布预警和调度命令;对广播电视安全播出举报信箱、电子邮箱、举报电话等进行检查,确保能及时获取社会监督信息;对广播电视监管业务系统的使用与维护进行检查,检查安全播出调度系统使用与维护情况,消防、空调、电力系统维护状况;对广播电视业务审核、审批、备案工作进行检查,确保程序的科学合法。

2. 行政执法情况自查

行政执法是广播影视行政部门实施监管职能的重要组成部分,是维护监管部门权威、打击广播电视违法违规行为的重要方法。广播电视监管部门应对行政执法行为进行监督检查,一方面要对执法依据、执法程序进行检查,确保行政执法合法合规,另一方面要对行政执法效果进行检查,保障行政处罚等落实到位。

3. 监管职能履行情况自查

根据《行政许可法》《行政处罚法》《广播电视安全播出管理规定》等法律法规均对

广播影视行政部门的监管职能进行了详细规定。广播影视行政部门应对法律法规所赋予的职能的履行情况进行自查，确保法律法规赋予的职责均得到落实。

4. 监管能力自评

监管能力是反映广播影视行政部门监管水平高低的重要参考。为及时发现纠正存在的问题，广播影视行政部门应定期组织人员对自身监管能力进行评价。监管能力评价应有科学合理的评价标准，要实事求是。必要时，广播影视行政部门可委托外部专业机构对部门监管水平进行评价，以确保其公正公平、科学专业。

二、广播电视安全播出监管体系改进

为加强广播电视安全播出监管体系更加完善，发挥体系作用，支持广播电视安全播出监管工作更加科学、规范，促进广播电视行业发展，一般从以下几方面进行改进：

1. 推进监管技术进步

广播电视安全播出监管技术是广播电视监管部门进行履行监管职能的基础，特别是新兴媒体的迅猛发展对广播电视安全播出监管技术有了更高要求。在监管技术方面，广播影视行政部门要不断采用最新技术，努力构建科学全面的监管技术平台。

2. 加强监管法律法规建设

目前，广播电视及视听新媒体监管所依据的法律法规体系落后于业务发展，特别是在视听新媒体监管方面的法律法规出台缓慢，甚至缺失，这导致在实际监管过程中，遇到相关问题时缺乏沟通应对的标准依据，极大地影响了广播电视播出安全。

广播影视行政部门应组织人员对广播电视安全播出监管法律法规进行研究，并与相关政策制定部门沟通协作，推动监管法律法规更加完善。

3. 提高监管队伍素质能力

监管队伍的素质能力建设是广播电视及视听新媒体监管体系的核心，广播影视行政部门应把提高监管人员综合素质进而促进监管队伍的有效监管放在首要位置。在监管队伍素质能力建设方面，其一，要加强监管干部队伍建设，要不断通过学习培训加强对行业和监管重大问题的理解和认识，提高在复杂环境下驾驭监管局面的能力，保障监管工作的科学性、系统性、主动性和前瞻性。其二，推进人员结构优化配置。从人员的专业背景来看，应在专业技术方面进行优化配置，不断吸纳各种专业背景的人才加入队伍，以应对不断发展变化的技术环境。其三，优化监管环境建设也是提高监管能力的重要保障。通过落实管理规章制度营造行为规范、运转协调、文明高效的内部工作环境；加强与广播电视各部门、各单位的沟通，深入基层调研，掌握行业动态和发展趋势，为监管工作营造良好的外部环境。

4. 强化监管综合执法能力

行政执法能力是监管工作实施的重要保障，广播影视行政部门应从以下方面提高监管行政执法能力：

（1）加强技术监管，强化行政执法。根据广播电视播出、传输、覆盖技术的发展，做好被监管单位业务调研工作，动态完善监管系统、提升监管技术水平，对监管对象实施有效监管，对违规行为进行专项整治。

（2）依法依规监管，强化文明执法。制定权力清单、责任清单、审核审批备案等业务流程清单等，加强对行政许可、处罚等权力的规范和制约，促进权力运行公开透明。

（3）跨部门合作，强化联合执法。加强与工商、公安、工信等部门的合作，加强对违规案件的处理，开展联合执法，共同维护行业秩序，确保广播电视及视听新媒体安全播出。

5. 完善社会评价监督机制

安全播出是一项为人民服务的事业，广播电视播出质量要受到社会群众的监督。接受社会受众评价是安全播出监管管理事业不断发展、进步的重要途径。广播影视行政部门应建立社会受众评价制度，涉及评价对象、评价内容、评议程序、考核办法等。对社会受众评议过程及结果要做好文件记录并存档，社会评议结果可作为监管能力综合考核依据。

同时，广播影视行政部门还应当及时关注网络舆情的发展动态，尤其是与广播电视节目、行业相关的舆情动态。对于发现的问题，监管部门应及时核查，并通知、提醒相关播出机构，督促其整改，从而形成跟踪、核实、通告、督促整改这一完善的监督机制，以提升综合监管效力。

第六章

多方协同下的安全播出管理

广播电视作为党和政府的主要宣传渠道，是我国精神文明建设的重要载体，广播电视安全播出工作是安全播出责任单位工作的核心内容，是广播电视事业生存和发展的基础，是国家安全的重要组成部分。随着广播电视及视听新媒体的快速发展，安全播出所面临的风险日益加重，安全播出的重要性日益增强，影响范围更广。

调动社会各方力量，共同维护"广播电视安全播出"秩序，是做好安全播出工作的必然要求，是营造安全播出良好环境的现实需要，也是提高安全播出管理水平的一条重要途径。

第一节 安全播出大环境建设

广播电视传播是面向社会的，它既向广大群众传达党和政府的声音，又为他们提供良好文化服务，通过传播健康向上的精神文化产品，塑造精神价值、鼓舞人民奋进。因此，广播电视单位应重视安全播出大环境建设。

安全播出大环境建设主要包括社会环境、法治环境、网络环境。大环境建设既是广电行业重要任务，也需要相关方以及社会各方面的支持与配合。

一、营造良好的社会环境

为争取社会支持、营造良好的社会环境，广播影视行政部门应充分利用广播电视及视听新媒体，通过新闻报道、专栏、专题、公益广告等多种形式，深入开展对广播电视设施安全保护的宣传工作，扩大宣传的覆盖面，提高社会各方面及群众对广播电视安全播出重要性、必要性、迫切性等方面的认识，同时坚决打击破坏影响广播电视及视听新媒体安全播出的违法行为，在全社会形成有利的工作氛围。

二、营造良好的法治环境

广播电视及视听新媒体安全播出管理离不开稳定、和谐、有序的法治环境，法治环境是推动广电行业发展的重要软环境，广播影视行政部门应根据安全播出管理的需要制定相关法律法规，保护广播电视相关设备设施的安全，规范安全播出责任单位业务活动，严厉打击影响安全播出的违法犯罪行为，通过各方共同努力，为促进广播电视及视听新媒体安全播出工作有序发展营造良好的法治环境。

三、营造良好的网络环境

在数字化、网络化、高清化及新兴媒体快速发展的今天，网络安全成为广播电视及视听新媒体安全播出的重要管理内容。广播影视行政部门要严格按照《网络安全法》的规定，结合广播电视事业及网络视听新媒体的发展要求，以及新媒体海量化、碎片化、聚合化、泛在化的特点，与相关部门加强合作，倡导文明上网、文明办网，最终营造良好的网络环境。

第二节 多部门联合保障安全播出

随着网络和数字技术的快速发展，广播电视传统业务发生了巨大的变化，新媒体、新业态、新商业模式不断涌现，安全播出风险层出不穷，传统的管理方式、单一的管理机制已无法满足安全播出管理要求。广播电视安全播出管理工作应树立大局观，加强与跨单位、跨部门的业务合作，共谋发展大计，共商安全对策，最终促进广播电视安全播出管理水平的提高。

一、着力构建联动协作机制

广电行业主管部门要加快同其他行业主管部门之间的业务联合，在强化主体责任的同时，要充分发挥联合优势，对影响广播电视安全播出的风险进行联合研究，共同制定具有针对性的解决方案，以确保广播电视整个业务链的安全。

多部门业务联合过程中，各部门需要统一指导思想，坚定工作基本原则，完善组织实施，保障业务联合的高效统一。

1. 视听新媒体安全播出管理方面

为保障视听新媒体内容符合相关法律法规的要求，应对各种网络攻击和破坏，广电部门要加强和网信办、工信部、教育部、公安部等部门的协作，联合制定保障视听新媒体安全的具体方案措施。

2. 广电设施安全方面

在打击非法销售和盗窃破坏广播电视设施的违法犯罪行为方面，广电部门应联合工商、公安等部门落实安全管理工作，及时组织开展专项整治活动。各相关单位针对广电设施安全成立安全保护工作领导小组，负责对工作进行定期部署安排，层层落实安全责任制，并开展经常性检查，严厉打击盗窃破坏广播电视设施的违法行为。

3. 广播电视广告宣传安全方面

在广告宣传方面，特别是医药广告，广播影视行政部门应加强和质监局、药监局、工商局的联合协作，针对广告制定科学合理的管理办法，做好广告的监督审查工作。质监局、药监局和工商局要充分发挥部门职能优势，对广播电视广告进行监管，共同保障广告宣传符合法律法规要求，实现广告内容的安全播出。

示例：

广电局与药监局、工商局联合治理药品广告违法事件

××市食品药品监督管理局、市工商局、市广电局针对违法药品、医疗器械广告治理等召开了联席会议。

由于××市违法药品、医疗器械、保健品广告频繁发生，老百姓深受其害，群众反映强烈，市药监局、市工商局、市广电局加强部门间合作，定期召开联席会议，创新监管制度和监管方式，建立和完善广告监管长效机制。一是规范广告的初审、加大监管力度查处违法广告；二是依据国家法律、法规，规范食品药品、医疗器械、保健品等的

宣传；三是建立不定期联席会制度，共同研究解决实际困难和问题。由市广电局将监测发现的违法药品、医疗器械、保健品广告及时移送工商部门处理，工商部门定期反馈处理结果。

4. 环境安全方面

广播电视卫星广播电视地球站、监测台站、光缆传输等相关单位的设备，易受到自然环境影响大，为保障设施设备安全，广电单位应加强和国土资源部、气象局、地震局之间的信息沟通，及时了解可能危及广电设施设备安全的地质、气象灾害，做好安全预防工作，加强防火、防雷管理，季节性防汛工作，以及突发的地震灾害处理等工作。

5. 广电业务安全

广播电视实行业务许可制度，未经广播影视行政部门审查许可不得开展相应业务。广电部门在打击非法开展广电业务方面要加强和公安部、工信部等部门之间的合作，共同制定管理办法或发文通知对相关的违法犯罪行为进行严厉打击，保障广播电视的安全播出。

广播影视行政部门为保障广播电视安全播出，与其他部门联合发文，构建联动机制，共同维护广播电视播出安全，保障国家安全、社会稳定和人民群众的利益。

如：2015年9月18日，由最高人民法院、最高人民检察院、公安部和国家新闻出版广电总局四部门联合下发《关于依法严厉打击非法电视网络接收设备违法犯罪活动的通知》，通知要求：各级新闻出版广电部门和公安、检察、审判机关要进一步增强打击非法电视网络接收设备违法犯罪活动的主动性，加快查办工作进度，提供工作效率。各级新闻出版广电部门要加大对非法广播电视网络传播行为的监管力度，发现涉嫌犯罪的，及时移送公安机关，并对公安机关查缴的涉嫌接收非法电视的网络接收设备及时做出认定。公安机关对于涉嫌犯罪的案件，应依法及时立案侦查，深挖彻查涉嫌非法电视网络接收设备犯罪活动的利益链条。检察机关对于公安机关提请批准逮捕和移送审查起诉的案件，应当依法及时决定是否批准逮捕和提起公诉。审判机关对于检察机关提起公诉的案件，应当依法及时审判，对于在查处过程中发生的抗拒、阻碍国家机关工作人员依法执行职务，构成犯罪的，以妨碍公务罪依法追究刑事责任，构成违法治安管理行为的，依法给予治安管理处罚。各有关部门在开展非法电视网络接收设备打击整治专项行动中，要加强沟通联系，建立有效工作机制，形成打击合力。

如：2007年12月29日，由国家广播电影电视总局与信息产业部联合发布《互联网视听节目服务管理规定》，该规定明确，从事互联网视听节目服务，需先向广电主管部门申办信息网络传播视听节目许可证或履行备案手续，然后向电信主管部门申办电信业务经营许可。

二、多部门联合执法

在广播电视安全播出日常维护检修、重要保障期管理、应急管理等方面，以及打击广播电视有关违法犯罪行为，广电部门应与其他部门密切合作，共同制定规则，通过分工协作、联合执法，促进广播电视安全播出管理水平的提升。

1. 联合工作机制

联合工作机制是指政府各部门之间加强沟通与协调，科学合理地制定广播电视安全播出工作相关管理办法，详细规定执法程序，指导具体联合执法工作。

（1）各级广播影视行政部门要高度重视广电设施的安全保卫工作，按照相关法律法规要求，建立健全广播电视设施安全保护工作领导小组，成立广电部门为主，国保、公安、治安、反恐、消防、交通、教育等多部门共同参与的联动工作机制，形成齐抓共管的局面。

（2）建立健全安全管理制度，完善各项安全措施

各部门建立完善定期通报制度、重要事项协调制度、联合执法制度、联合督导制度、联合约谈制度等，加强部门之间协作配合，形成地方政府统一领导、安全监管部门与相关部门联动的工作机制。

特别是在联合打击盗窃破坏行为方面，要强化与公安部门的联系，加强开展群防群治，最终形成警民共建、警地联动、齐抓共管、综合治理的格局。

2. 联合风险预控管理

各部门联合执法要树立风险预控管理思想，要做到"关口前移，预防在先，综合治理，主动出击"，变单一被动防御为群防群治。各部门应落实安全播出工作责任制，层层签订责任书，层层传导压力，层层落实任务。

各部门联合做好风险预控管理工作，应在重点要害部位设点进行巡查，规范重点要害部位管理，排查安全隐患，堵塞漏洞，打好安全防范的主动仗。

3. 紧急情况联合应对

各部门应不断完善突发事件处置预案，提高紧急情况之下的联合应急处置能力。联合应急预案应明确紧急情况之下的应急管理小组、应急管理程序等问题，对各关键事项

广电全媒体系列服务产品

● 适用于广播影视行政部门、广播电视监测机构

中企咨询 SINORINA&GUORUI 国睿科技 联合推出

01 监测监管体系建设与优化服务

根据广播影视行政部门、广播电视监测机构"三定"职能，按照法律法规及标准要求，我们应用综合集成法，帮助客户设计与优化监测监管体系，实现广播电视有效监管、科学监测。

● 广播电视业务监管体系　　● 广播电视监测服务体系

02 广播电视安全播出保障能力评估服务

为提升区域广播电视安全播出管理水平，我们总结六年来广播电视安全播出保障能力评估经验，应用最新研究成果，采用信息化手段实施量化评估，轻松实现广播电视安全播出大数据管理，助力广播电视科学监测监管。

03 管理信息化服务

所有软件产品由行业管理专家与软件开发人员共同研发，具有自主知识产权，可结合使用单位实际情况量身定制，确保操作方便最适用。

广播电视安全播出保障能力评估系统

主要功能包括：安全播出责任单位基础信息管理、评估指标管理、评估组管理、评估计划管理、评估实施管理、评估报告管理、评估大数据统计与分析等。

广电技术系统运维服务监督系统

主要功能包括：技术系统基础管理、运维服务方信息管理、运维计划管理、运维服务监督管理、运维报表管理等。

广播电视安全播出全业务链风险预控管理系统

主要功能包括：安全播出责任单位基础管理、风险因素管理、风险预控措施管理、风险运行监控管理、风险预警管理、风险应对管理、事件事故管理等。

广播电视安全播出管理体系运行监控系统

主要功能包括：基础管理、职责管理、法律法规及标准管理、体系文件管理（监管体系、监测体系、保障体系）、广播电视业务协同监管、体系运行网格化监控、报表管理等。

04 课题合作研究

根据广播电视安全播出监测监管新形势新要求，结合广播电视行业"十三五"规划，我们拟研究如下课题，诚邀广播影视行政部门、广播电视监测机构合作研究：

● 广播电视安全播出监测监管能力评估研究
● 广电全媒体安全播出监测监管体系研究
● 广播电视安全播出风险成因分析与预控研究
● 广播电视安全播出事件事故应急管理体系研究

北京国睿智鼎信息科学研究院(www.gr-zd.com)
北京中企睿纳企业管理有限公司(www.sino-rina.com)
服务热线电话：010-67588512 / 13651188528

广电全媒体运营管理
因为专注 所以专业

● **适用于广播电视播出机构、网络传输机构**

管理体系建设与管理信息化建设服务

新时期，传媒行业发展日新月异，发展环境不断变化，媒体之间的竞争加剧，广电单位处在体制机制改革创新、媒体融合、转型发展的历史机遇期，同时也面临着严峻的生存压力和挑战。

为什么有的广电单位经营业绩逆势而上，业务高效运营，风险有效管控，全员积极性高……，究其原因是市场经营有思路，业务管理有体系，风险预控有措施，绩效考核有方法。中企咨询结合多年广电行业服务经验，应用综合集成法，帮助广电单位构建、优化全媒体运营管理体系，由行业专家与国睿科技软件开发人员深入研究体系内业务流程，形成了具有自主知识产权的、符合广电单位需要的一系列管理信息化产品，通过专注研究与实践，不断迭代并根据客户个性化需要进行量身定制，助力广电单位驶入发展快车道。

全媒体移动采编管理系统

简介：该系统是结合传统媒体和互联网新媒体内容生产特点精心设计，符合媒体融合趋势下传媒单位实施采编管理的需要，能够实现对采编全过程质量管控和大数据分析，全面提升采编业务水平。

主要功能：新闻线索管理、选题管理、采访调度管理、内容制作管理、质量审核管理、大数据统计分析等。

解决：媒体融合涉及的策、采、编、发、监主要环节不能全面实现质量控制的问题，采编质量和人员效能不易于统计分析的问题。

全媒体绩效考核管理系统

简介：该系统是根据广电单位所具有的事业单位属性、特点，参照多家成熟的事业单位绩效考核体系和管理实践经验进行设计，符合事业单位人员绩效考核相关法律法规要求，满足不同聘用方式（编内编外）、不同岗位（管理岗、专技岗、工勤岗）人员考核需求，全面提升人员工作积极性。

主要功能：考核主体、考核客体、考核项目管理、考核评价指标管理、考核计划管理、考核评价执行、考核数据统计、绩效标准管理。

解决：编内编外不同岗位人员不易考核的难题，人员工作积极性不高的问题。

全媒体业务协同管理平台

全媒体经营管理系统

简介：该系统是根据传媒单位业务经营特点而设计，围绕不同客户的宣传需要，采用项目制对客户委托的宣传服务实现全过程控制，提高经营收益和客户满意率。

主要功能：客户管理、订单管理、广告宣传管理、栏目/版面合作管理、大型活动管理、专题项目管理、经营绩效管理等。

解决：客户服务质量不稳定，单位经营绩效差的问题。

全媒体设备管理系统

简介：该系统是根据传媒单位技术系统特点而设计，利用信息化手段，实现对设备全生命周期实施管理，通过科学实施技术系统运维，满足广播电视安全播出管理需要。

主要功能：设备基础管理、设备采购管理、设备维护保养管理、设备维修管理、设备调拨管理、设备出入库管理、备品备件管理、设备报废管理、设备运行风险预警管理等。

解决：因技术系统更新换代快、设备种类繁多且系统之间关系复杂、设备运维工作量大、给管理带来的诸多难题。

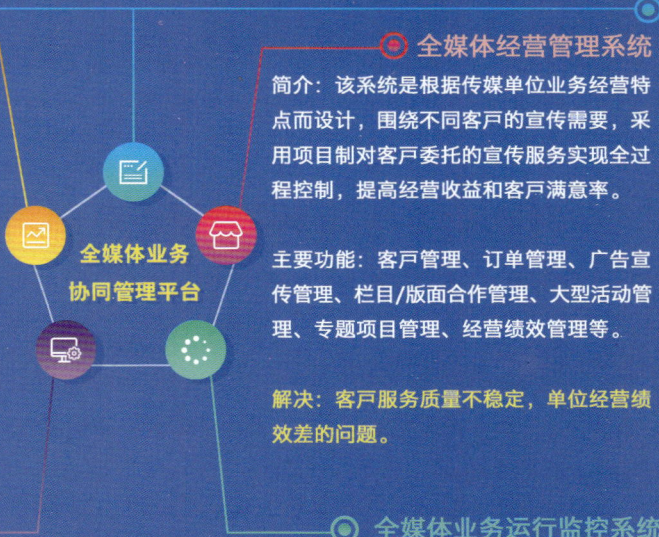

全媒体业务运行监控系统

简介：该系统是为传媒单位监控全媒体运营管理体系运行质量而设计，符合ISO国际管理体系标准要求，用于监督规章制度运行情况、职责落实情况、业务流程运行质量，满足单位自查自评所需，是全面反映一个单位体系运行质量的利器。

主要功能：职责管理、计划与目标管理、体系文件管理、法律法规与标准管理、知识库管理、业务流程管理、业务检查与监控、报表管理等。

解决：各部门、岗位职责落实不到位，制度运行质量差，工作计划与目标缺乏管理的问题。

广电全媒体系列服务产品

● 适用于广播电视播出机构、网络传输机构

媒体融合一体化解决服务方案

新时期，传统媒体面临新的舆论生态、社会生态和产业生态，其思想理念、新闻生产、内容传播、管理体制和运行机制经受着严峻挑战。广电单位应把握媒体融合发展的政治方向、舆论导向和改革取向，深化推进媒体深度融合、打造新型主流媒体，利用传统媒体在内容权威、队伍专业等优势和新兴媒体在渠道丰富、体制灵活等长处，取长补短，优势互补，用互联网思维推动媒体融合发展，着力构建现代化立体传播体系，不断增强传播力，提升公信力，扩大影响力，其势必然。

全媒体产品设计

以用户思维指导广电单位重新设计产品，重构商业模式，在内容上更贴近需求，注重信息来源的广度，加大信息挖掘的深度，强化采编制作的精度，提高信息播报的速度。从用户被动地接收信息到与用户互动，提升用户参与度，增强用户黏性，一切满足用户需求出发，为用户创造价值。

全业务流程设计

根据产品的定位和产品设计，利用先进的技术实现广电单位策、采、编、发、监全业务流程再造；以优秀的经营、管理和运营模式再造管理流程，以业务协同再造支持性流程，把信息挖掘、信息分类、信息聚类、信息追踪、大数据分析等技术应用于信息生产流程，实现信息发现、信息分析、信息加工、信息传送的高效率、高效益。

全媒体运营管理体系设计

产品再造、流程再造必然导致组织机构和职能的调整，优化单位职能体系；建立与完善内容生产质量和安全保障体系，建立与完善激发人员潜能的绩效考核体系，构建三维一体的全媒体运营管理体系，促进广电单位持续健康发展。

根据广电单位媒体融合建设项目需求，我们帮助您进行项目全案设计，协助准备立项材料、申请项目，负责项目全过程指导、协调，对项目建设提供监理服务，确保实现预期目的。

在现有技术系统条件下，根据广电单位现有资源，策划媒体融合项目推进方案，分步骤推进单位传统媒体与新兴媒体融合。

缺项目

缺资金　缺资源

利用广电全媒体协同发展服务平台资源汇聚能力，整合客户资源、专家资源、广电设备供应商资源、其他宣传平台资源，根据媒体融合项目需要进行优化配置。

北京国睿智鼎信息科学研究院(www.gr-zd.com)

北京中企睿纳企业管理有限公司(www.sino-rina.com)

服务热线电话：010-67588512 / 13651188528

广电全媒体运营管理
因为专注 所以专业

做出明确规定，保障紧急情况下的联合应对水平。

广播影视行政部门为保障广播电视安全播出工作，与其他部门共同合作，通过联合执法，打击违法犯罪活动，促进行业健康有序发展。

如：2013 年 12 月 4 日，由国家新闻出版广电总局、商务部、工业和信息化部、公安部、工商总局、国家质检总局、食品药品监管总局联合下发《关于开展电视购物专项整治工作的通知》，决定自 2013 年 12 月至 2014 年 6 月在全国集中开展电视购物专项整治。《通知》重点部署了 5 方面整治任务：一是严厉打击电视购物领域的违法犯罪行为；二是严格监管电视购物经营行为；三是加强电视购物频道诚信服务建设；四是加大宣传教育和社会监督力度；五是建立健全促进行业规范发展的长效机制。

如：为解决网络直播乱象，国家网信办、文化部和新闻出版广电总局分别发布了《互联网直播服务管理规定》《文化部关于加强网络表演管理工作的通知》《关于加强网络视听节目直播服务管理有关问题的通知》等政策规定。在 2016 年 12 月底，由国家网信办、文化部、新闻出版广电总局组成联合检查组，对网络直播平台进行专项检查，目的是指导和帮助企业完善内部管理制度，规范直播内容审核发布流程，彻底治理网络直播乱象。

第三节 加强广播电视各业务链合作

广播电视业务覆盖面广、涉及范围大、影响力强，节目播出、传输、覆盖各环节相互作用，广播电视安全播出保障体系、广播电视监测体系、广播电视监管体系相互影响，需要各级广播影视部门、广播电视监测机构、安全播出责任单位共同合作。从事不同业务（广播电视播出、传输、覆盖）的安全播出责任单位通过以业务建立联系，形成一个内外相互联系的体系，各业务活动之间相互作用、相互影响，共同服务于广播电视安全播出工作。

广播影视行政部门应高度重视整个广播电视业务链的重要性，加强业务链各单位之间的业务协作，提高安全播出整体水平。

一、安全播出责任单位上下游合作

安全播出责任单位上下游单位是指与广播电视节目播出、传输、覆盖业务相关联的外部单位。在安全播出责任单位内部也存在业务上下游关系。上游环节工作质量对下游有决定性影响，上下游单位应共同识别风险并制定风险控制措施，加强业务衔接与合作，确保广播电视安全播出。

1. 业务无缝协作

业务无缝协作是指安全播出责任单位应高质量衔接上下游业务，尽量减少因上下游合作导致的安全播出风险发生。安全播出责任部门之间的合作可以看作是人与人之间的合作，各部门之间工作上的协调也正是各部门工作人员的工作能力与人际关系的体现。做好安全播出工作，跨部门合作是必不可少的。

2. 共建团队精神

广播电视安全播出责任单位应重视本单位业务上下游部门的团队建设。安全播出责任单位各部门业务虽有区别，但都是为一个目标服务的。强化员工的团队建设对提升各环节业务合作能力有重要影响。

二、安全播出管理体系相互融合与促进

广播电视安全播出管理体系包括安全播出保障体系、广播电视监测体系和广播电视监管体系。涉及安全播出责任单位、广播电视监测机构、广播影视行政部门，以及外部相关单位。各单位之间应加强业务沟通、交流与合作，共同促进广电事业健康发展。

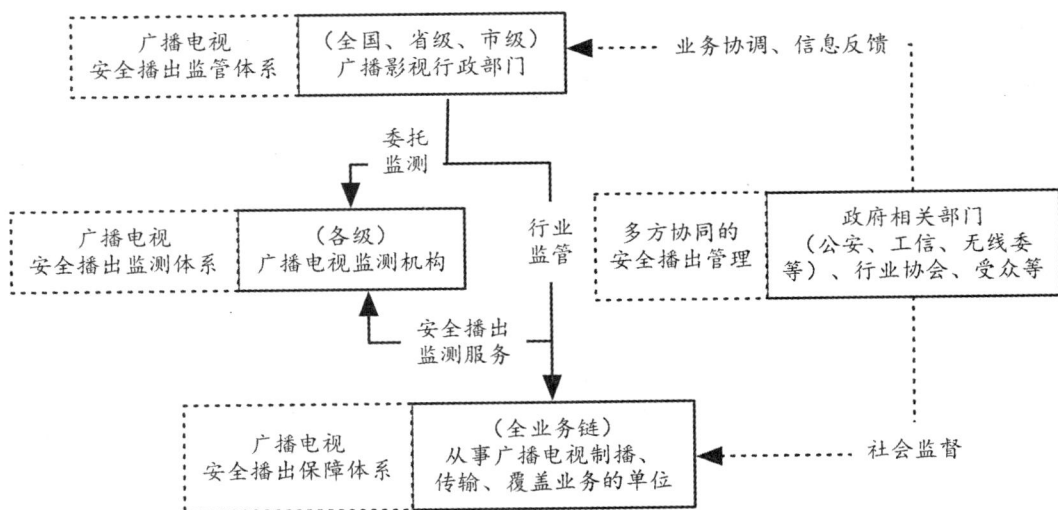

图 6-1 广播电视安全播出各相关体系关系图

三、跨区域间业务合作管理

随着广电新兴媒体的崛起和广电市场竞争的加剧，广播电视产业正向跨区域经营方式转变。根据 2004 年广电总局下发的《关于促进广播影视产业发展的意见》，明确要以资产和业务为纽带，整合广播和电视经营性资源，推进广播电视经营性资源的区域整合和跨地域经营。由此，跨区域经营逐渐成为广播电视发展的趋势。

广播电视的跨区域经营在推动广播电视业发展的同时，也给广播电视安全播出带来一定的风险。风险主要表现在跨区域经营涉及不同区域时而产生的国家与地方之间的、地方与地方之间的广电业务管理问题。

针对跨区域间的广电业务，各级广电部门应建立良好的合作机制，提高对各种安全播出风险的处理能力。跨区域业务主要应重视在资本、人才交流、经营管理等方面的密切合作。

四、与其他业务相关方保持合作

广播电视业务在项目建设和日常业务运维等阶段涉及和多单位之间的业务合作，其中主要有电力、气象等单位。广播电视行业单位应加强和各相关方在广播电视各阶段的业务合作，保障安全播出正常进行。

第四节 强化广电行业自律建设

行业自律是市场经济有序竞争的产物。行业自律是为了规范行业行为，协调同行利益关系，维护行业间的公平竞争和正当利益，促进行业发展的自我约束。

随着广播电视事业的发展和广电业竞争的加剧，加强行业自律，规范竞争秩序，是广播电视行业健康发展的必然要求，广电单位要积极探索行业自律工作的新途径、新方法、新手段，努力提高广播电视行业自我教育、自我约束、自我发展的能力，这是促进广播电视业健康发展，提高安全播出保障水平的重要途径。

行业自律主要包括两方面内容，一是行业自律公约建设，二是行业协会联盟建设。

一、行业自律

加强行业自律公约建设是提高行业自律的重要途径，近年来，我国广播电视行业相继制定了以《中国广播电视从业人员自律公约》《中国广播电视播音员主持人自律公约》为主，以及《电视剧制片人自律公约》《交通广播行业自律公约》《广播电视广告业自律公约》《恪守媒体社会责任，反对唯收视率自律公约》等一系列与广播电视安全播出相关联的公约。

在互联网自律公约建设方面，为规范行业从业者行为，依法促进和保障互联网行业健康发展，中国互联网协会自成立之日起，积极探索并不断改进行业自律工作的制度建设，先后发布了《中国互联网行业自律公约》《互联网新闻信息服务自律公约》《互联网站禁止传播淫秽、色情等不良信息自律规范》《文明上网自律公约》《中国互联网视听节目服务自律公约》《博客服务自律公约》等各种互联网自律公约和倡议书，这对倡导行业自律、规范网络视听节目安全播出、促进行业健康发展，起到了积极的推动作用。

二、行业协会作用发挥

与行政监管相比，行业协会更贴近市场，更具敏感性、针对性、及时性和灵活性，能够帮助广电单位解决广播电视在安全播出方面存在的问题。

行业协会属于社会性组织，要在工作内容和工作方式上改革创新，做好政府部门不好做、不便做的事情。

随着新形势、新技术、新媒体、新业态的蓬勃发展，广播电视服务的对象日益多元、业务范围日益扩大、从业人员日益广泛，安全播出责任单位所面对的安全播出风险也日益增多且风险成因更为复杂，行业协会应根据安全播出责任单位的需要，结合广电实际，找准工作的着力点，为广电单位提供专业的服务，在预防广播电视安全播出风险方面群策群力，为广电安全、稳定发展贡献智慧。

第五节 群众参与安全播出工作

在广播电视及视听新媒体发展的新形势之下，广播电视行业各单位在认真履行自身职能，实现安全播出管理的同时，要充分发挥人民群众参与行业安全管理的作用，在受众的参与下，集中群众的智慧和力量，不断创新广播电视安全播出管理形式，建立起自我完善、持续改进的安全管理长效机制，坚决有效地保障广播电视播出安全。

一、发挥群众监督机制

人民是改革的主体，要建立社会参与机制。广播电视业务涉及范围广，广播电视安全播出管理不能只是在系统内部封闭环境下运行，应该接受群众监督。这里的群众监督指的是社会监督，各级广电部门都已设立了投诉举报电话、电子邮件信箱、网上投诉窗口等，建立了受众意见和投诉的收集、受理、反馈工作机制，群众的合理意见对广播电视安全播出风险预防具有十分重大意义。

在发挥群众监督机制方面，广播单位应在思想观念、方法、意见收集、整改措施上不断改进。其中：

1. 在思想观念上，要充分相信群众，正确对待群众意见。紧紧依靠群众，坚持走群众路线，自觉接受群众的监督，努力形成群众有序参与、信息渠道畅通、监督有力、评价客观的良好局面。

2. 在参与方法上，要积极吸收群众参与。做好宣传工作，使群众了解监督的意义、方法、步骤和进展情况，调动他们参与的积极性。

3. 在意见（建议）收集上，方式、渠道要多样化。广泛听取、认真研究，及时准确地反馈，制定出符合实际、切实可行的整改措施，并认真加以落实。

4. 在整改上，突出重点。对事关群众切身利益和群众反映强烈的问题，进行重点整改；有条件解决的，要尽快解决；暂时不能尽快解决或解决不了的，要向群众做出说明，争取群众的理解和支持。

二、完善群众举报制度

《广播电视安全播出管理规定》第三十九条规定：广播电视行政部门应当建立广播电视安全播出举报制度，公布举报电话、信箱或者电子邮件地址；任何组织、个人有权对违反安全播出管理的行为进行举报。

广播电视行政部门受理有关安全播出的举报，应当进行记录；经调查核实的，应当通知有关安全播出责任单位并督促其整改。

为接受社会监督，切实抵制虚假新闻，安全播出责任单位应完善群众举报制度，制定具体举报规定，保障群众举报权利能够顺利实现。经了解，国家新闻出版广电总局、中央电视台、中央人民广播电台、中国国际广播电台目前均已设立了抵制虚假新闻举报电话。各地方行政管理部门，相继公布了24小时监督举报电话，以便于群众的监督。

广电部门还应建立更多举报平台，鼓励群众通过各种途径进行举报，如通过微博、网站、短信、信件等方式进行举报。此外，广电部门采取措施，建立健全举报工作长效机制。

如：2014年1月2日，国家新闻出版广电总局发出《关于进一步完善网络剧、微电影等网络视听节目管理的补充通知》（新广电发〔2014〕2号），对群众举报的不良网络节目要立即下线。通知要求视听节目网站履行好开办主体的职责，严把播出关，制作播出适合网络传播、体现时代精神、弘扬真善美、人民群众喜闻乐见的网络剧、微电影等网络视听节目。网站对其自审自播的网络剧、微电影等网络视听节目，在接到群众举报或政府主管部门发现某节目内容不符合国家有关规定后，该节目要立即下线。

如：××市广播影视行政部门下发了《信息网络传播违法违规视听节目举报工作管理办法》，进一步规范互联网视听节目的管理。该办法主要内容摘要如下：

第一条 为了支持和鼓励人民群众举报信息网络传播违法违规视听节目，净化互联网和手机媒体传播环境，促进网络视听节目服务行业健康发展，依据《广播电视管理条例》和《互联网视听节目服务管理规定》，特制定本办法。

第二条 本办法所称"举报"是指单位或个人向本市文化广电新闻出版局检举揭发对发生在互联网和移动媒体等信息网络上传播违法违规视听节目的行为。

第三条 本办法所称互联网视听节目服务，是指制作、编辑、集成并通过互联网向公众提供视音频节目，以及为他人提供上载传播视听节目服务的活动。

第四条 举报管理工作由本市文化广电新闻出版局负责，并由其负责举报受理工作。

第五条 本市文化广电新闻出版局将严格保护举报单位和举报人的权益，不泄露举报单位和举报人的任何信息。

第六条 举报范围和举报内容：

（一）举报范围：

1. 本地域内持有《信息网络传播视听节目许可证》（含备案）的单位传播违法违规视听节目的行为；

2. 本地域内无《信息网络传播视听节目许可证》的单位或个人网站擅自传播视听节目的行为；

（二）举报内容主要是指以下十类视听节目：（略）

第七条 举报方式：

举报人可以通过电话、信函、本市文化广电新闻出版局门户网站（局长信箱）以及来访等方式进行举报。

第八条 举报处理：

（一）本市文化广电新闻出版局将认真对待每一条有效的举报内容，并设专人负责办理举报登记和受理工作。

（二）举报受理人员将根据举报事项的实际情况开展调查工作，必要时可直接与举报单位或举报人联系，了解有关情况。

（三）对举报内容经调查确认属实的，举报受理人员将根据上级相关管理规定对被举报个人或单位及时做出处理。

第九条 举报单位和举报人有权了解其举报事项的受理和办理情况。对于实名举报者，举报受理人员将调查处理结果予以反馈。

......

参考文献

[1] 黄慕熊，黄碧云．广播电视概论 [M]．广州：暨南大学出版社，2012．

[2] 杨一曼．广播电视安全播出管理规定实施细则培训教材 [M]．北京：中国广播电视出版社，2012．

[3] 关亚林．广播电视监测技术 [M]．北京：中国传媒大学出版社，2015．

[4] 姚瑶．广电媒体融合环境下安全播出面临的挑战与思考 [J]．科技传播，2016.8(18):65．

[5] 谢东晖，杜国柱．广播电视安全播出技术的发展与展望 [J]．广播与电视技术，2014.41(08):45-48．

[6] 张瑞芝．我国广播电视安全播出应急管理现状分析及建议 [J]．广播与电视技术，2010.37(05):26-29．

[7] 孙兴．广播电视安全播出技术维护管理对策分析 [J]．科技创新与应用，2014.(07):60．

[8] 陈燕莉．新媒体安全播出监管思路及事件事故管理研究 [J]．广播电视信息，2016.(03):115-119．